제3 인생의 여로

제3 인생의 여로(旅路)

이영호 수필집(두 번째)

月刊文學 출판부

작가의 말

나는 왜 글을 쓰는가?
 그 이유는 살아가면서 순간순간 겪게 되는 희로애락의 얽히고설킨 절실한 감정과 생로병사의 인생길에서 보고 느낀 생각들을 글로 표현해 누군가와 서로 교감하고 싶기 때문이다.
 글 속에는 질곡의 세월과 변화무쌍한 시대에 대한 글쓴이의 직간접적인 체험과 살아온 삶의 궤적이 고스란히 녹아 있게 마련이다. 보고, 듣고, 느낀 것을 글쓴이의 사상과 감수성의 체로 차분히 걸러내 글로 다듬어 단단한 활자로 내놓은 것을, 독자들이 읽고 같이 울고 웃으며 서로 함께한다면 그 무엇보다 보람 있는 일, 아닐까.
 인간의 삶은 지속적인 고통과 간헐적 기쁨이 교차하는 단 한 번의 '여정(旅程)'이다. 그리고 인생의 궁극적인 목적은 행복이다. 행복론은 각자 다르다. 추구하는 가치에 따라 행복의 모습은 천태만상이며, 사람에 따라 인생의 단계에 따라 행복의 위계질서도 다양하다.

어떤 이는 빠르게 변화하는 시대에 대응하기 위한 배움이 가장 큰 행복일 수 있고, 나보다 어려운 처지에 있는 이에게 자신의 무언가를 내어놓는 나눔이 으뜸 행복인 사람도 있다.

나도 여러 색깔의 행복을 바라고, 실현하기 위해 애쓰며 산다. '지금' 나에게 가장 큰 행복은 글을 쓰며 생각과 감정을 사람들과 나누는 것이다.

2023년 첫 수필집 『시니어의 옷차림』을 펴냈다. 그 후에도 글 쓰는 재미는 여전하여 책상에 앉아 틈틈이 글을 썼는데 모아둔 것이 또 한 권을 만들 수 있는 분량이 되어 이번에 2집을 펴내려고 한다.

부족하지만, 나의 사람들과 세상과 진지하게 소통하는 하나의 통로를 구축한다는 생각으로 책 발간에 용기를 내었다. 아울러 세상의 여러 국면에 대응하며 느껴왔던 나 개인의 생각이 담긴 글을 책이란 형태로 기록해 남겨두는 것도 개인적으로나 사회적으로 의미가 있을 것으로 판단했다.

제2 수필집에는 여러 형식의 글을 담았다. 수필이 대다수이지만, 시와 여행기도 실었다. 이따금 시를 쓰고 싶은 마음이 솟아오를 때가 있었다. 갑작스레 떠오른 생각을 시상으로 대체하여 응축된 언어로 표현해 보고 싶었고, 자유롭고 편안하게 시를 써보았다.

그렇다. 글은 자유의 또 다른 이름이다. 여행기를 싣게 된 것은 '우연' 덕분이다. 과거 여행을 다녀왔을 때 그 후기를 남겨두었었는데, 어느 날 서재 정리를 하다가 그 원고 뭉치를 발견해 조금 손을 보아 실었다. 이밖에 35년간의 교직 생활을 마치고 퇴임식에서 발표했던 퇴임사와 제자들의 청으로 주례를 섰을 때 했던 주례사도 내 개인사의 기록물 보존 차원에서 담게 되었다.

인생에서 느끼고 얻은 기쁨과 슬픔, 억울함과 답답함, 외로움과 놀라움, 신비로움 등 여러 가지 생각과 감정의 씨앗들을 차곡차곡 심어두었다가, 봄과 같은 창조적 기운을 받아 삶의 길잡이가 되고, 귀감이 되는 글로 표현해 함께 인생의 지혜를 공유할 수 있다면 더없이 좋은 일이 아닌가 생각한다.

읽는 사람이 감동할 수 있는 진솔한 글을 쓸 수 있는 사람은 우선 마음이 깨끗해야 한다. 요령이나 거짓으로 살아가는 사람들은 솔직한 글을 쓸 수도 없거니와 바로 눈앞의 이익에만 눈이 어두워 참되게 사는 맛이 어떤 것인지 몰라 참된 지혜를 주는 글을 쓰기 어렵다.

글을 쓰는 사람은 어떤 약점이나 부끄러운 일도 세상 사람들 앞에 드러내 놓을 수 있어야 한다. 나아가 옳지 못한 일에 대해서는 강하게 대항할 줄 알고, 그릇된 일은 비판하면서 올바른 길을 찾을 줄도 알아야 한다. 보는 눈은 넓고 멀리, 생각은 높고 깊게, 언제나 궁금한 마음으로 가득 차, 삶의 창조적인 활동으로 아름다운 꽃을 피우고 사랑의 열매를 맺어야 한다.

나의 두 번째 수필집이 누군가에게 또 다른 생각의 길을 터 주는 기회가 되길 소망한다. 누군가에게 삶의 작은 지혜가 되어준다면 더 없이 바랄 게 없다. 나의 체험과 사유에서 잉태된 이 책이 모쪼록 독자에게 공감되기를 바란다. 특히 나의 자식과 손자들이 이 책을 읽고 조금이나마 새로운 꿈과 희망을 품었으면 한다.

책을 준비하는 과정에서 아내가 저세상으로 가고 말았다. 요양원에서 고생하는 아내를 생각하면 늘 가슴이 답답했고, 하늘이 원망스러웠다. 부디 이제 고통 없는 곳에서 편안히 쉬길, 당신이 살찌웠던 자식들과 손자들의 사는 모양을 행복하게 바라보길, 시대의 질곡을 함께 울고, 웃으며 살았던 이 못난 남편을 어여삐 봐주길….

　이 책이 나오기까지 우장산문학회의 화요모임을 매주 이끌어주시며 조언해 주신 김성렬 소설가님과 함께해주신 회원 여러분께 감사의 말씀을 드린다. 그리고 원고를 잘 정리해 주신 편집자분들과 단정한 책으로 만들어 주신 출판 관계자분들께 감사드린다.

　특히 저의 글을 친히 살펴주시고 값진 평론을 써 주신 김우종 교수님께 각별한 감사의 말씀을 올린다. 문학의 자율성을 기반으로 문학의 현실 반영을 강조해 오신 김우종 교수님은 윤동주 시인의 가치를 국내외에 널리 알리신 한국의 대표적인 문학평론가이시다. 김 교수님의 평론에 힘입어 글쓰기에 더 매진해 볼 것을 다짐해 본다.

　이 책을 사랑하는 나의 아내에게 바친다.

2025년 3월
화곡동 서재에서

CONTENTS_ 제3 인생의 여로

작가의 말 ●●● 004

1부 생각의 씨앗들

행복을 뒤로 미루지 말라　014
詩_ 거울 앞에서　018
돈이 지배하는 세상　020
詩_ 고발(告發)　025
노파심(老婆心)　026
저울과 계산기　030
봄맞이　034
詩_ 한치와 오징어　038
급박했던 순간　040
무엇이든 지나치면 안 된다　045
지구의 종말이 오는가!　049
밥그릇 싸움　053
배고픈 것은 참아도!　057
詩_ 상대적 박탈감　063
먹는다는 것은　065
詩_ 골 짠지　070

2부 생명의 기운으로

나의 결혼 이야기 072
나의 아내 이야기 077
詩_ TV를 보다가 087
세월이 약이라지만 088
〈안녕, 오케스트라〉 092
詩_ 같은 하늘 아래에서 097
책 속에 길이 있다 099
제3 인생과 삶의 자세 103
바보상자! 107
詩_ 나도 바보 110
관심과 무관심 111
요정 정치 시대의 세 여인 116
아직 살아 있네! 121
詩_ 삶의 노래 125
큰절과 교육개혁 127
詩_ 눈을 감으니 131

3부 제3 인생의 여로(旅路)

　　새로운 세상을 만나다　134
　　詩_ 서로의 관계(關係)　138
　　제주도 여행기　140
　　지도자 해외연수, 중화민국　144
　　詩_ 황혼(黃昏)의 길목에서　148
　　중국 여행기　150
　　미국 서부 여행기　155
　　詩_ 마스크 착용 담소(談笑)　164
　　금강산 여행기　166
　　교직원 해외연수, 중국 장사 장가계　172
　　詩_ 나이 든다는 것은　176
　　신의 도시 앙코르와트　179
　　황제의 도시 시안(西安)　183
　　라오스 여행기　187
　　북인도 여행기　192
　　형제의 나라 튀르키예　197
　　베트남 남부 여행기　202
　　백두산, 윤동주 문학기행　208
　　제3 인생의 여로(旅路)　214
　　가깝지만 먼 나라　219
　　다낭 여행기　223

4부 삶이 그대를 속일지라도

불통즉통(不通卽痛) 228
詩_ 슬픈 인연 232
내 몸은 종합병원 234
왕진 가방을 든 흰 가운의 의사가 보고 싶다 238
스타 교사가 돼라! 244
몸 따로 마음 따로 249
금지된 유혹 253
오만한 인간들이 문제다! 257
詩_ 뭐지! 웃기네 262
점점 좋아지고 있습니다 264
교실 경쟁교육은 이제, 그만! 269
詩_ 역사(歷史) 앞에서 275
비로산장(毘盧山莊)과 백세청풍(百世淸風) 277
詩_ 숙제를 만들지 말자! 282
추억의 손편지 284
詩_ 가을 편지 289
퇴임사 292
주례사 295

| 이영호론 |
지성과 사랑으로 말하는 인생론·김우종 300

제1부

생각의 씨앗들

행복을
뒤로
미루지 말라

  한의사가 가장 싫어하는 말은 "밥이 보약이다"이고, 치과의사의 경우 "이가 없으면 잇몸으로 먹고 살지"가 가장 듣기 싫어하는 말이라고 한다는 우스갯소리를 친목 모임에서 듣고 한참 웃었다.

  사람이 평생을 살아가면서 가지 않아도 될 두 곳이 있다. 하나는 죄를 지어 가는 경찰서나 교도소이고, 또 하나는 몸이 아파 가는 병원이다. 이 두 곳을 가지 않고 살다가 저세상으로 갔다면 그 사람은 건강하고 행복하게 잘 살다가 간 사람이라고 말할 수 있겠다.

  이 두 곳을 가지 않고 살아가기는 쉬운 일이 아니다. 교도소야 정직하고 착하게 법질서를 잘 지키면서 살면 안 갈 수 있지만, 병원은 그렇지 않다. 항상 건강하게 살아가면 좋으련만 몸이라는 게 내 맘같이 될 수 있는 게 아니기 때문이다.

  젊을 때는 혈기 왕성해서 건강에 조금만 관심을 가지고 생활하면 병원에 가지 않을 수도 있지만, 나이가 들면 생로병사의 순리를 막을 수 없어 병원을 단골집 삼아야 하는 경우가 많다.

화려하고 아름다운 꽃들도 때가 되면 시들고, 푸르던 나뭇잎들도 낙엽 되어 떨어지듯이, 인간 역시 자연의 이치와 다를 바 없다. 나이가 오륙십 대를 넘어서게 되면, 오장육부나 감각기관이 점점 망가지기 시작해 몸과 마음의 상태가 좋지 않게 된다. 결국 몸에 이상이 생겨 아프게 되면, 병원에 가서 치료받거나 입원해야 한다.

특히 나이가 들어가면서 치아 상태가 안 좋아 고생하는 사람들을 주위에서 많이 보게 된다. 예로부터 이가 튼튼한 것을 오복(五福) 중의 하나라고 말한다. 치아를 받치고 있는 잇몸에 문제가 생겨 치아를 잃게 되면, 먹고 씹는 즐거움이나 행복감을 상실하게 되니 큰 복을 잃은 것이라 할 수 있겠다.

힘없는 사람을 '이빨 빠진 호랑이'에 비유하듯, 나이가 들어 이가 하나둘 빠지기 시작하면서 맛있는 음식을 잘 씹어 먹지 못하게 되면 씩씩하고 용감했던 모습도 사라지고 결국은 힘없는 존재가 되고 만다.

갑자기 떠오르는 이야기인데, 나의 할머니께선 컬러TV가 처음 나왔을 때 고기 요리하는 프로그램을 즐겨 보셨다고 한다. 이를 어머니가 눈치채고, 치아가 하나도 없는 할머니에게 고기를 잘게 썰어 드시기 편하게 차려드리니 맛있게 잡수시더란다. 그 모습을 보고 어머니는 측은한 마음과 서글픈 생각에 우셨다고 한다.

나 역시 치아가 좋지 않아 많은 고생을 했었다. 이가 흔들리고 음식을 잘 씹어 먹을 수가 없어 치과에 갔더니 풍치로 인해 잇몸 상태가 좋지 않아 여섯 개나 이를 뽑아야 한다고 했다. 의사는 틀니보단 임플란트 시술을 권하였는데 시간과 비용이 만만치 않았다.

지금은 부분적으로 보험 적용이 되고 값도 좀 내렸다고 하지만, 불과 몇 년 전만 하더라도 임플란트는 사람들에게 큰 경제적 부담이었다. 임플란트 시술을 한 친구는 승용차 한 대 값이 들어갔다면서, 치아 관리에 엄청 신경을 쓰며 산다는 말을 하기도 했다.

　나도 몇 년에 걸쳐 임플란트 시술을 하는 동안 비용 부담을 많이 느꼈다. 왜 이렇게 치과 시술비용이 비싼지 모를 일이다. 보철이나 임플란트 시술의 경우 의료보험이 적용되지 않기 때문이라고 한다.

　어느 잡지에서 기자가 쓴 글을 보니 임플란트 실제 재룟값은 얼마 되지 않는다고 하는데 여전히도 왜 이렇게 비싼지 도통 그 속을 모를 일이다. 치통으로 고생하면서 비용 때문에 치료를 제때 받지 못하고 있는 많은 서민의 애환을 생각하니 마음이 아프고 서글퍼진다.

　병원 얘기하다가 치아 건강 관련 얘기를 했는데, 다시 병원 얘기를 좀 더 해봐야겠다. 내가 아는 한 분은 먹을 것 입을 것 줄여가면서 열심히 모아둔 돈을, 병원비로 거의 모두를 써버렸다고 한다. 알뜰히 돈을 모아 아담한 집도 겨우 마련하고, 이제 생활의 여유를 갖고 여행도 다니며 행복한 삶을 누리면서 편안하게 살려고 했는데, 덜컥 암 판정을 받고, 그동안 애써 모아둔 돈을 병원에 갖다 바치고 결국 세상을 떠나고 말았다.

　인생의 궁극적 목적은 행복하고 안정된 삶이다. 젊어서는 사서 고생이라고 하지만, 돈을 버는 이유가 무엇인가. '황금 나이'에 일만 하느라 행복을 뒤로 미루지는 말아야 할 것이다. 미래의 행복을 위해 현재의 행복을 너무 희생시키지 말자는 말이다.

　농경사회에서 산업사회를 거치면서 대가족에서 핵가족 문화로 바뀌었다. 예전엔 아프면 여러 식구가 번갈아 거들어 줄 수도 있었지만, 지금은 그렇지 않다는 얘기다. 각 개인이 건강에 각별한 신경을 써야 하는 큰 이유다.

특히 오늘날 인공지능(AI) 시대에 살아남기 위해서는 자신의 삶을 홀로 되짚어 보는 태도와 시간, 그리고 남을 의식하는 자존심이 아닌 자신의 가치를 믿는 자존감이 필수인데, 그 바탕이 바로 건강이란 것을 잊지 말아야 할 것이다.

인간 수명이 점점 길어지고 있지만, 몸과 마음이 건강하게 오래 살아야지, 골골하면서 백 세까지 살면 무슨 소용이 있단 말인가! 꽃은 다시 필 날이 있어도 인생은 다시 젊음으로 되돌아갈 수 없다.

어차피 한 번뿐인 인생이다. 내 인생의 보람된 삶과 행복을 위해 날마다 창의적 재미와 함께 잘 놀다가 가야 할 것이다. 즐겁고 건강하게 살면서 병원을 멀리하면 좋겠지만, 사실 병원을 한 번도 안 가기란 불가능하다. 그런 점에서 보면 병원은 우리 사회의 필수 요소이다. 그런 점에서 이 얘기를 안 할 수가 없다.

우리나라 병원 실정을 보면 군(郡)이나 면(面) 단위에는 종합병원이 없다. 시골에서 아프면 대도시로 나와야 할 수밖에 없다. 영국이나 독일 같은 나라에서는 교육과 의료비용은 국가가 사회보장 차원에서 무료로 운영하고 있다.

바라건대, 다른 것은 몰라도 우리나라도 이제는 선진국 대열에 들어서게 되었으니, 학교 교육과 의료비만큼은 사회보장 차원에서 국가가 책임지고 모든 국민이 혜택을 받고 살 수 있도록 했으면 좋겠다. 이 세상에 태어나 사는 동안 모든 인간이 생의 보람을 느끼며 '요람에서 무덤까지' 안심하고 행복한 삶을 누릴 수 있는 날을 기대해 본다.

〈2014년 1월 23일〉

거울
앞에서

거울 속에 비췬 얼굴
"내가 아니잖아!"

"당신 누구요?"
"누구라니, 너다 너!"

"거울 속 늙은이가 나라고?"
"그렇다니까!"

검은 머리 서리 내리고
탱글탱글했던 피부 쭈글쭈글

몸은 늙어도
마음은 이팔청춘

세월 이기는 장사 없고
가는 세월 붙잡지 못하네

화려한 꽃도 때가 되면 시들 듯이
내 인생도 세월 속에 저물어 가네.

〈2022년 3월 28일〉

돈이 지배하는 세상

"황금 보기를 돌같이 하라."

이 말은 어릴 적 학교에서 노래로 배워 부르기도 하고 역사 시간에 자세히 배우기도 했던 고려 말 최영 장군이 남긴 말이다.

원래 이 말은 최영 장군의 아버지 최원직이 남긴 것이다. 최영이 16세쯤 최원직이 세상을 떠나면서 "가난하게 사는 것은 절대 부끄러운 일이 아니다. 가장 부끄러운 것은 정직하지 못한 것이다. 모든 불행은 남의 것을 탐내는 데서 시작된다. 그러니 너는 언제나 황금 보기를 돌같이 하라"고 남긴 유언이었다.

성품이 강직하고 올곧았던 최영 장군은 이 말을 평생의 좌우명으로 삼아 글귀를 허리띠에 직접 새겨 늘 차고 다녔다고 한다. 최영 장군은 고위 관직에 있을 때도 재물이나 권력을 탐하지 않고 평생 청렴결백한 삶을 살았다. "황금 보기를 돌같이 하라"는 현대를 사는 모두에게 본보기가 되는 격언이다.

요즈음 TV나 신문을 보면 마음 아프고 분노할 일이 한두 가지가 아니다. 각종 사건 사고로 행복한 가정을 불행하게 되고 평화로운 사회가 파괴되고 모두를 불안하게 하고 있다. 사건 사고의 내막을 들여다보면 대개가 돈과 연관된 것이 많다. 그런데 배고파 먹을 것이 없어 도둑질하는 것은 이해가 되나, 국민을 위해 봉사하고 열심히 일하라고 뽑아준 위정자나, 공무원이 사리사욕에 눈이 멀어 일어난 사건 사고를 보노라면 열불이 난다.

 공금을 빼돌려 자기 돈인 양 호의호식하는 자도 있고, 이권 청탁과 공금 횡령 등으로 국고에 손해를 입히거나 착복하는 몰지각한 자들도 어찌나 많은지. 고양이 앞에 생선을 맡기는 꼴이다. 심지어 사회질서를 위반하고 법을 어긴 자에게 벌을 가하고 관리 감독할 위치에 있는 자가 이권을 챙기는 권력형 비리도 심심치 않게 뉴스에 나온다.

 점점 돈이 최고가 되는 세상이 되어가고 있다. 돈의 힘으로 갑(甲)은 을(乙)을 노예나 종 부리듯 갑질을 한다. 돈만 숭배하는 풍조가 되니, 도덕은 무너지고, 맡은 바 책임은 헌신짝처럼 내던지는 사례가 빈번하다. 공인으로서 사회생활의 모범이 되어야 할 사람들이 성추행이나 윤리 도덕적으로 물의를 일으켜 사회를 혼탁하게 하고 있다.

 특히 국가의 발전과 국민을 위해 노력해야 할 국회의원들의 당리당략과 계파싸움으로 민생을 위한 법이 통과되지 않아 곤란을 겪고 있다. 조선 시대 당파싸움보다 더 심한 것 같다.

 지역 이기주의도 점점 더 심해지고 있다. 신문 제목의 큰 글자만 대충 읽어봐도 세상은 살아가기 힘든 험악한 곳이 되어가는 것 같다. 이러한 모든 혼란과 갈등은 사람들이 서로의 안위를 걱정해 주며 더불어 살아가지 않고, 자기만의 만족과 행복을 위해 그러니까 돈을 위해 과욕을 부림으로써 나타나는 것이다.

머리 좋고 많이 배운 사람이 정의롭고 살기 좋은 사회를 위해 앞장서야 하는데, 개인 영달과 사리사욕에 치우치는 모습을 보노라면 갑갑하기만 하다. 많이 배우지 못하고 가난한 서민은 어떻게 하라는 것인지, 오로지 자기 잇속만 챙기는 엘리트들이 판치는 냉혹한 현실이 원망스럽기만 하다.

이 세상에 태어나 한세상 사는 동안 나와 내 가족이 일상생활에서 물질적으로 걱정 없이 삶의 보람을 느끼며 행복하게 사는 것은 누구나 원한다. 그런데 내가 원하는 대로 쉽게 행복이 나에게 찾아오고 주어지진 않는다.

행복한 삶을 위해선 직업을 갖고 생활인으로서 부지런히 일하고 노력해야 할 것이다. 그런데 직업을 갖는 게 힘든 세상이 되었다. 보통 교육만 받아도 잘 사는 사회가 되어야 하는데 현실은 그렇지 않다. 고등교육을 받고 그것도 모자라 더욱 스펙을 쌓고 전문교육과 지식을 더 쌓아야 사회의 한 인간으로 대접받고 구실을 할 수 있는 사회가 되어가고 있다.

최근 통계에 따르면, 한국은 고등학교 졸업 이후 대학에 진학하는 학생들이 75%가 넘는 세계에서도 드문 나라가 되었다. 훌륭한 인재가 많이 늘었으니 사회는 더 좋아져야 하는데 현실은 정반대로 흘러가고 있다.

대학을 졸업하고 취업이 되지 않아 방황하는 젊은이가 점점 늘어나고 있는 것이다. 양질의 일자리는 점점 메말라 가고, 사람들은 점점 자신의 삶에만 관심을 갖게 되면서 경쟁은 과열되고, 그 와중에 한 자리를 차지한 '똑똑한' 이들은 자기 잇속 채우기 궁리만 하니 사회는 꼬일 대로 꼬여 가고 있다.

매일같이 돈에서 비롯된 사건 사고를 지켜보고, OECD 가입국 중 자살률 1위를 달리는 한국을 보노라면 마음이 착잡하다. 그런데도 갈수록 사회정의는 실종되고, 편법과 불법이 난무하고 있으니 어찌해야 할 노릇인가.

돈으로 인한 갈등과 타락, 불법 등으로 엉켜버린 우리 사회의 문제를 풀기 위해선 다각적인 해법이 필요하겠지만, 무엇보다 '무전유죄 유전무죄(無錢有罪 有錢無罪)'가 더 이상 통하지 않도록 하는 단호한 법질서 확립이 중요하다고 생각한다. 그래야 윗물이 맑아지고 아랫물도 맑아질 것이다. 나아가 많이 가진 자들이 먼저 베풀고 사회 지도층이 행복하고 맑은 사회를 만들어 가는 데 앞장서야 한다.

우리나라 헌법은 모든 국민은 인간으로서의 존엄과 가치를 가지며 행복을 추구할 권리를 가진다고 명명백백하게 밝혀 놓았다. 또한 국가는 개인이 가지는 불가침의 기본적 인권을 확인하고 이를 보장할 의무를 진다고 되어 있다.

행복한 사회를 만들기 위해서는 무엇보다 정부 공직자와 사회 지도층이 청렴결백한 자세로 맡은 바 임무에 충실해야 한다. 이와 함께 모든 국민이 서로 협력하며 공존하는 사회를 만들어 가는 데 힘을 보태야 비로소 헌법 정신이 실현될 것이다. 내가 행복하기 위해서는 내 이웃과도 함께 행복해야 한다는 마음을 먹을 때 진정한 행복이 찾아올 수 있다. 지구촌 시대, 지금 우리는 내일을 모르는 '불안 가중시대'에 살아가고 있다.

그러니 대한민국에 사는 것이 자랑스럽고, 젊은이들에게는 희망과 용기를 주는 신문 기사가 넘치고, 나이 든 시니어들에게는 지금껏 힘들게 살아온 보람과 행복함을 느끼게 하는 소식이 넘쳐나는 세상을 기대해 본다.

  살기 좋은 사회, 공정하고 정의로운 사회, 행복한 사회를 만드는 것도 사람이 하는 것이다. 참되고 정직한 사람이 먼저다. 돈이 지배하는 세상이 되어서는 결코 안 된다.

〈2016년 7월 27일〉

고발(告發)

어느 취객이
아파트 담벼락에 마련해준 잔치상
배고파 먹을 것을 찾던 참새들이
자리를 차지하고 즐기려는데

뒤늦게 나타난 비둘기가
참새를 쫓아버리고
만찬을 즐긴 뒤 비틀거리며
음주 비행하고 가는 것을

분하고 억울해서
참새가 교통경찰에게 고발했다.

〈2023년 8월 29일〉

노파심(老婆心)

시골 고향에 계신 부모님을 찾아뵙고 아들이 떠나는 날, 어머니와 주고받는 대화 내용이다.

"차 조심하고 안전운전하고, 도착하는 대로 전화해라."

"예, 어머니."

"직장생활 충실히 하고, 건강 생각해서 과음 과식하지 마라."

"예, 어머니."

"서울은 눈 감으면 코 베갈 곳이니 항상 정신 차리고 살아야 한다."

"예 어머니, 어머니도 이제 힘든 농사일은 그만하시고, 여행도 좀 다니시고 편안히 쉬십시오."

"쉬라니, 나보고 죽으란 말이냐, 이놈아!"

자식이 위로하는 말에 버럭 화를 내는 연로하신 어머니 모습에 입가에 괜히 웃음이 번진다. 나이가 많을수록 자식 걱정이 많아지고, 나이를 먹으면 먹을수록 쓸데없는 걱정과 지나친 간섭의 마음이 발동한다.

또 나이가 들면 때때로 주위 사람들로부터 자신이 점점 소외되고 있다고 생각돼 사소한 일에도 섭섭함이나 노여움의 감정을 나타내기도 한다.

인간은 누구나 저마다 크고 작은 걱정과 근심을 갖고 살아간다. '긍정적인 사고'의 창시자로 저명한 저술가이자 만인의 성직자로 불리는 세계적인 동기부여의 연설가 노먼 빈센트 필(Norman Vincent Peale, 미국, 1898-1993) 박사는 「쓸데없는 걱정」이라는 글에서 한 연구기관의 조사를 인용하며 다음과 같이 밝히고 있다.

사람이 하는 걱정 중에는 절대로 발생하지 않을 사건에 대한 걱정이 40%, 이미 일어난 사건에 대한 걱정이 30%, 별로 신경 쓸 일이 아닌 작은 것에 대한 걱정이 22%, 어떻게 바꿀 수 없는 사건에 대한 걱정이 4%, 해결해야 할 진짜 사건에 대한 걱정이 4%로 사람들은 결국 96%의 쓸데없는 걱정 때문에 기쁨도 웃음도 마음의 평화도 잃어버린 채 살아가고 있다는 것이다.

그러나 생각건대 인간은 고민에 빠질 수밖에 없는 것 같다. 삶을 위한 의식주 해결을 위한 고민, 인간관계에 대한 고민을 비롯해 복잡한 현실에서 생존을 위한 경쟁과 투쟁에 내쫓기며 인간은 성공과 실패의 연속선상에서 끊임없이 근심하고 걱정하기 마련이다.

옛날 중국 기(杞)나라에 살던 한 사람이 만일 하늘이 무너지면 어디로 피해야 좋을까, 땅이 꺼지면 어떻게 하나 하고 침식을 잊고 걱정하였다고 한다. 이를 기인지우(杞人之憂)라고 하여 기 나라 사람의 근심이란 외미로 유래되고 있는데, 앞일에 대해 쓸데없이 걱정하는 것을 오늘날 기우(杞憂)로 표현하고 있다.

최근 한 정신과 의사가 쓴 「불행을 피하는 삶과 행복을 원하는 삶」

이란 글을 봤는데 이런 대목이 있다.

"우리의 평생 목표는 행복하고 삶이 안정되는 것이다. 흔히들 사는 습관이 인생을 결정짓는다고 한다. 습관 중에 가장 안 좋은 습관은 바로 행복을 나중으로 미루는 것이다."

이 글은 나를 한참 동안 생각하게 했고 나의 삶을 뒤돌아보게 했다.

어린 시절, 부모와 사회가 원하고 가르쳐준 대로 몸 건강하게 말 잘 듣고, 예의 바르고 열심히 공부하고 노력하여 학교 졸업 후 직장에 취업하고, 결혼하여 열심히 돈 벌어 내 집 마련하고 자식 낳아 열심히 가르쳐 출가시키고, 뒷바라지하며 지내다 보니 어느덧 해가 서산을 넘듯 황혼 나이가 되어버리고 말았다.

그동안 행복을 위한 삶을 찾아 살아왔다기보다는 불행을 피하는 삶을 위해 많은 세월을 보낸 것이다. 한편, 후회스럽기도 하다.

그래서인지 지금 젊은 자식 세대들은 부모같이 살지 않겠다며 자신의 행복을 위해 과감하게 행동하는 경향이 있다.

결혼하여 셋방을 살더라도 자가용차부터 먼저 구입해 타고 다니며 주말을 즐긴다. 아예 결혼하지 않고 자기 자신을 위해 행복을 추구하고 남에게 간섭받지 않고 자기만의 인생을 즐겁게 살겠다는 독신주의자도 늘고 있다.

우리는 지금 '편리하고 행복한' 세상에 살고 있다. 어느 시대보다 향상된 삶의 질을 누릴 수 있는 것은 극도로 발달한 첨단산업과 과학문명의 혜택 덕분이다.

그러나 지구촌에서 벌어지고 있는 현실은 그리 안전해 보이지만은 않는다. 자국의 이익을 위한 위정자들의 각축전과 언제 어떻게 될지 모르는 자연재해, 핵전쟁 위협 등 지구가 멸망할지도 모른다는 공포감이 인류를 옥죄고 있다.

　우리나라는 바로 머리맡에 시시때때로 핵실험을 강행하려는 북한이 있어 불안을 더 가중하고 있다. 세상이 빠르게 변화해 가고 있다. 제4차 산업혁명이 시작되어 그 물결이 무섭게 밀려오고 있다. 인공지능, 빅 데이터, 사물인터넷 시대가 되면 세상은 또 어떻게 변화될지 우려된다. '행복'만 찾기에는 시대의 문제가 너무 크고 복잡하다.

　나를 위해 부모가 늘 걱정했듯이, 내일은 또 어떻게 될까 하는 두려움과 자식들의 훗날을 생각하니, 나 역시 노파심이 앞선다.

〈2023년 4월 24일〉

저울과 계산기

"결혼은 해도 후회, 안 해도 후회"라는 말을 흔히들 한다.

대개는 결혼해 보고 후회하는 게 더 낫다고 결론을 맺는다. 혼자 사는 것보다 더 행복하기 위해 결혼을 한다. 두 사람이 서로 의지하고 있는 모양을 본뜬 한자 사람 인(人)자에도 결혼해서 사는 것이 더 낫다는 의미가 담겨 있다.

철학자 소크라테스의 아내는 악처로 잘 알려져 있다. 어느 날 그녀는 책을 읽고 있는 남편에게 심한 욕설을 퍼붓다가 물이 가득 찬 물통을 들고 와 "이 못난 영감탱이야, 물벼락이나 한번 맞아 봐라" 하면서 머리 위에다 물을 쏟아부었다.

그제야 소크라테스는 책에서 눈을 떼며 심술궂은 아내와 맞싸우지 않고 털털 웃음으로 상황을 넘겼다. 이 광경을 본 제자들이 "남자는 꼭 결혼은 해야 합니까?" 하고 묻자, 그는 "결혼은 반드시 해야지, 좋은 아내를 얻으면 행복할 것이고 나쁜 아내를 얻으면 철학자가 될 테니까"라고 하였다.

주변을 보면, 부부가 다투고 나서 결국은 헤어져서 사는 것을 흔히 본다. 나 역시 결혼하고 한때 고민에 빠진 적이 있다. 남남으로 살아오다 연을 맺고 살다가 서로의 의견 차이로 크고 작은 일로 다투기도 하면서 마음이 상할 때가 잦아지면서, '이러려고 결혼했나'라는 생각 들기도 했었다.

조선시대에만 해도 얼굴도 안 보고 집안 어른들의 소개로 결혼하여 잘도 살았다. 여자들은 '시집 가면 죽었다' 생각하고 혼례 전에는 겁을 잔뜩 먹었다가도 가보니 살 만하네, 하면서 웃고 백년해로를 하는 경우도 많았다.

그런데 그때와 지금은 무엇이 달라졌는지 세월과 시대가 변하면서 오늘날의 결혼생활은 아무도 그 결말을 알 수 없는 '공포 영화'가 되고 말았다.

부부는 함께 살지만 서로의 마음을 잘 모른다. 동상이몽(同床異夢)이다. 그리고 서로의 마음을 잘 모르는 데서 바로 불신과 원망이 싹튼다. 결혼 상대는 서로에게 진솔하고, 배려해야 하는데 이제 그보다는 결혼 상대의 재산과 직장, 용모에만 온통 관심을 쏟고 나아가 결혼한 후에도 계속 계산기를 두드리면서 살까, 말까를 저울질하기도 한다.

요즘은 이혼이 뭐 대수냐 하면서, 이상이 서로 맞지 않으면 쉽게 헤어지는 걸 당연하게 여기기도 한다. 오랜 시간을 함께 살았어도 '님'이라는 글자에 점 하나만 찍으면 '남'이 되듯 순식간에 남남이 되고 만다.

문제는 자녀가 받을 상처와 충격, 갈등과 불만을 염려해야 하는데 그렇지 않은 경우도 꽤 있는 듯싶다.

부부는 저울과 계산기로 살아가선 안 된다. 행복하려고 결혼했지만 그다지 행복하지 않은 삶을 사는 부부에게 들려주고 싶은 메시지가 있다. 하나의 일가를 이루며 인생의 새로운 첫 출발을 하는 한 신혼부부에게 법정 스님은 주례사를 통해 "인생 개척을 위해 산문집은 신랑신부가 따로 한 권씩 사서 바꿔 가며 읽고, 아름다운 마음과 삶의 리듬을 위해 시집은 함께 선택해서 같이 낭독하며 읽어라"라고 했다.

결혼주례사에서 가장 많이 사용하는 말은 조화(調和)이다. 나는 제자들에게 늘 "각 파트가 교향곡의 하모니를 아름답고 멋지게 연주해 깊은 감동을 주듯 부부 역시 서로를 존중하며 멋지게 살면서 조화로운 삶을 만들어가야 한다"라고 강조한다.

지금 우리나라는 저출산 고령화 문제가 심각하다. 저출산 현상은 청년들이 결혼을 필수가 아닌 선택으로 생각하고 있다는 방증이다. 직장과 주택 걱정으로 불안한 나날을 보내는 청년들의 모습을 보면 십분 이해가 되기도 한다.

지난날을 생각해 보면, 그때는 못살고 어려운 환경에서도 결혼 적령기가 되면 결혼하였다. 미혼 상태로 있으면 주변에서 무슨 문제가 있나 의심할 정도였다. 결혼하면 특별한 경우를 제외하고는 셋방살이부터 같이 고생 해가며 아이를 낳고 가정을 꾸리며 살았다.

기성세대의 역사적 조건은 다들 알다시피 썩 좋지 않았다. 일제 치하에서 벗어난 해방의 기쁨도 잠시, 6·25로 남북이 갈라지고, 가난에서 벗어나기 위해 1960~70년대에는 베트남 파병을 비롯해 만리타국 독일에 가서 광부, 간호사로 일을 하기도 하고, 1980년대에는 중동 건설 노동자로 갖은 고생을 해가며 가정을 지켜왔다. 그 결과 한국은 오늘날 10위권의 경제 대국이 되었다.

지금의 젊은이들은 부모가 걸어온 길을 경험하지 못했으며, 먹고 살기 위한 처절한 노력을 잘 이해하지 못할 수 있다. 그리고 그렇게 살기를 싫어한다. 젊음과 낭만을 즐기며, 결혼과 육아에 구속되기보단, 하고 싶은 것을 하며 살기를 바란다.

그래서 '혼족'이 늘고 있다. 부양의 의무에서 벗어나 스스로에게 더 많은 투자를 하며 자기 계발을 위해 노력하는 젊은 세대들이 증가하고 있고, 가족의 중요성은 점차 퇴색되어 가고 있다.

고도화된 사회 속에 인터넷 매체가 만들어 놓은 새로운 공동체가 등장하면서 가족이라는 제도권에서 더욱 벗어나길 바라며 가족의 필요성을 느끼지 못하고 있다.

결혼과 출산이 필수가 아니고 선택이 된 오늘날, 노령인구는 점점 늘어나고 아기의 울음소리가 들리지 않은 지 오래다. 예전에는 의과대학 산부인과가 선호하는 인기과였는데, 지금은 얼굴을 예쁘게 고쳐주는 성형외과가 호황을 이루고 있다.

제4차 산업혁명은 인류에게 장밋빛 미래만을 제시하지 않는다. 냉엄한 국제 경쟁이 갈수록 치열해지면서 불확실성이 더해 가고 있는 시대다.

우리의 MZ세대가 올바른 삶의 가치관을 정립하고, 결혼에 대한 긍정적인 사고를 하며, 한 아이의 아빠와 엄마로서 적극적인 역할을 해 나갈 때 우리나라의 밝은 미래가 좌우된다고 본다.

〈한국문인협회, 2023년 12월, 『우수문학 선집』 게재〉

봄맞이

아직 차가운 바람에 얼어붙은 대지가 경직되어 있다. 바깥바람이 녹록지 않다. 쌀쌀한 날씨에 사람들은 외투 깃을 세우고 몸을 웅크리고 종종걸음이 바쁘다.

봄은 겨울의 긴 여정을 머금고 태어난다. 봄의 기척 소리가 들릴 때 삼라만상과 대지의 꿈틀거리는 변화가 일어난다. 세찬 겨울 바람결이 한결 무디어지면서 모든 생물은 대지에서 새로운 마음으로 봄을 맞이하게 된다.

강남 갔던 제비가 돌아오고, 꿀벌들이 꽃을 찾아 나들이를 서두를 무렵이면 봄이 완전히 찾아왔다는 신호다.

눈이 녹아 흐르는 땅 밑 물소리 듣기라도 한 것처럼 개울가 얼음장이 풀리기 시작하고 새봄을 재촉하는 봄비가 다소곳이 내린다. 정녕 봄이 기다려지는 이유는 우리 스스로 마음속에 새봄을 맞이하는 색깔과 향기를 지니고 새로운 생활을 계획할 수 있다는 것 때문이다.

사계절 중 봄은 새로운 시작의 계절이다. 봄은 탄생의 계절이요, 여름은 성장과 번영의 계절이다. 봄이 소생의 계절이라면 가을은 결실 수확의 계절이다. 봄이 활기찬 소망의 계절이라면 겨울은 동면과 휴식의 계절이다.

봄이 오는 길목은 아름답고 찬란하다. 봄에 피는 꽃은 우리들의 마음을 가득 채워주고 삶의 변화와 생동감을 만들어 준다. 도시와 농촌을 오가는 사람들의 옷차림에서 우리 곁에 봄이 왔음을 느끼게 한다.

겨울의 끝자락에서 만물은 기지개를 켜며 봄맞이에 분주해진다. 농부들은 밭을 갈고, 씨앗을 뿌리고 농사일에 바빠지기 시작한다.

각급 학교에서는 입학식과 졸업식을 하느라 바쁘고, 각 가정과 단체에서는 봄맞이 대청소로, 기업체는 봄맞이 신상품 출시에 열을 올리느라 바빠진다. 계절과 자연의 변화가 사람들의 세상에도 생동감을 넘치게 해준다.

남녘에서는 벌써 꽃소식이 들려온다. 차디찬 겨울, 그래도 변함없이 겨울의 고통을 이기고 녹색 기운으로 돌아오는 이파리들을 보며 사람들은 자연의 생명력에 찬사를 보낸다.

봄을 맞은 정원에는 개나리, 목련이 앞다투어 예쁜 꽃을 피워낼 것이고, 철쭉과 연산홍, 벚꽃도 앞다투어 형형색색의 옷으로 갈아입고 화려한 변신을 시도할 것이다.

길가에 죽은 듯 엎드려 있던 들풀도 생기 찬 엽록소로 치장할 것이고 비좁은 바위틈에 악착같이 뿌리박은 들꽃들도 비로소 환한 미소를 머금을 것이다. 모진 겨울의 눈보라를 이겨내야 봄을 만나고 그 봄을 만나야 새싹을 돋아나게 하면서 아름다운 꽃을 피울 수 있기 때문이다.

봄기운은 동심이다. 나 어릴 때 봄이 오면 시골 고향에서 개구쟁이 친구들과 산으로, 들로 돌아다녔다. 진달래 꽃잎을 입술이 시퍼렇도록 따먹기도 하고 들판에서 뛰어놀기도 했었다.

　해마다 봄은 찾아오지만 한 가지 아쉬운 건 지구온난화로 인해 자연생태계가 점점 황폐해져 가고 있어 봄의 생명력이 예전 같지는 않다는 점이다.

　산업혁명과 과학기술과 문명의 발달이 오히려 자연생태계를 파괴하고 이로 인한 자연재해가 인간에게 되돌아와 세상 곳곳은 몸살을 앓고 있다.

　맑고 푸르던 대기가 황사와 미세먼지로 인해 점점 병들어 가고 있는 현실에서 봄을 맞이하는 기쁨보다는 실망과 걱정이 앞서는 게 현실이다. 생태계 보존은 자연환경을 걱정하는 단체들만의 일이 아니라, 온 인류가 앞장서 맡아야 할 책무다.

　깨끗한 공기가 넘치고 맑은 강물이 흐르고 파릇파릇 싹터 오르는 향긋한 봄을 맞이하고 싶다.

　봄은 마냥 앉아서 기다리는 사람들보다 봄을 찾아 나서는 사람들에게 더 빨리 봄기운을 느끼게 한다. 자연뿐만 아니라 사람들도 봄을 맞아 새롭게 단장하는데, 두근거리는 마음은 울긋불긋한 옷의 색깔로 표출된다.

　하루하루를 바쁘게 살아가는 현대인들도 싱그러운 봄 앞에선 괜히 설레고, 삶의 새로운 변화를 주기 위해 즐거운 마음으로 스스로를 바쁘게 만든다.

　오늘은 아침부터 아파트 베란다에 예쁘게 꾸며 놓은 화단의 화분갈이를 해주었다. 그동안 나의 지극한 정성도 한몫했지만, 올겨울은 추운 날이 별로 없어 얼어 죽은 화초는 없었다.

　가만 보니 화단의 여왕 격인 군자란이 벌써 꽃대가 올라오고 있어 반가운 인사를 나누었다. 우수, 경칩이 지난 지 한참 되었는데 봄이 오는 것을 시샘하듯 꽃샘추위가 마지막 심술을 부리고 있다. 추위가 완전히 물러설 때까지 화단 관리에 힘써야겠다.

새봄을 맞이하여 좀 더 멋진 새로운 계획을 세우고 싶다. 또 우리 모두 겨울을 이겨낸 봄맞이를 즐겁게 할 수 있는 여유롭고 풍요로운 사회가 되길 소망해 본다.

만물이 생동하는 계절, 따스한 아침 햇살과 함께 봄의 왈츠가 울려 퍼진다. 활기찬 봄을 맞이하기 위해 가벼운 산책으로 봄기운을 한껏 받아보는 것도 좋을 것 같다.

봄이 왔음을 알리는 상징인 벚꽃 축제 소식도 일찌감치 들려오고 있다. 진해 군항제, 여의도 벚꽃 축제 등등 전국 곳곳에서 봄을 노래하는 메아리가 곧 울려 퍼지게 될 것이다. 우선 산뜻한 봄옷으로 갈아입어야겠다.

〈2024년 3월 28일〉

한치와 오징어

오징어는 다리가 긴데
한치는 다리가 짧다.
한 뼘밖에 안 된다고 한치라 이름 붙었다

어부들이
한치는 쌀밥
오징어는 보리밥

항구의 어시장에는
한치와 오징어가 살아 펄떡이고 있다

한치도 오징어도
인간들의 술안주로 심심풀이 땅콩으로

나무아미타불 관세음보살.

〈2020년 7월 2일〉

급박했던
순간

휴대전화 벨 소리가 요란하게 귓전을 두드린다. 받아보니 김성렬 선생님 목소리다. 시계를 보니 새벽 4시 30분, 나를 깨우는 전화다. 특별한 경우가 아니면 모두 곤하게 잠들어 있을 시간이다. 5시에 깨워주기로 했는데 반 시간 일찍 깨우셨다.

2023년 4월 19일부터 20일까지, 1박 2일 동안 강서문인협회의 춘계 문학기행이 예정돼 있었다. 전라남도 여수시 안도(雁島)가 목적지다. 19일 아침 6시까지 화곡역 1번출구 인근에 버스 대기 장소에 늦지 않게 도착해야 했다.

평소 불면증에 시달리고 있는 터여서 걱정이 됐다. 김성렬 선생님이 주관하시는 '화요문학모임'에서 "내일 문학기행을 가는데, 불면증 때문에 실수할까 걱정이 됩니다"라고 말했더니 고맙게도 김성렬 선생님께서 전화로 깨워주시겠다고 하셨다.

이부자리에서 일어나 창밖을 내다보니 아직 컴컴하고 고요하다. 집결 장소까지는 집에서 걸으면 20분이면 도착할 수 있다. 시간은 충분

했다. 어제저녁 여행 준비는 해놓았지만, 다시 확인해 보았다.

 코로나19 바이러스와의 전쟁으로 온 세상이 불안에 떨며 거리 두기와 마스크 착용 등으로 적극적인 대응을 해온 지 어느덧 3년이 지났다. 전염병은 서서히 누그러지고, 이제 마스크 착용도 해제하고 거리 두기도 코로나 이전 시대로 돌아가면서 그동안 묶여 있던 해외여행도 활기를 찾고 있다.

 이번 문학기행도 코로나로 지루했던 그동안의 마음과 몸을 달래고, 바람도 쐴 겸 아름다운 자연 곁으로 떠나 보자는 취지라 생각된다.

 집결 장소에 도착하니 벌써 일행이 많이들 와 있다. 오늘 탑승할 버스를 보니 'VIP 버스'라고 쓰여 있고 28인승이다. 원래 가기로 한 회원은 19명인데 3명이 빠져 16명이 가게 되었다. 버스에 올라 자리를 잡고 보니 의자가 마음에 들었다. 장거리 여행을 하기에는 아주 좋은 버스다.

 출발시간 전 지각생 없이 모두 도착, 예정된 시간에 목적지 안도를 향해 출발하였다. 날씨는 쾌청하지 못하고 구름이 하늘을 덮었다. 비는 오지 않았지만, 짙은 안개가 자욱하여 시계가 흐리다. 버스는 반도를 가로질러 남녘 바닷가에 도달했다.

 여수 시내에서 점심을 먹고, 오후 2시 돌산 신기항에 도착, 버스도 승선시키는 대형 선박에 몸을 실었다. 3시에 금오도 여천항에 도착하여 다시 배를 타고 10분 정도 지나 목적지인 안도에 도착했다.

 여수에서 남쪽으로 34km, 금오도와 연도 사이 두 개의 기러기 모양으로 연결된 섬, 안도는 금오도와 안도 간 연도교인 안도대교(길이 360m) 건설로 하나의 섬이 되어 교통과 경제적 이익을 가져왔다고 한다.

 안도는 낚시꾼들의 황금어장으로, 한반도 모양의 호수마을이 있다.

하룻밤 묵을 숙소에 4시에 도착, 여장을 풀고 나서 안도 평화공원에 들렀다.

이곳은 미군 전투기의 기총사격으로 피난선에 승선한 250명이 사망한 '남면 한밤묵히기 사건' 희생자들과 6·25 희생자들의 명단과 추모비가 있어 마음을 숙연케 한다.

이어 상산길 걷기를 한 시간 동안 하였다. 4월 중순이 지난 상산 길가에는 동백꽃이 떨어져 있다. 혹한과 힘겹게 싸우며 사력을 다하여 빨갛게 피워낸 꽃, 인고의 세월을 견디며 자기 몸을 태운 꽃이다.

수놓은 듯 흩어져 있는 동백꽃 꽃잎을 즈려밟고 가는 길에 한 일행이 "이것이 머위, 저것은 쥼"이라고 알려준다. 이름 모를 꽃들과 식물들이 우리를 기쁘게 맞이한다.

저녁 6시 반 낚시와 안도가 좋아 현지에 머물며 생활하고 있는 김다호 수석 부회장 내외분이 준비한 식사를 하였다. 여러 가지 풍성하게 차린 회며, 바다에서 나는 음식을 골고루 맛있게 먹고 마셨다.

만찬이 끝난 후 뒤풀이로 근처 노래방에 가서 한바탕 노래 솜씨를 발휘하며 왕년의 명가수를 자칭하며 즐겼다. 밤 10시가 넘어서 각자 정해준 숙소로 돌아갔다. 204호에 배정된 회원 5명은 신낙형 회원의 의견에 따라 새벽 3시까지 문학 토론을 하며 추억을 만들었다.

첫날은 일정대로 차질 없이 잘 보냈는데, 이튿날이 문제였다. 날씨는 좋아 햇빛은 쨍쨍하고 공기도 상쾌했다.

아침 식사 후 8시 반부터 10시 반까지 두 시간 동안 금오도 비렁길을 걷는 일정이 있었다. 해안 절벽과 단구를 따라 구불구불 이어지는 길이었는데, 걸을수록 깊이 숨겨진 비밀스러운 아름다움이 열리고, 빼어난 풍광으로 소문이 난 남해안의 대표적인 산책로다.

버스로 10분 이동해 비렁길 초입에 도착, 모두 버스에서 내리는데 나는 빠졌다. 어젯밤 잠도 잘 못 자고 몸 상태도 좋지 않았고, 바닷가 산행길이 난코스라는 이야기도 있어 2시간 동안 걷는 게 나에게는 무리라 판단해 버스에 머물렀다.

모두 떠나고 난 뒤 버스에 그냥 있기도 뭣하고 해서 주변을 돌아보며 맑은 공기를 마음껏 마시며 시간을 보냈다. 걷기에 나선 회원들이 도착할 시간이 되었는데 보이질 않는다.

그때 마침 버스 기사에게 긴급 연락이 왔는데, 도중에 여자 회원 2명의 낙오를 해 행방불명이 되어 회원들이 모두 찾고 있어서 조금 늦을 것이란 소식이다. 도착 예정 시간을 반 시간 넘긴 상황이었다.

선발대로 도착한 회원의 이야기에 따르면, 높고 깊은 낭떠러지가 있는 난코스에서 서로 간격을 두고 걷는 도중 '뒤따라오겠지' 하고 앞서갔는데 나중에 확인한 결과 두 명이 보이지 않았다는 것이다.

회원들은 코스 중간마다 실종된 회원 이름을 불러 봤지만, 묵묵부답이었고 설상가상 두 명 다 스마트폰도 안 되었다. 시간은 흘러가고 조급한 마음에 일부는 "119를 빨리 불러야 한다. 만일 사고가 나서 신고가 늦으면 안 된다"라고 말하는 등 버스를 산 중턱에 세워 놓고 모두 불안과 초조한 마음으로 옥신각신하고 있었다. 그때 용맹하게 산속 곳곳을 뛰어 다니며 사라진 이들을 찾던 한 회원으로부터 그들을 찾았다는 연락이 왔다. 모두 안도(雁島)가 아니라 안도(安堵)의 숨을 쉬었다.

'실종'의 원인은 한 회원이 화장실에 들렀다가 스마트폰을 두고 나왔는데 한참 뒤 두고 온 것을 알고 다시 돌아가서 찾느라고 일행과 거리가 한참이나 벌어졌기 때문이었고, 스마트폰 배터리 수명이 다 되어 연락도 할 수 없었다는 것이다.

　해프닝으로 인해 우리는 승선 시간을 놓쳐 다음 배로 이동했는데 일정이 밀려 선암사 관람은 포기하고, 여수 오동도에 들러 바닷가를 조금 걷고 마음을 달래서 귀경길에 올랐다.

　도중에 사라진 회원들은 큰 걱정을 끼쳐 죄송하다고 거듭 사과했다. 단체행동 때는 회원 각자가 더 조심하고, 아울러 서로 위하고 단합하는 마음이 필요하다는 것을 새삼 느꼈다.

　저녁 8시경 서울에 도착했다. 무사히 안전 운전해준 기사님에게 감사 인사를 전하고, 회원들과는 다음을 기약하며 모두 바쁘게 집으로의 발걸음을 재촉한다.

　삶을 살다 보면 급박한 순간을 겪게 되는 경우가 있다. 이럴 때 현명하게 대처해야 할 것이다. 이번 2023년 강서 춘계문학기행이 남기는 여운(餘韻)이다.

〈2023년 『강서문학』 35호 게재〉

무엇이든 지나치면 안 된다

　사람들은 인생을 살아가면서 희로애락과 생로병사를 경험하게 마련인데, 때로 고독할 때나 우울할 때 기분을 전환하고 싶을 때가 있다.
　그때 좋은 방법이 있는데 '인생삼락은 주색잡기다'라는 속담이 있듯 알맞은 음주와 도덕적으로 어긋나지 않는 성생활, 도박성 없는 노름이 바로 그것이다.
　알코올, 도박, 마약, 인터넷게임 등의 행위와 어떤 물질에 지나치게 신체적 정신적으로 의존하고 있는 상태를 중독이라 하는데, 우리 사회에 각종 중독으로 신음하는 사람들이 많다고 한다.
　현재 뜨거운 쟁점으로 떠오르는 4대 중독(알코올, 마약, 도박, 게임) 법안 처리에 대해 생각해 본다.
　최근 한 연구자료에 따르면, 의학 치료가 필요한 4대 중독 환자가 국내 5천만 인구 중 6.7%에 달하고 있다고 한다. 중독은 뇌 손상 우울증 등 건강상의 문제는 물론 다른 사회적 문제까지 유발한다는 점에서 더 심각하다.

폭행 강도 및 살인, 가정 폭력 등 강력범죄의 30%가 음주 상태에서 발생하고, 중독으로 인한 근로자의 생산성 저하와 청소년의 학습 기회 손실 등 중독은 가족 및 사회 전반에 걸쳐 심각한 사회적 폐해를 초래하고 있다.

중독을 적극적으로 예방 치료하고 중독 폐해 발생을 방지, 완화하기 위해 적극적인 국가의 역할이 요구되는 지점이다. 이에 정부는 4대 중독 문제 해결을 위한 중독예방 관리법 제정과 국가중독 관리위원회 신설 등을 계획하고 있다.

중독은 한 국가의 존망과도 연결된다. 아편전쟁은 중국의 아편 단속을 빌미로 하여 영국이 일으킨 전쟁이다. 영국과 중국 사이에 불공정한 무역이 계속되자 영국인들은 아편 무역을 통한 이윤 창출을 고안했다.

육체노동에 종사하는 중국 하층민들 사이에서 아편은 선풍적인 인기를 끌었고 아편에 중독된 중국인을 '동방의 병든 남자'라고 칭할 정도로 아편 중독자는 급증했다. 이에 국가적 위기를 느낀 청나라가 강력하게 아편 단속 정책을 펼치자 발발한 것이 아편전쟁인 것이다.

현재 국내에서 논의되고 있는 게임 중독법안이 게임 산업의 발전을 저해할 것이란 우려의 시선이 많다. 물론 전 세계 어디서나 게임을 알코올 중독이나 마약 중독자와 같이 함께 치명적인 중독성이 있는 것으로 규정한 나라는 아직 없다.

그러나 찬반에 앞서, 중독과 중독 폐해가 없는 건강하고 행복한 가정과 사회를 위해서는 게임사업자의 손익보다는 건강한 사회를 바라는 국민의 의견을 중시해야 할 필요가 크다고 본다. 길거리와 버스나 지하철에서 남녀노소 할 것 없이 스마트폰을 들여다보면서 게임을 하거나 문자 메시지를 보내는 광경을 흔히 볼 수 있다.

중고등학교에서 90% 이상의 학생이 스마트폰을 소지하고 있고, 이로 인한 수업 중 많은 문제가 발생해 등교하자마자 전부 수거하고 보관함에 넣게 지도하는 학교도 있다.

성장기에 있는 청소년들에게 인터넷 중독, 스마트폰 중독은 치명적이다. 가정과 학교, 나아가 사회가 입체적으로 문제 예방과 해결에 나서야 할 것이다.

IT 강국인 우리나라는 세계에서 가장 많이 인터넷과 스마트폰을 사용하고 있다고 한다.

얼마 전 나도 핸드폰을 스마트폰으로 바꾸었다. 필요할 때 통화를 주고받는 것 외에 별 사용도 안 했는데, 카카오톡 등 인터넷을 이용하다 보니 요금이 많이 나온다.

나도 모르게 스마트폰에 얼굴을 파묻고 있는 시간이 꽤 있었던 셈이다. 자신이 스마트폰 또는 인터넷게임에 얼마나 시간을 뺏기고 있는지, 내가 혹시 게임 중독이나 다른 중독에 빠져 있지는 않은지 늘 뒤돌아봐야 할 것이다.

무엇이든지 지나치면 안 된다. 그러나 인간 개인은 나약하다. 몇몇의 성인(聖人)을 제외하고 우리 같은 보통 사람들은 절제하며 살고, 중도를 지키며 사는 게 늘 버거운 게 현실이다. 그런데 절제하지 못하고 도를 지나쳐 행동하게 되면 나는 물론 내가 속한 사회까지 망가지게 한다는 점을 명심해야 한다.

두 사람 이상이 모여 사회를 이룬다. 사회는 공동생활을 하는 사람들의 조직화 된 집단이나 세계를 말하는데, 가장 기초집단 사회가 가족, 그다음이 친족, 나아가서 마을, 회사, 정당, 도시, 국가, 지구촌 세계로 그 범위가 확장된다.

혼자 살아간다면 규범이 필요 없겠지만 두 사람 이상이 모여서 잘 살아가려면 공생 공존을 위해 일정한 사회규범이 필요하다. 사회규범은 사회가 사람들에게 지키기를 바라는 규칙으로 관습, 도덕, 법을 일컫는다.

규칙은 시대와 문화의 발전과 삶의 방식이 변화에 따라 사라지기도 하고, 시대에 맞게 새로 만들어지기도 한다. 현재 우리 사회는 중독예방과 해결에 지혜를 모아야 할 때다.

중독 문제는 더 이상 개인에게만 맡겨 둘 수 없는 사회적 문제로 이에 대한 사회적 규칙이 필요한 시점이라고 본다. 물론 우리 각자 중독에 빠지지 않도록 늘 주의해야 할 것이다.

동양철학 사상의 핵심인 중용(中庸)의 도(道)를 생각한다.

〈『유어스테이지』 시니어 리포터 2017년 9월 5일 게재〉

지구의 종말이 오는가!

올해는 본격적인 여름이 오기도 전에 지난 6월부터 섭씨 30도를 웃도는 폭염이 이어지더니 7월 초부터는 폭우와 폭염이 며칠째 계속되고 있다. 7월 19일 부산에 사시는 외삼촌을 오랜만에 만나 뵙기로 약속했는데, 쏟아지는 집중호우로 무산되고 말았다.

특히 기록적인 폭우로 인명, 재산 피해가 전국적으로 속출하고 있다. 처참하게 망가진 논과 밭, 집 앞에서 속수무책인 수재민들과 그들의 잃어버린 삶터는 그야말로 아비규환이다.

지구촌이 이상기온으로 몸살을 앓고 있다. 장마로 피해를 호소하는 나라가 있고, 가뭄으로 힘들어하는 나라가 있고, 국지성 폭우로 난리를 겪는 나라도 있다.

갈수록 심해지고 있는 기상이변의 직접적 원인으로는 적도 열대 태평양 지역 해수면 온도가 평년보다 높은 상태로 수개월 이상 지속되는 엘리뇨 현상과 해수면 온도가 평년보다 낮아지는 라니냐 현상이 지목된다.

이러한 이상적 기상 현상의 배경에는 인간들이 인위적으로 일으킨 온실가스 배출 등 환경 파괴가 자리 잡고 있다고 전문가들은 입을 모은다. 특히 온실가스는 기후변화를 가속화하고, 폭염과 폭우, 한파, 홍수, 해충 발생, 물 부족 등의 주범으로 손꼽히고 있다.

올해 들어 지구촌 곳곳에서 일어나는 예측할 수 없는 기상 상황들을 살펴보자. 미국에서는 38도를 웃도는 '열돔 현상'으로 수백 명이 이상고온 현상으로 숨졌으며, 미 당국은 '폭염' 확대를 전역으로 발표했다.

중국에서는 태풍과 폭우의 강타로 베이징 시내가 도로인지 하천인지 가늠이 안 될 정도로 물이 차올라 큰 인명, 재산 피해를 입었다.

그리스는 이상고온으로 산불이 번져 관광객 수만 명이 대피하는 사태가 있었고, 인도와 캐나다는 폭우로 산사태가 발생하고 도시가 침수돼 인명 피해가 속출했다. 이렇듯 '물불' 안 가리는 기후 재앙으로 지구 전역에는 더 이상 안전지대가 없다.

우리나라도 예년과 달리 올해 들어 크고작은 화재가 매일 발생하고 있다. 지난 4월 강원도 산불로 인해 고성군과 속초 일대의 산림 및 주택 시설물 등이 불에 타 많은 재산이 손실되고 인명 피해가 있었다.

화재 발생의 직접적 원인이야 누군가의 부주의에 있다고 하겠지만, 비가 오래도록 내리지 않아 대지가 건조해 화재의 규모가 더 커지고 있음은 부인할 수 없다.

북대서양 고기압으로 인해 폭염은 계속되는 와중에 게릴라성 폭우도 큰 피해를 주고 있다. 시간당 70mm가 넘는 기습적 소나기가 강타해 농가의 복숭아, 사과 등 가을걷이 과일 결실에 큰 손해가 생겼으며, 탄저병으로 인한 고추 수확량 감소도 농가를 울상짓게 만들고 있다.

작년 여름에도 예년에 없던 무더위가 기승을 부려 모두 힘들어했었는데, 올해도 연일 폭염이 이어지면서 온열질환자도 급증하고 있다.

질병관리청에 따르면 더운 날씨 속에 밭일하던 노인들이 숨지고, 열사병으로 수십 명이나 숨졌다. 보건당국은 물을 자주 마셔 체온을 내리고 특히 심뇌혈관 질환자와 고혈압환자, 당뇨병, 신장질환자, 체온이 높은 임산부는 온열질환에 각별히 유의해야 한다고 강조하고 있다.

기상청에 따르면, 전국적으로 폭염특보가 발령된 상황에서 체감온도가 35도 내외로 오르는 곳도 많다고 한다. 당분간 도심과 해안 지역의 경우 30~38도로 급상승이 예고 되고 있어 낮에는 폭염, 밤에는 열대야 주의가 요구되고 있다.

산업혁명 이후 인간에 의해 문명과 과학이 발달하고, 시대가 변화 발전함에 따라 삶은 편리해졌다고 하지만, 산업화 과정에서 지구온난화로 인한 기상이변과 환경 오염, 식수 오염, 산업폐기물 등 각종 문제가 발생하고 있다.

우주와 자연환경 속에서 인간을 포함한 생물과 무생물들은 서로 공존하면서 살아가야 하는데 인간들의 과욕으로 말미암아 생태계가 파괴되고 있다. 한층 심각해진 미세먼지만 봐도 병든 지구의 상황을 실감 할 수 있다.

어릴 적에는 동산에 올라 밤하늘에 수놓은 은하수를 바라보며 청운의 꿈을 키웠는데, 지금의 서울 밤하늘은 은하수는커녕 달빛조차 보기 어렵다. 사계절의 구분이 뚜렷한 아름다운 나라, 금수강산을 자부했는데, 근래에 와선 여름이 일찍 찾아오는 등 계절에 지각변동이 일어나고 있다.

유엔 사무총장은 '지구온난화'가 끝나고 '지구 열대화'가 시작되었다고 선언했다. 세계 기상기구도 올해 7월 들어서 역사상 가장 무더운 달이 될 것이라고 예측했으며, 앞으로 극단적인 조치를 취하지 않는 한 폭염, 폭우, 이상기온은 더 심해진다고 예고하고 있다.

코로나19로 수많은 사람이 죽어 가고 공포에 떨었는데, 이제는 날씨가 우리의 삶을 위협하고 있다. 입추가 지났는데도 폭염이 계속되고 있고, 온열질환자가 급증, 우리의 심장과 호흡기를 위협하고 있다. 태풍이 한반도를 강타할 것이란 보도는 계속해서 불안과 긴장을 고조시키고 있다.

세계적인 휴양지 미국 하와이 마우이섬 화재로 백여 명 이상이 사망하고 수천 명의 이재민이 발생하고 있다. 자연 생태계와 더불어 살지 못한 인간의 욕심 때문에 또 다른 어딘가, 누군가가 고스란히 그 뒷감당을 치르고 있는 것이다.

기상이변 관련 전문가들은 지구의 종말이 2050년경에 올 것이라고 예고한 바 있는데 최근 상황이 급속도로 악화하는 것을 보고, 종말의 시기는 더 앞당겨질 것이라는 경고하고 있다.

인생의 궁극적 목표는 행복인데, 인간이 꿈꾸는 유토피아는 현실에서 점점 멀어져만 가고 있다. 무엇보다 모든 인간과 생명의 고향이자 터전인 지구는 이상기온으로 그 존망이 내일을 예측할 수 없는 지경으로 망가져 가고 있다.

지금 우리들은 불확실의 시대를 불안 속에 살아가고 있다.

미래의 인류가 걱정된다. 이제 신은 인간의 교만함을 깨우쳐 주고, 부활의 기회와 축복을 주실 것인지! 내일 지구의 종말이 온다면, 나 또한 오늘 사과나무를 심을 것인지…!

〈2023년 8월 15일〉

밥그릇 싸움

 TV 뉴스를 듣고 있노라면 괜히 짜증이 난다. 세상에서 일어나는 이해관계의 모든 일이 밥그릇 싸움이라는 생각이 든다. 한동안 '검수완박'이라는 말이 세상을 떠들썩하게 했었다. 검찰 수사권을 완전히 박탈한다는 뜻으로, 수사권을 경찰에게 돌려주자는 주장이다.
 이에 검찰이 목소리를 높이는 이유는 기득권을 빼앗기지 않기 위함이다. 두 마리 개가 밥그릇을 두고 으르렁거리며 싸우는 꼴이다. '검수완박'은 밥그릇 싸움의 도구로 전락한 모양새다. 국회 법사위원회에서 '검수완박'을 전략적으로 사용, 다수당인 민주당이 이를 당론으로 결정하면서 시끄러워졌고, 결국 통과되고 말았다.
 일반 서민들은 범법행위에 대해 경찰이 직접 수사하든, 검찰이 직접 수사하든 상관이 없다. 주어진 권력을 남용하지 말고 사법기관이 공정하게 판단해 주기를 바랄 뿐이다. 뉴스에 나오는 정치인과 공직자들은 말로는 정의를 세우고 국민통합의 차원이라고 외치지만, 현실을 들여다보면 당리당략과 집단 이기주의에 치우쳐 민생은 안중에도 없이 '내 밥그릇 건드리면 참지 않고, 어떤 행동도 서슴지 않겠다'라는 속심으로 가득 차 있는 것 같다. 그들은 국민에 대한 봉사보다 각자의 이익 추구에 더 관심이 많다. 높은 수준의 도덕성이 요구되는 공직자들의 형태가 이러니 국민의 분노와 실망이 이만저만이 아니다.

　22대 국회가 개원하고 국회의원이 일을 시작한 지 3개월 만에 첫 추석 연휴를 맞았는데 2024년도 국회사무처 수당 지급 기준에 의하면 국회의원 한 명당 추석 상여금을 4백만 원 넘게 지급했다고 한다. 추석 상여금을 받는 일반 직장인은 10명 중 4명에 불과하다. 받는다 하더라도 국회의원의 5분의 1도 안 되는 액수가 대다수라고 한다. 성과급제도에 따라 연봉이 책정되는 일반 공무원들은 국회의원의 이러한 상여금제도에 놀라워하며 분노를 느낀다고 한다. 국회의원 연봉이 1억 5천만 원이 넘고, 하는 일은 별로 없는 것 같은데 보좌관은 7명이나 된다며 일반 공무원들은 허탈해하며 한숨이 절로 나온다고 한다. 대통령과 국회의원, 고위 공직자들은 국민을 위해서 일하고 봉사하는 존재라는 사실을 항상 명심해야 한다.

　뉴스를 보면 자기 밥그릇을 챙기기 위해 혈안이 된 이들을 또 볼 수 있다. 정부가 대학 입시 의대 정원 수를 늘린 이후 의사협회와 정부의 다툼은 그칠 줄을 모른다. 의대 정원 증원에 대한 항의로 병원을 떠난 전공의들의 공백이 8개월째 이어지면서 환자들이 응급실을 찾고도 제대로 진료를 받지 못하고 있는 사례가 속출하고 있다. 병원에 있어야 할 의사가 없어 응급실 뺑뺑이를 돌다가 사람들이 목숨을 잃고 있다.

　사람을 살려야 할 의사들이 본분을 잊고 귀중한 생명을 담보로 삼아 협상카드로 쓰고 있다. 우리나라 의사 수가 다른 나라에 비해 부족하다는 통계가 있는데도 증원에 반대하고 있다. 국민은 밥그릇 싸움을 하루빨리 중단하길 촉구하며, 병원 정상화를 호소하고 있다.

사회계약론을 주장한 영국의 토머스 홉스(Thomas Hobbes)는 인류의 역사가 '만인의 만인에 대한 투쟁'으로 점철되어 있다고 지적한 바 있다. 역사를 돌이켜보면 자기 이익만을 위한 처절한 싸움을 통해 오직 승자만이 밥그릇을 차지해 왔고, 패자는 승자의 아량과 배려로 그들의 삶을 이어 왔다. 생태계를 관찰해도, 약육강식의 바탕 위에 자기 영역에 다른 먹이 경쟁자들이 나타났을 경우 용납하지 않고 사생결단하며 싸운다. 인간들 역시, 밥그릇 싸움에 집착하는 것은 자연스러운 생존 보호 본능의 발효라고 볼 수 있다.

그러나 인간은 동물과 달리 봉건시대 전제군주제와 독재와 싸우면서 민주주의와 자유시장경제 질서를 피와 땀으로 이룩했다. 약육강식의 '동물 논리'에서 벗어나 상호 공존의 '사람 논리'를 만들어 '공동체'를 발명해 냈다. 하지만 애석하게도 지금 우리가 살고 있는 사회 곳곳에선 다시 '만인의 만인에 대한 투쟁'이 벌어지고 있다. 많은 이들이 세계평화를 부르짖고 여러모로 노력하지만, 강대국의 횡포는 갈수록 거세지고, 가진 자들의 탐욕은 점점 커지고 있다. '제3차 대전'이라 불리는 경제전쟁이 세계 곳곳에서 일어나고 있으며, 인류는 자신들만의 풍요를 위해 자연의 생태계를 파괴하고 있다. 미래학자들은 21세기에 지구는 멸망할 것이라고 한다.

극단적인 이기주의로 발현한 '만인의 만인에 대한 투쟁'은 결국 사회계약으로 종결될 수 있었다고 토머스 홉스는 말한다. 이기적인 개인들이 자기 이익만 맹렬히 추구하다 결국 자신마저 위험할 수 있다는 자각에 사회계약을 맺어 강력한 권한을 지닌 국가를 만들고 분쟁을 '종식'할 수 있다는 것이다.

오늘날에도 '강력한 국가'가 필요하다고 생각된다. 자국의 이익만을 대변하는 강력한 국가가 아닌, 불평등 구조를 개선하고 사회적 약자를 보호하고 공정성과 정의로운 사회를 위해, 힘을 발휘할 수 있는 강력한 국가가 필요하다. 우리나라도 마찬가지다. 한국은 제1, 2차 세계대전과 일제 식민지 시대를 겪으면서 강대국의 침략으로 많은 것을 침탈당했다. 이후 한국전쟁과 분단, 독재와 군사정권 등 질곡의 현대사를 통과하면서, 한국 사회는 일반 국민이 살기가 힘든 사회 구조가 되어 버렸다. 물론 세계가 부러워하는 경제 발전을 짧은 기간에 이뤄냈지만, 권위주의에 바탕을 둔 경쟁교육과 능력주의가 우리 사회를 병들게 했다는 비판은 피할 수 없다.

한국은 지금 사회적 갈등이 가장 심한 나라라는 평가를 받고 있다. 착취적인 갑을 관계가 판치는 '야만 사회'라는 오명을 듣고 있으며, 부의 불평등으로 극심한 빈부의 격차로 많은 이들이 상대적 박탈감에 시달리고 있다. 그 결과 한국은 수년째 OECD 회원국 중 자살률이 가장 높은 나라이다.

이러한 문제를 해결하기 위해선 이제는 정말 과감한 결단력이 필요하다고 생각한다. 무엇보다 경쟁교육과 능력주의의 폐단을 없애야 한다. 나만이 잘살려고 하는 욕심을 버리고, 주변을 의식하면서 함께 더불어 살 수 있는 사회를 만들어 나가야 한다.

더 많이 먹겠다고 밥그릇 싸움을 할 것이 아니라, 정답게 나누어 먹으면서, 내가 먼저 양보하고, 내 이웃을 내 몸처럼 사랑하면서, 따뜻한 마음으로 질서를 지키면서 살아가는 것이, 민주주의 국가의 자유시장 경제 체제하에서 만물의 영장이라고 자처하는 인간이 지켜야 할 올바른 자세와 행동이 아닌가 생각해 본다.

〈2024년 10월 5일〉

배고픈 것은
참아도!

　신문이나 TV 뉴스에서 크고작은 사건 사고들이 보도될 때마다 마음이 편치 않다. 세상살이가 불안전하고 평화롭지 못하다는 징조다.
　천인공노할 흉악 살인범이 죄를 짓고도 취재하는 기자의 질문에 '죄송합니다'라는 한마디만을 던질 뿐이다. 공직자가 수천만 원, 수억 원의 공금을 횡령하고, 뇌물을 받아먹고도 모르쇠로 일관하다가 증거가 나오고 사실이 인정되고 나서야 법의 심판을 받으면서 하는 말이 '죄송합니다'이다. 진심이란 하나도 느껴지지 않는 저 말은 듣는 이로 하여금 분노를 느끼게 하다가 처절한 마음마저 들게 한다.
　각종 범죄와 사건, 사고를 보면 대개 그 원인은 하나로 귀결된다. 바로 돈이다. 특히 요새는 절대적인 가난 때문에 문제가 생기기보다는 다른 이들보다 더 많이 가지지 못해서 생기는 상대적 박탈감과 다른 이들보다 더 많이 가지려는 욕심에 의한 천민적 탐욕이 문제를 일으키고 있다. 그런데 이 상대적 박탈감과 천민적 탐욕은 동전의 양면처럼 붙어 있다.

오래 전 한 교도소 탈주범이 인질극을 펼치다가 자살하기 직전 외친 '유전무죄 무전유죄(有錢無罪 無錢有罪)'는 상대적 박탈감의 또 다른 표현으로 볼 수 있다.

사실 부자에 대한 보통 사람들의 인식은 좋지 않다. 부(富)의 축적 과정에 불공정함이 자리 잡고 있다고 사람들은 생각하고 있으며, 정경유착과 탈세 등이 횡횡하는 것을 보면 그런 생각을 틀렸다고만은 할 수 없는 것 같다. 일각에선 우리나라가 천민자본주의(賤民資本主義)에 멈춰 있다고 진단하는데 그 근거 역시 부를 이루는 방법이 공정하지 못하고 정의롭지 못하기 때문이다.

이러한 연유 때문인지는 몰라도 한국 사회에서 부자들에 대한 인식은 부정적이다. 물론 부자에 대한 부정적인 인식은 오늘날의 문제만은 아니다. '사촌이 땅을 사면 배가 아프다'라는 말이 있듯이, 주위 사람이 잘 되면 내가 못 되는 것보다 더욱 기분이 상하는 상대적 박탈감을 느끼는 것은 인간의 오랜 감정 중 하나가 아닐까 싶다.

남과 나를 비교해서 나보다 남이 잘 되는 것을 부러워하거나 시기하는 것은 어쩌면 인간의 본능일 수도 있다. 검증할 순 없지만, 한국인들은 남 잘 되는 것을 배 아파하는 마음이 강하다고 한다. '배고픈 것은 참아도 배 아픈 것은 못 참는다'라는 말도 이러한 속설을 반영하는 것일 수 있다.

그러면 왜 그럴까? 내 생각엔 먹고 사는 것보다 자존심이 더 중요하고, 내가 남에게 어떻게 보일지 그리고 남은 어떻게 사는지 등등 쓸데없는 것에 관심이 많기 때문이 아닐까 한다. 그래서 남 잘되고 돈 많이 버는 것에 대해서 극도로 집착하고 특히 쉽게 비교 대상이 될 수 있는 형제자매와 가까운 관계일수록 필요 이상의 관심을 쏟아붓는 것은 아닌가 싶다.

그런데 정말 굶어 죽을 정도로 배가 고프면 남들 일로 배 아파할 일이 없다. 아프리카의 경제적으로 못사는 나라 국민의 행복 지수가 높은 것은 남과 비교하지 않기 때문이다.

그들에게는 먹고사는 삶 자체가 중요하지, 남들과의 비교는 하나도 중요하지 않기 때문이다. 사실, 생존만큼 중요한 것이 있는가?

지금 우리는 먹고살 만하니까 신경 안 써도 되는 것을 신경 쓰고 사니까 문제다. 끊임없이 남들과 비교하며 박탈감을 느끼거나 또는 사치와 과욕으로 비정상적인 생각과 탐욕적인 행동을 하는 것이다. 비교하는 삶에서 벗어나기 위해선, 나아가 공정하고 정의로운 삶을 위해선 체면과 권위, 가식의 가면을 벗어야 한다.

자유시장 경제 원리의 자본주의 사회에서 누구나 돈을 많이 벌어 물질적인 풍요를 누리고 행복하게 살기를 원한다. 법과 경제정의와 시장 질서를 지키고, 열심히 일하고 노력해서 부자가 되어 잘사는 것을 누가 욕하겠는가. 불로소득이나 편법으로 자본시장을 교란해 가면서 부당이득을 취해서 잘사는 사람들이 있기 때문에 상대적 박탈감을 조성하고 '부자'에 대한 적대심을 갖게 하는 것이다.

특히 우리나라는 무엇보다 정치 지도자들이 솔선수범해서 탐욕을 버리고 청렴한 삶을 국민에게 보여줘야 한다. 단적인 예로, 국민이 뽑아준 대통령이 얼마나 잘못했으면 감옥에 가야 하는가? 임기 동안 국민을 위한 정치를 하지 않고, 자신의 영달과 측근 가신을 위한 정치를 하니 끝이 좋지 않게 되는 것이다.

역대 대통령들이 부정부패로 감옥 가는 것을 볼 때나, 대통령의 임기가 끝나면 과거 살던 거처로 돌아가는 것이 아니라, 호화 아방궁으로 옮겨가는 것을 보면 한심하기 짝이 없다. 다른 나라의 경우, 대통령이나 총리로 임기가 끝나면 영광스럽게 퇴진한 후 자기 고향 집으로, 20평 아파트로 돌아가 한 명의 시민의 자격으로 국가를 위해 헌신 봉사하는 모습을 종종 본다. 독일의 메르켈 총리, 싱가포르의 리콴유 같은 지도자를 본받아야 할 것이다.

우리나라도 진정으로 국민을 위하는, 국민의 아픈 곳을 어루만져 주는, 눈물을 같이 흘릴 수 있는 대통령이 필요하다. 집 없어 헤매는 사람들을, 먹을 것을 걱정하는 국민을 생각하는 지도자를 희망하고 원한다. 나아가 불평등과 차별이 없는 사회, 돈보다 인간이 먼저인 사회, 금수저, 흙수저, 특권층의 구분이 없는 그날이 오기를 희망한다.

밀물처럼 닥쳐오는 제4차 산업혁명이 우리의 삶을 송두리째 바꿔 놓고 있다. 불확실의 시대, 한치의 앞도 예측할 수 없는 때에 세상은 온통 불안에 떨게 만들고 있다.

이러한 시대에 우리는 근본적인 삶의 태도를 변화하는 데 더 천착해야 한다. 상대적 박탈감 때문에 남 잘되는 것에 배 아파할 게 아니라, 나 혼자만이 잘 살기 위해 안하무인으로 사는 게 아니라, 끊임없이 남들과 가진 것을 비교하면서 위축되거나 교만해지는 것이 아니라 서로 도와가며 정을 나누고, 그래서 모두가 더불어 잘 사는 사회가 되기를 소망한다.

우리 모두 이제부터 배고픈 것은 참지 말고, 배 아파할 것은 참자. 그래야 우리나라가 바로 설 수 있고, 선진 일등 국민으로 거듭날 것이다. 힘들수록 뒤를 돌아보라는 말이 있듯이, 우리나라가 살기 힘들고 어려웠던 시절에 배고픈 것을 참아가면서 새마을운동을 펼치며 잘살아 보자고 노력했던 것들을 생각해 보자. 과거를 돌아보니 문득 그 옛날 많이 불렀던 유행가 한 구절이 문득 떠오른다.

1958년도 반야월 작사, 박시춘 작곡의 박경원이 부른 노래 〈남성 최고〉. 반세기가 지났는데도 그 유행가 가사가 머릿속에 남아 있다. 지금의 시대상을 반추(反芻)하는 것 같은 이 노래의 가사 하나하나를 음미하면서 불러본다.

1절   유학을 하고 영어를 하고
　　　박사호 붙어야만 남자인가요
　　　나라에 충성하고 정의에 살고
　　　친구 간 의리 있고 인정 베풀고
　　　남에게 친절하고 겸손을 하는
　　　이러한 남자래야 남성 넘버원.

2절   다방을 가고 영화를 보고
　　　사교춤 추어야만 여자인가요
　　　가난한 집안 살림 나라의 살림
　　　알뜰히 살뜰히도 두루 살피며
　　　때 묻은 행주치마 정성이 어린
　　　이러한 아낙네가 여성 넘버원.

3절   대학을 나와 벼슬을 하고
　　　공명을 떨쳐야만 대장부인가
　　　부모님 효도하고 공경을 하고
　　　아내를 사랑하고 남편 위하고

귀여운 자녀교육 걱정을 하는
이러한 남녀래야 한국 남녀요.

3절 끝까지 부르고 나니 마음속에 남아 있는 해묵은 악취가 사라지고 시원해지는 것 같다.

〈2024년 4월 19일〉

상대적
박탈감

지금 살고 있는 사회는
배고픈 사람보다
배 아픈 사람이 더 많다고 하네

지난날 배고픈 시절에는
이웃 간에 인정이 넘치고
부모 자식 간에 효도가 넘쳤는데

시대가 변화 발전하면서
어느 날부터
나의 삶과 남을 비교하기 시작
사회적 양극화로 상대적 박탈감

돈이 최고, 출세해야 인간 대접

배고픈 것은 참고 견딜 수 있는데
배 아픈 것은 참지 못하네

잘난 사람 잘난 대로 살고
못난 사람 못난 대로
물결 따라 바람 부는 대로 살라 하지만

자신에게 있어야 할
무엇을 빼앗긴 듯 잃은 듯한
삶에서 느끼는 마음의 저편

인생의 종착역에서
잘난 사람 못난 사람도
저승 가는 길에는
수의(壽衣)에는 주머니가 없다

공수래공수거(空手來空手去)
허무한 인생이여!

〈2022년 9월 20일〉

먹는다는 것은

　우리 인간들이 "먹기 위해 사는가, 살기 위해 먹는가?"라는 질문은 이현령비현령(耳懸鈴鼻懸鈴)이기 때문에 쉽게 답이 나오지 않는다.
　나는 지금껏 인생을 살아오면서 이 문제에 대해 가끔 깊이 생각해왔다. 먹기 위해 사는 것은 배만 채우면 된다는 것으로 해석할 수 있다. 또는 자기 것으로 소유하는 삶을 중요시하는 성향과 먹을 것을 밝히는 태도로 해석할 수도 있다. 살기 위해 먹는 것은 삶의 존재 자체의 가치를 중요시하는 성향으로 해석할 수 있다.
　동물은 약육강식의 본능에 의해 먹는 욕망을 충족하는 것이 기본이기 때문에, 먹기 위해 산다고 볼 수 있다. 동물은 먹기 위해 살기 때문에 배만 부르면 만족하여 쉬고 뛰어논다. 살기 위해서 먹으니 배만 채우면 종족 보존 외에는 그 이상의 욕심 또한 없다. 그래서 더 좋은 것, 더 멋진 것들이 큰 의미가 없다. 그들에게는 위선이나 기만 같은 것이 없다.
　그러나 이성적 존재인 인간은 사회적 약속인 법과 질서를 지키면서 삶을 유지하기 때문에 살기 위해 먹는다고 볼 수 있다. 그런데 사람이 먹기 위해 살기 시작하면 먹는 것에 욕심이 많아지고 결국 주렁주렁 문제들이 생기게 된다.

더 많은 것, 더 맛있는 것을 갈구하기에 헐뜯고 싸우고 때로는 남의 눈에 피눈물이 나게 하는 것도 서슴지 않는다. 그래서 인간은 질서와 공동체 유지를 위해 도덕, 법, 종교를 발명한 것이다.

예로부터 보통, 학자나 논객들은 먹기 위해 사는 건 물질을 추구하는 형이하학적 차원의 삶의 양식이고 살기 위해 먹는다는 건 이상을 추구하는 형이상학적인 차원의 삶의 양식이라고 분류해 왔다.

그러면, 철학자이자 성인(聖人)으로 추앙받는 소크라테스는 어떻게 생각했을까? 누군가가 소크라테스에게 물었다. "살기 위해 먹느냐, 먹기 위해 사느냐?" 그는 사람에 따라 다르다고 하면서 자신은 "살기 위해 먹는다. 살기 위해 먹는 사람은 과욕하지 않지만, 먹기 위해 사는 사람은 과욕에 젖어 욕심을 갖는다"라고 했다.

인간의 지혜와 노력으로 농경사회에서 산업사회로 발전하고 인구가 증가함에 따라 사람들은 '먹고살기' 위해 열심히 일하고 더욱 노력하며 경쟁하며 살며 경제를 발전시켜 왔다. 경제란 인간의 물질적 부와 관련된 모든 것이라고 할 수 있다.

인간의 필요와 욕구를 충족시키기 위한 재화와 용역(service)의 생산과 분배, 소비와 관련된 활동 또는 그것을 통하여 이루어지는 사회적 관계도 뜻한다. 이러한 경제는 계속해서 발전해 왔지만, 그 흐름은 순탄하지만은 않았다.

인간이 살아가는 데 필요한 재화는 한정되어 있고, 인간의 욕망은 무한하여서 인간들은 재화를 채우기 위해 노력하고 차지하려고 하면서부터 복잡다단한 경제적 문제가 발생하게 됐다.

경제의 발달로 문명은 더 발달하고 생활도 풍족해지면서 사람들의 생활 양식도 달라지기 시작했다. 음식의 본 목적은 살기 위해 먹는 것이었으나, 경제성장과 함께 한껏 풍요로워진 현대사회에서 많은 사람이 '먹기 위해 사는' 쪽으로 변화하고 있다.

아니, 그 변화의 정도는 무척 심해서 이제 사람들에게 있어 직장에 나가는 이유는 존재의 구현이 아닌 먹기 위한 방편이 됐으며, 노사의 대립 나아가 각 국가의 정책 및 외교, 무역 등은 결국 먹고 살기 위한 밥그릇 챙기기 위한 행위로 이해되고 있다.

변화의 원인은 무엇일까? 사람들이 점점 먹고살기가 힘들어졌기 때문이다. 정상적인 방법이 아닌 부정부패와 사기, 탈세가 판치는 것은 먹기 위해, 차지하기 위한 것으로 이를 위해 사람들은 '노력'을 아끼지 않고 있다. 역사적으로 그 결과는 참담했다.

강국이 약소국을 정복하고, 공산주의와 자본주의의 이념 대립으로 팽팽한 군사적 대립을 이어가고 있으며, 때론 약육강식의 먹고살기 위한 대립이 절정에 달하면서 1, 2차 세계대전과 세계사적 아픔을 경험하기도 했다. 그리고 먹고 살기 위한 전쟁은 계속되고 있다.

학생들에게 "너희들은 왜 힘들게 공부하느냐"라고 질문하면, 대다수 학생이 잘 먹고 잘살기 위해서라고 답한다. 가만 보면 이제 우리 사회는 '먹는 것'에 열중하고 있다. 음식문화에 관한 관심도 점점 높아져 가고 있는 가운데 '웰빙'의 중심에 맞있고 건강한 먹을 것이 놓이면서 사람들은 이젠 뭘 먹을까를 고민한다.

그 결과 식품산업은 계속해서 발달하고 있으며, 식품의 다양화, 고급화로 이어지고 있다. 요사이 친구 간에 하는 약속도 "밥 한번 먹자",

"술 한잔 하자", "차 한잔 하자" 등등 먹는 것을 앞세우지 않는가!

 당신이 어떤 삶을 지향하는지를 알려면, 당신이 생활인으로서 먹기 위해 살고 있는지 아니면 당신은 나만의 존재 가치를 실현하기 위한 삶을 살기 위해 먹고 있는지 따져보면 알 수 있다. 동물도 사람도 먹어야 산다. 그러나 지금은 '먹기 위해 사는' 세상이 되어 지구가 몸살을 앓고 병들어 죽어가고 있다.

 서로 함께 질서를 지키면서 평화롭게 살아가기를 원하고 희망한다고 하면서도 국가는 국가대로 개인은 개인대로 먹을 것에 혈안이 되어 이익만을 위한 각축전을 벌이고 있다.

 특히 우리나라는 정치권력이 자기 당의 먹을 것만 지키기 위해 패권 다툼에 앞장서고 있어 사회적으로 큰 문제를 야기하고 있다. 아울러 지역 이기주의에 사로잡혀 자기 지역의 잇속과 예산을 챙기는 데 혈안이 되어 세상을 어지럽히고 있는 꼴을 보고 있노라면 나라의 미래가 걱정스럽다.

 오늘도 세계 곳곳에서는 서로를 죽이고 죽이며 아우성이다. 머지않아 지구의 종말이 올 것만 같다. 이제 우리는 인간으로서 이 세상에 태어나 '어떻게 먹고 사는 것이 올바른 삶'인지 깊이 고민해야 할 때다.

 사람은 시기와 환경에 적응하기 위해 생각과 행동이 변한다고들 하는데, 바로 지금이야말로 '먹을 것'에 대한 인간의 새로운 대응을 요구하고 있다. 불후의 명작인 햄릿을 통하여 셰익스피어는 "죽느냐 사느냐 그것이 문제로다"라고 물었는데 이젠 "먹느냐 사느냐 그것이 문제로다"라고 물어야 할 것 같다.

 예수께서 십자가에 못 박혀 고난받기 전날 밤 '최후의 만찬'에서 열두 제자에게 떡을 나누어주며 내 몸이니 받아먹으라 하시고, 포도주를 나누어주며 이 잔은 내 피로 새우는 언약이니 받아마시라 하셨다.

  이것으로 죄의 사함을 얻게 하고 영생을 가질 것이라 했다. 과연 예수는 왜 자신이 살과 피를 표상하는 떡과 포도주를 먹고 마시라 하셨을까?

〈2024년 4월 13일〉

골 짠지

이종 동생이 오랜만에 방문
배추김치와 골 짠지를 가지고 왔다

저녁밥을 먹으며 골 짠지에 손이 자주 간다.
어릴 적 도시락 반찬으로
콩자반과 함께 단골 메뉴

어머니 손끝에서 기억하는
오독오독 식감 살린 고향의 맛

사랑과 향수를 느끼며
추억을 먹는다.

* 골 짠지: 안동이나 예천 등지에서 '무말랭이김치'를 이르는 말.

〈2022년 2월〉

제2부

생명의 기운으로

나의
결혼 이야기

　인간은 이 세상에 태어나 부모님의 알뜰한 보살핌과 가르침으로 성장해 가면서 남자로 또는 여자로 거듭 태어난다. 나는 군 병역을 필하고 대학을 졸업하고, 28살의 나이로 중등학교 교사가 되었다.
　결혼할 나이가 되었으나, 경쟁사회에서 나의 희망과 포부를 더욱 넓히기 위해 공부를 더 하고 난 뒤 결혼하기로 마음먹고, 대학원에 진학하여 열심히 노력하여 학위를 마쳤다.
　아내는 결혼을 전제로 지인의 소개를 받아 만난 여성이다. 두어 번 만난 후 아내의 큰오빠도 함께 만난 적이 있다. 다방에서 잠시 인사를 나누고, 우린 골목의 한 음식점으로 갔다. 큰오빠는 나에게 이것저것 물어보며 청주를 따라 주었고 나는 주는 대로 받아 마셨다. 술로 나를 테스트한 것이다.
　며칠 후 명동에 있는 다방에서 아내를 만났는데 큰오빠가 나를 좋게 보았다고 한다. 1차 합격인 셈이었다. 그날 아내와 저녁식사를 하기 위해 다방을 나왔는데 내가 괜찮은 음식점에 들어가려고 하니, 아내가 비싼 데 가지 말고 근처 포장마차에서 하자고 한다. 그렇게 하기로 하고 포장마차에 들러 김밥에다 어묵국을 시켜 맛있게 먹었다.

그 후 두세 번 더 만났는데 아내의 태도가 서민적이고 순수해 보였다. 한 번은 내가 감기가 심하게 든 모습을 보고 약방에 가서 약을 사 주고 헤어진 후에도 전화를 걸어 걱정해 주었다. 몇 번의 만남을 통해 좋은 감정들이 쌓여 가고 결혼 상대자로 더 마음이 생기게 되었다.

그리고 이 사람에 대한 확실한 믿음이 필요해졌다. 그것은 바로 그녀의 '대학'이었다. 교제하는 동안 아내를 만나면서 한 가지 마음에 걸리는 점이 있었다. 아내는 당시 자신의 이야기를 할 때 대학 시절 이야기는 하지 않고, 친구를 초대하는 자리에도 고등학교 친구를 데리고 나왔다. 그래서 혹시나 하는 의심이 들었던 것이다.

1960~70년대는 가짜 대학생, 가짜 대학 졸업생이 많았다. 심지어 명문대학 배지를 달고 다니면서 금품 관련 사기를 치기도 했다. 어떤 이는 가짜 졸업장으로 취업하고, 어떤 이는 출신 대학을 속여 결혼하고, 이후에 거짓이 들통이 나 이혼하는 소동이 벌어지는 사건들이 신문이나 잡지에 심심찮게 기사로 나기도 했다.

가짜 대학생, 가짜 대학 졸업생이 사회 문제로 부각 되자 문교부에서 발부한 대학 학위증이 있어야 정식으로 대학교를 졸업한 것으로 인정되었다. 내가 아는 사람 중에는 명문대학 졸업장은 있지만 학위증이 없는 경우도 있었다.

그래서 시간을 내어 아내가 다녔다는 대학교에 찾아가서 확인을 해 보려고 했는데 학교 당국에서 거절했다. 나는 신분증을 보여주고 내가 결혼할 상대니 알아보고 싶다고 하자 그제야 아내가 정식으로 학위증을 받고 대학을 졸업했다고 확인해 주었다.

얼마 후 명동에서 아내와 만나 생맥주집에서 한잔 했는데 아내가 자기 과거를 나에게 꺼내놓았다. 어려운 가정 환경에 칠 남매 중 막내로 자라면서 가정 형편상 언니와 오빠들은 초등학교, 중학교를 졸업하고 시집을 가거나, 사회에 나가 취업하여 생활하고 있다고 했다.

그리고 자신은 고등학교를 졸업하고 은행에 취업하기를 희망하고 있었는데, 학교에서 학부모를 모시고 오라는 연락을 받고 큰오빠가 담임선생을 만났는데 성적이 우수하니 대학에 진학하기를 권유했단다.

그래서 큰오빠 지시로 대학교 시험을 치게 되어 이화여대 상학과(경영학과)에 합격하였다고 한다. 그때만 하더라도 여자들이 대학에 가는 것은 가정형편이 좋지 않고서는 엄두도 내지 못한 시절이었다.

대학 다닐 때 고등학교 동창을 만날 때는 일부러 배지를 떼고 만났다고 했다. 어려운 환경에서 공부하여 대학을 졸업한 아내는 여자상업고등학교에 선생으로 취업이 되었다고 한다.

그보다 더 오랜 이야기도 아내는 들려주었다. 1950년 6·25 당시 1·4후퇴 때 경기도 발안이라는 동네에 살다 남으로 피난하게 되었는데 그때 아내는 백일이 조금 지난 때였다고 한다. 그런데 피난 도중 식구들이 어려움에 처하게 되었는데 누군가가 자신을 도중에 버리고 갔다고 한 것이다.

한참을 가다가 아버지가 막내 창순이는 어떻게 되었냐고 물으니 다른 이들은 이제 와서 돌아갈 순 없다, 그냥 가자고 했는데, 아버지는 "그럴 수는 없다" 하고 다시 길을 거슬러 올라 결국 찾게 되었다고 했다.

큰오빠가 뒤돌아 2킬로미터 정도 갔는데 눈 속 포대기에 싸여 있는 것을 다시 찾아오게 되었다고 하며 아내는 흐느껴 울면서 못 마시는 맥주잔을 다 비우는 것이었다.

지나간 먼 이야기지만, 1·4후퇴 때 눈 속에 버려두고 그냥 가족들이 피난 갔었더라면, 지금의 아내는 없었을 것이다. 나는 옆에 앉아 꼭 안아 주면서 "내가 지금부터 책임질 테니 나와 결혼해 주십시오" 하고 말했다.

부잣집에 외동딸이라며 여자 쪽에서 맨몸으로 장가오라고 한다는 둥 부모님과 친척들이 좋은 조건의 신붓감을 중매했지만 모두 마다하고, 만난 지 한 달 보름 만인 1976년 1월 11일 12시에 전격 결혼식을 올렸다. 나의 나이 31세, 신부 나이 26세였다.

결혼하면서 우리는 2년 정도만 같이 고생하면 셋방살이는 면할 수 있으니, 그때까지 열심히 노력하자고 약속했다. 그러나 아내는 임신 중에 몸이 약해져 너무 힘들어해서 결국 학교를 그만두게 했다.

아내는 핏덩이일 때 피난 시절을 겪어야 했고 이후에도 어려운 환경 속에서 7남매의 막내로 자라다 보니 몸 건강이 좋지 않아 감기에 자주 걸리는 것 같다고 했다.

그 후 나 혼자 벌어서 생활해야만 했다. 그래도 아내의 알뜰한 집안살림으로 2년 만에 조그만 13평 주공아파트를 마련하게 되었다. 꿈에 그리던 내 집을 마련하게 되자 제일 먼저 전화를 신청했다. 집 전화가 개통되자 아내는 천에 수를 놓아 전화기에 옷을 입혀 주기도 하며 그렇게 좋아하지 않을 수가 없었다. 우리는 정부 시책으로 딸, 아들 둘만 낳았다.

나의 딸이 들려준 얘기다. 1983년 6·25 특집으로 남북 이산가족 찾기 프로그램이 KBS에서 한창 방영될 때였다고 한다. 남북 이산가족이 생사를 확인하고 상봉하는 장면을 보는데 엄마가 "아버지, 아버지" 하고 흐느껴 울더란다. 우는 엄마를 보고 옆에서 딸이 "왜 자꾸

울고 있어?" 하고 물었더니 아내는 지난 피난 시절 이야기를 자신이 겪었던 고초를 들려주었고 딸은 엄마의 한많은 과거를 알게 되었다고 한다. 아마도 지난날 전쟁 통의 눈 속에서 울다 지쳐 잠이 들어 있는 자신을 생각해서 그렇게 아버지, 아버지를 불렀던 것 같다.

아이 둘을 키우며 유수 같은 세월 속에서 알뜰하게 살고, 열심히 노력하여 연립주택에서도 살았고, 내가 정년퇴직 할 무렵에는 43평 아파트도 마련하게 되었다.

큰 평수의 아파트에 사니 무엇보다 마음 놓고 책 읽을 수 있는 서재가 있는 내방이 생겨서 너무나 좋다. 퇴직 후에는 여유를 갖고 여행도 다니면서, '제3 인생의 삶을 행복하게 지내자'고 되뇌며, 하루하루 생활에 정성을 다하고 있다.

〈2009년 6월 1일〉

나의
아내 이야기

아내는 10년이 넘도록 집을 떠나 헤매고 있다.

아내는 아이들이 초등학교에 들어가기 전부터 몸이 아프기 시작, 이곳저곳 여러 병원을 떠돌며 몇 달씩 입원하는 일들이 종종 있었다. 병원에서 몸이 회복되면 일상생활을 잘 지내다가도 다시 아파져 입원하기를 반복했다.

엄마가 몸이 건강하지 못하니 두 아이는 엄마의 사랑과 돌봄을 충분히 받고 자라지 못했다. 아내가 병원에 입원하면 아직 어린아이들은 부득이 처가에 맡겨져 지내야 했다. 나 역시 아내가 입원하는 병원에서 쪽잠을 자며 직장에 출근하는 날들이 많았다. 그러다 아내는 나이가 들면서 병이 더 깊어져 지금은 요양원에 몇 년째 지내고 있다.

6·25가 일어나 1·4후퇴 당시 아내는 아주 어린 아기였다고 한다. 그 당시 가족들과 피난을 가던 중이었는데 아기였던 아내가 울음을 계속 멈추지 않았다고 한다. 그 울음소리에 행여라도 북한군에게 발각되어 몰살을 당할까 우려했던 가족들은 아내를 포대기에 싼 채 차

가운 눈보라 속에 버렸다가 구한 일이 있었다고 한다.

차가운 눈보라 속에 오랜 시간 버려져 아가의 몸으로 견디느라 몸이 많이 상했을 것이다. 그런 탓인지 자라는 동안에도 건강이 안 좋았고 결혼 후 임신하고 아이를 낳을 때도 많이 고생하고 힘들어했다.

예전에 KBS한국방송에서 장기간 진행했던 '남북 이산가족 찾기'라는 프로그램을 시청하는 동안 아내는 이산가족이 만나는 장면이나, 가족이 살아 있는 소식을 알고 반가워하는 장면을 볼 때마다, 아기 때 자신이 버려졌던 일들이 떠올라서 그런지 계속 많은 눈물을 흘리고 멈추질 못했다.

나는 아내와 결혼식을 올리고 신혼 첫날부터 단칸방을 얻어 생활하기 시작했다. 방이 하나뿐인 집에 살다 보니 친인척이나 동생들이 찾아와도 재워줄 수 없어 저녁이면 돌아가야 했다. 첫째딸이 태어나니 단칸방은 더 좁게 느껴지고 생활하기 더욱 힘들었다. 그런 힘든 상황 속에서 아내는 짜증날 일도 많았지만 잘 참아가면서 알뜰히 살아주었다. 셋방살이를 하루라도 빨리 벗어나기 위해 알뜰히 노력하며 살다 보니 2년 만에 조그만 13평 아파트를 마련하게 되었다. 이제는 추억 속에 묻혔지만, 참 고생 많았던 그 시절이 자주 생각난다.

결혼이란 인생에 있어 가장 아름답고 인간을 향한 끝없는, 경건한 투신이다. 그러나 동시에 가장 큰 인내와 희생을 요구하는 장거리 경주이기도 하다. 결혼 날짜를 정해 놓은 예비 신혼부부들은 서로의 장점밖에 보지 못한다. 그러다 결혼 후 가까워지면 가까워질수록 장점보다 단점이 더 커 보이게 된다.

나의 아내는 얌전하고 내성적인 성격이 아니라, 싫으면 싫다고 좋으면 좋다고 솔직하게 표현하는 외향적인 성격이다. 나와 성격이 많이 달라 아내와 삐걱거리고 아웅다웅 다투기도 했지만, 이제 와 생각하니 나와 아내 사이에 깊은 정을 쌓기 위한 소중한 세월이었다.

나의 오래 전 이야기지만 아내에게 고마움을 크게 느꼈던 일화가 있어 소개한다. 나의 아버지는 농협은행에 근무하면서 이곳저곳 떠돌아다니는 객지 생활을 하시다가 정년퇴직 후 낙향하시어 동네 일가친척들과 지내고 그동안 돌보지 못했던 농사일도 하면서 부모님을 모시고 지내셨다.

나의 아버지는 동네의 유사(有事) 일도 맡으셨는데, 이웃 동네 분들과 교류하고 애경사에 참석하시면서 다른 집안들은 조상 무덤에 비석과 상석을 잘 만들어 지낸다는 것을 알게 되셨다. 그 일을 알게 된 후로 아버지는 마음이 편하지 못하다는 말씀을 자주 하셨다.

아버지의 편치 않은 마음에는 깊은 사연이 있다. 아버지는 집안의 10대 장손으로, 우리 집안에는 조선왕조 영조와 정조 임금 시절에 형조판서를 지내셨던 분관 여주이씨(本貫: 驪州李氏), 이빈(李穦: 知敦寧 府事) 선조가 계신다. 선조 이빈은 일생을 청렴하고 올곧게 사셨다고 한다.

정조대왕이 사색 당파싸움을 평정한 후 낙향한 선조 이빈을 영의정으로 천거하였으나, 자신은 늙어서 하기 어렵다고 말하며 사양하였다고 한다. 돌아가시기 전에는 자신의 묘에 상석과 비석을 하지 말라는 유언을 남겨 그 뜻을 지키기 위해 후손들도 자신의 묘에 비석과 상석을 하지 못한 사연이 있다.

선조께서 돌아가시고 난 후에는 정조대왕께서 친히 쓴 국왕사제문(國王賜祭文)을 신하 예조 좌랑 김유기(禮曹佐郞 金裕己)를 통해 전하여 위로하셨다고 한다. 국왕사제문은 우리 집안의 가보(家寶)이기도 하다.

선조의 유언을 지켜오신 아버지는 그렇지만 할아버지가 돌아가신

후에 묘에 비석과 상석을 만들 수 없는 것에 대해 자식 된 도리를 하지 못한다고 생각해서 마음 아파하셨다. 그러다가 아버지는 윗대 대감 할아버지의 묘부터 차례대로 비석과 상석을 만들기로 마음을 작정하셨다. 아버지는 서울에 사는 나를 보러 오셔서 자신이 마음먹은 일들을 말씀하셨다. 조상의 묘에 비석과 상석을 만드는 일로 큰돈이 들게 되어 이번 일을 하기 위해 자신이 모아둔 금액에 칠 남매 자식들이 조금씩 분담해 보태주기를 부탁하셨다.

그런데 옆에서 아버지의 간곡한 말씀을 듣고 있던 아내가 모자라는 비용을 우리가 다 보태드리겠다고 하는 것이다. 그 말에 나도 놀라고 아버지도 놀라셨다. 놀란 아버지는 너희들에게 무슨 돈이 있어 그러느냐 하면서 극구 사양하시며 형제들과 분담하라 하셨다.

그러자 아내는 신혼 시절, 셋방을 살다가 집을 사려고 했을 때 부족한 비용을 구하기 위해 아내가 직접 쓴 긴 사연의 편지를 시부모님께 보내 도움을 청했는데, 아버지께서 그 내용을 다 읽어보시고 기꺼이 보태주셨던 일을 얘기했다. 그리고 그때 보내주신 돈으로 아파트를 구매해 집을 마련할 수 있었던 고마움을 이제 아버지의 일을 도와드리며 갚아 드리고 싶다고 했다.

아내의 마음에 감동한 나는 용기를 내어 아버지에게 조상들을 위해 하는 일인데 다른 형제들에게 부담을 주지 말고 우리에게 허락해 달라고 말씀드렸다. 결국 아버지는 아내와 나의 마음을 받아주셨다. 아내와 나는 집을 넓혀 가려고 오랫동안 저축해 왔던 돈을 찾아 아버지에게 기쁜 마음으로 보내드렸다. 아버지는 고향으로 돌아가신 후 본인이 정한 일들을 진행하셨다.

그 후 여름방학을 맞아 나는 고향에 내려갔는데 아버지가 마침 잘

왔다고 반기시며 경북 문경에 있는 비석과 상석을 만드는 곳으로 데려가셨다. 검은 오석으로 만들어 고급스러워 보이는 대감 할아버지의 상석과 비석을 자랑스러워하며 보여주셨다.

대감 할아버지의 제막식 때는 큰 버스를 두 대나 전세해 일가친척은 물론 이웃 군·면의 유사들을 초청했다. 아버지는 대감 할아버지의 살아생전 업적을 모아둔 문집을 근거로 『교채당선생 유고집(咬菜堂先生 遺稿集)』을 발간하였고, 성대히 제막식을 거행했다.

나는 학교에 이틀간 연가를 내어 제막식에 참석하였다. 고향에서 하룻밤 자면서 그동안 큰일을 하신 아버지의 뒷정리를 도와드렸다. 아버지는 나와 아내 덕분에 큰일을 무사히 치를 수 있게 되었고, 이제 마음이 편안해졌다고 하시며 고마워하셨다.

나는 둘째며느리인 아내의 깊고 넓은 마음에 흐뭇해졌고 조상님께 자랑스러운 생각이 들었다. 그 후 십여 년의 세월이 흘러 어머니가 돌아가시고 얼마 후 아버지마저 서둘러 어머니 뒤를 따라가셨다.

자식을 낳고 결혼 생활을 이어가며 세월이 지나는 동안 어려운 살림살이로 겨우겨우 살아갔다. 그러다 내가 35년의 교직 생활을 정년퇴직으로 마칠 무렵에 수원에 사는 여동생과 같이 오래 전에 사놓은 땅이 도움이 되어 평수 넓은 아파트도 마련했다.

물질적으로 생활이 안정되니 마음의 여유가 생겼다. 아내와 함께 예전부터 꿈꾸었던 해외여행을 기회가 있을 때마다 부지런히 다녔다.

하지만 그것도 잠시, 아내는 몸이 또 시들시들 아프기 시작했다. 병을 치료하기 위해 이곳저곳 병원에 다녔지만, 종합검사 결과는 늘 좋지 않았다. 병원에 입원하며 지내다가 집으로 요양보호사가 방문해 돌봐주는 재가 요양 서비스 생활로 바꾼 4년 동안 나는 직접 아내의 수발을 들어야 했다.

아내의 간병 뒷바라지를 하는 동안에는 친목 모임이나 동창회에 나가기 어려웠다. 재가 요양 서비스를 이용하면서 처음 1년 동안은 4시간씩 돌봐주었는데 점차 3시간으로 줄어 내가 아내를 돌봐야 할 시간이 늘게 되었다. 그러다가 무리가 되었는지 나에게도 대상포진이라는 병이 오고 말았다. 2주간 병원에 입원할 정도로 병증이 심했었다. 그 후로도 척추협착증이라는 병이 또 와 병원에서 수술까지 하고 나니 내 몸이 망가지기 시작하는 것을 느끼며 두려워졌다.

결국 아내를 요양병원에 맡길 수밖에 없는 상황이 오고야 말았다. 그로부터 아내는 집을 떠나 요양병원에서 지내고 있는지가 거의 10년 가까이 지내고 있다. 미우나 고우나 아내는 옆자리에 있어야 한다. 딸이 요양원 근처에 가까이 살고 있어 일주일이면 두세 번 엄마를 만난다. 나도 자주 가고 싶지만 면회하고 나면 아내와 헤어져 혼자 집에 오는 내 마음이 더욱 아프다.

그런데 코로나가 창궐해 면회가 한참 동안 단절되었다. 방역 규제가 다소 풀리면서 추석에 모인 아들과 딸의 가족들과 함께 아내를 면회하러 갔다. 방역으로 대면 면회는 제한되어 가족 모두가 다 들어갈 수 없었다. 감기 기운이 있어 못 들어간 아들이 창문 너머로 눈물을 흘리고 있었다. 그 모습을 보니 마음이 더욱 아팠다.

며칠 전에는 딸과 함께 요양원에 가서 아내를 만났다. 야윈 몸으로 나를 쳐다보고 있는 아내에게 "여보, 몸이 빨리 회복되어 퇴원해서 옛날처럼 많이 싸우자"라고 말했더니 빙그레 웃는다.

아내는 건강했을 때 옷을 사면 화려한 색깔의 옷을 선택했는데, 이제는 사고 싶은 옷이 있어도 못 사고 몸이 아파 침대에 누워지내는 아내를 생각하면 마음이 슬퍼진다. 이 세상에 태어나 재미있게 살아가는 것이 모두의 희망이지만 그렇게 마음대로 되지 않는 것이 인생이다.

국내 유명한 한 소설가가 몸이 약한 아내를 맞아 평생 고생하는 것을 보고 친구가 "왜 그렇게 사느냐?" 물으니, 소설가의 말이 "너는 나를 모르고 하는 말이다"라고 답했다고 한다. 유명한 철학교수 역시 병든 아내를 20년 동안 희생적으로 돌봐준 이야기도 들은 적이 있다. 이런 이야기들을 들으면 '인생의 참사랑이란 무엇인가' 하는 생각을 하게 된다.

주변 사람들이 하나둘 세상을 떠나게 되니, 이제는 앞으로 시간이 얼마나 남았을까 따지게 되는 일이 자연스럽다. 젊은 시절에는 남아 있는 시간이 얼마나 될지 따지지 않고 주어진 일만 하며 살았다.

지금 고생이 좀 되더라도 알뜰히 살아가면 먼 훗날의 멋진 생활이 오겠지 꿈꾸며 살아온 것이다. 아름답게 늙어 가고자 노력하였지만, 지금은 쓸쓸한 하루를 보내고 있다.

이 글을 쓰는 동안 마침내 운명의 시각이 멈추는 소리를 듣게 된다.
"아빠, 아빠… 엄마가 돌아가셨어요."
딸의 울부짖는 소리가 나의 귓전을 두드린다. 시곗바늘은 저녁 7시를 지나가고 있다. 급히 서둘러 택시를 타고, 아내가 있는 요양원에 도착했다. 아내는 잠자듯이 누워 있었다. 왈칵 가슴이 멘다. 한참을 정신없이 아내를 붙들고, 그동안 너무 고생이 많았다며 내가 잘 챙겨주지 못해 미안하다며 한없이 울었다.

2025년 1월 12일 저녁 7시, 76세의 나이로 아내는 이 세상을 마감하고 떠났다. 아내는 나와 결혼해 어려운 가정생활을 알뜰하게 살림하면서 열심히 저축도 하고 아이들도 반듯하게 잘 키우며 열심히 살아왔다.

안타깝고 억울한 것은, 내가 정년퇴직하고 인생 후반기에 접어들면서부터 생활에 여유가 생기게 되어 해외 여행도 하면서 제3의 인생을 신나고 재미있게 살자고 했는데 그것도 잠시, 아내는 건강이 허락하지 못해 오래도록 병원 신세만 지다가 세상을 떠나게 되었다.

너무나 마음이 아프다. 생로병사는 누구나 거쳐 가는 인생길이지만, 젊은 나이부터 병원 신세를 지고 살아온 아내를 생각하면 속상하다. 대개는 남자가 여자보다 먼저 세상을 떠나는 경우가 많아 나도 아내 품에서 죽고 싶었는데 마음대로 되질 않았다.

장례식장에서 아내의 입관하는 모습을 보는 자식들이 목 놓아 슬피 운다. 나는 아내에게 마지막 작별 인사를 하며 "여보, 그동안 고생이 많았어. 하늘나라에 먼저 가서 자리 잡아 놓아. 내가 뒤따라갈게" 하면서 그때 다시 만나자고 약속했다.

장례식이 끝나고 며칠이 지난 후 구정 전날에 아들과 딸의 가족들이 모두 모여 아내가 그동안 지냈던 요양원(호선실버센터)에 방문했다. 손주들에게 할머니가 계셨던 곳을 마지막으로 보게 해주고 싶기도 했고, 요양원의 관장님이 직접 장례식장에 조문 와 주셔서 슬픔을 함께 나누어 주신 일과 그동안 아내를 위해 정성껏 돌봐준 고마운 분들에게 감사의 마음을 전하고 마지막 인사를 드리고 싶었다.

이제부터는 외로운 나의 생활이 시작된다. 언제까지가 될지 모르겠지만, 남은 인생 보람되게 보내고 살다가 아내가 부르면 나도 가련다.

〈2025년 1월 31일〉

지돈령 부사(이빈) 제막식 장면

조상 묘 앞에서 아버지, 어머니

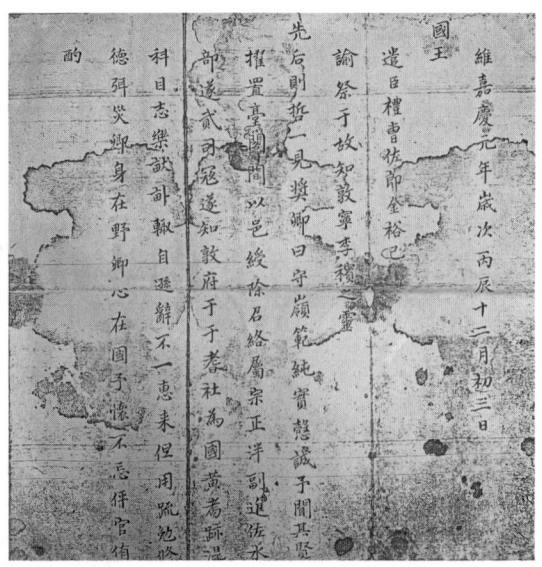
정조대왕 국왕사제문

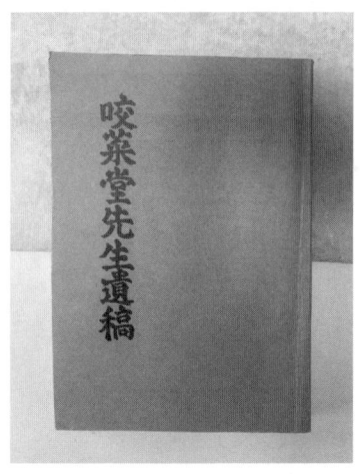
교채당 선생 유고집 표지

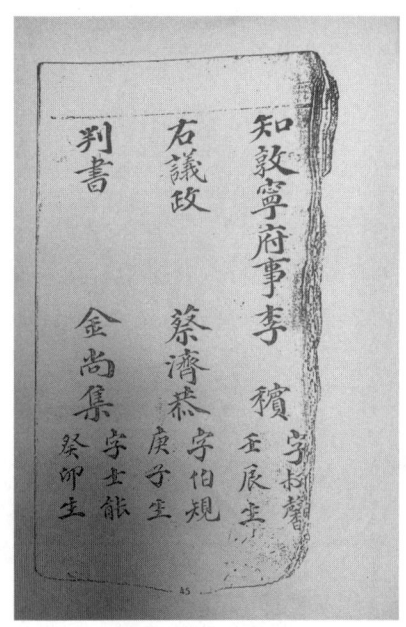
교채당 선생 유고집 내지

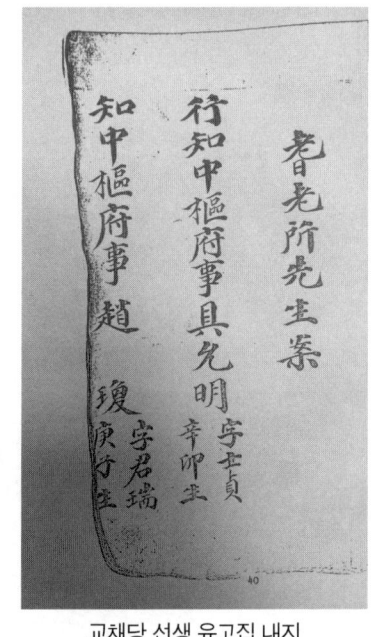
교채당 선생 유고집 내지

TV를 보다가

남편 세상 떠나고
마흔둘에 혼자 되니
딸 둘, 아들 셋
시부모 모시고 부침개 장사하며
자식들에게 눈물 보이지 않고
혹독하게 살았다고 한다.

이제 팔순이 넘은 나이가 되니
지난날을 생각하며
가끔 자식들 앞에
눈물을 보인다는 할머니 말에
나도 모르게
울어 버리고 말았다.
마침, 옆에는 아무도 없었다.

〈2021년 10월 17일〉

세월이
약이라지만!

세월이 약이겠지요. 당신의 슬픔을~
괴롭다 하지 말고 서럽다 울지를 마오.~
세월이 흐르면 사랑의 슬픔도 잊어버린다~
이 슬픔 모두가 세월이 약이겠지요~

트로트 가수 송대관이 1973년에 불러 히트한 유행가의 가사로 내가 젊을 때 즐겨 불렀던 애창곡 중 하나이다. 이 가사처럼 우리 속담에도 "세월이 약"이라는 말이 있다.

이별의 아픔, 실연의 상처, 사업의 실패 등 가슴 아프고 속상한 일들은 시간이 지날수록 세월과 함께 조금씩 망각하게 된다는 뜻이다. 세월이 곧 아픔과 상처를 치료해 준다는 것이다.

이 세상에 태어난 사람 누구나 행복하게 살아가길 원한다. 그러나 현실은 그렇게 녹록하지만은 않다. 인간은 사회집단 체제 속에서 타인과 더불어 살아가기 위해선 희로애락과 생사고락을 함께하며 공동체 의식을 갖고 각자의 생활 영역 안에서 법과 질서를 잘 지키면서 살아가야 하는데 그게 그렇게 쉽지 않다.

현재 우리는 자유 민주주의와 시장경제 원리 아래에서 행복한 삶을 추구하려고 한다. 그런데 이 좋은 시스템도 경쟁의 과열과 우열의 구분에만 치우치게 되면, 물질만능주의의 폐해가 나타나게 되고, 약육강식의 조직사회 구조가 팽배해지면서 빈부와 신분의 격차가 극심해져 점점 살기가 힘들어지게 된다.

정치 경제적으로 어렵고 살기가 힘든 요즘 같은 세상에 고해(苦海)라는 말이 새삼스럽게 다가온다.

세월이 약이라고는 하지만 과거의 아픔과 상처, 후회와 마음의 고통과 분노를 견디지 못해 세월이 약이 아닌 오히려 독이 되어 세상을 비관하고 원망하다가 극단적인 행동을 취하거나 마음의 병이 깊어져 정신 이상자, 알코올 중독자, 피해망상증으로 고생하고 있는 이들이 점점 많아지고 있다. 좋은 일보다는 안 좋고 서운한 감정만이 쌓여서 비롯된 결과이다.

세상 사람들 각자의 삶은 모습은 다르겠지만 인생길 종착역의 모습은 다 같다. 공수래공수거(空手來空手去) 생로병사의 길은 누구도 예외일 수 없다. 인생의 주인공은 바로 나 자신이다. 고독할 때 진정한 자신을 느낀다고 한다. 혼자 있을 때 나다운 나를 찾을 수 있어 더 행복하다고 한다.

결국 인생은 혼자다. 나를 위해 누구도 대신 살아줄 수 없다. 한 치의 앞도 모르고 사는 것이 또한 인생이다. 인간은 자연 속에서 가냘픈 한 줄기 갈대와 같은 존재다. 마음 가는 대로 살게 마련이다.

그러니 어떤 마음을 먹느냐가 중요하다. 장애물과 어떤 시련 때문에 사람이 무너지는 것이 아니다. 마음이 무너지면 몸과 함께 모두가 무너진다.

과거에 대한 후회, 미래에 대한 걱정, 살아가면서 걱정거리가 있겠지만 후회를 자주 해서는 안 된다. 만남보다 헤어지는 게 더 어렵다. 만나는 데는 한 시간이 걸리고 사랑하는 데는 하루가 걸리지만 그를 잊어버리는 데는 평생이 걸린다고 한다.

한국인은 곧잘 자신을 상대와 비교하면서 스스로 스트레스를 받는다고 한다. 나에게 있는 것이 상대에게 없을 수 있고, 상대에게 있는 것이 나에게 없을 수 있다. 나의 장점이 상대의 약점이고 상대의 장점이 나의 약점이 될 수 있다.

남들과 비교하면서 질투와 오만에 휩싸이는 것은 부질없는 일이며, 마음의 불행만이 찾아올 뿐이다. 서로 존중하고 이해하며 살아야 하는데 그렇지 못하고 외려 무시하고, 오해하면서 그 좋지 않은 감정이 쌓여 마음의 병이 된다. 말 한마디로 천 냥 빚을 갚는다고 했다. 남의 가슴에 대못 박는 말은 해서는 안 된다. 서로 아껴주며 양보하고 인내하는 마음가짐이 필요하다.

시간의 흐름은 나이에 따라 다르게 느껴진다. 같은 시간이라도 젊은이보다는 노령일수록 하루하루 지나가는 시간이 빠르다. 신은 태초에 인간이 세상을 살아가는 데 여러 가지 선물을 주며 아름답고 즐겁게 살라고 꾸며 놓았다.

그런데 악의 앞잡이 배반자 사탄이 아담과 이브를 유혹하여 죄의 구렁텅이로 몰아넣어 에덴동산에서 쫓겨나게 하는 고통을 주었다. 고통에서 벗어나기 위해, 신은 망각이라는 선물을 주었다.

그러나 고통스러운 때의 일은 생생한데 행복하였을 때는 희미하다.

기억 속에 신이 준 망각이라는 선물을 잘 활용한다면 고통스러운 때의 기억은 망각하고 행복했던 기억은 축복으로 새겨둘 수 있을 것이다.

인간의 욕심이 과해 전쟁, 지구온난화, 화산 폭발, 자연재해 등으로 지구가 몸살을 앓고 있을 뿐만 아니라, 모든 생물이 중병에 시달리고 있다. 특약 처방이 없는 한 예언자들은 21세기를 넘기지 못하고 지구의 종말이 올 것이라고 미래를 걱정한다.

한번 흘러간 세월은 돌이킬 수 없다. 그러니 이제부터라도 정신 차리고 바로 잡아야 할 것이다. 물론 현재를 살아가야 하는 이들에게는 늘 숙제와 고통이 뒤따른다. 힘든 시기를 지혜롭게 헤쳐 나가는 세월 속의 약 처방이 무엇보다 필요한 때이다.

나이가 든다는 것은 점점 외로워지는 일이지만 반대로 무르익어 성숙해지고 인생의 무게를 견뎌내는 힘이 강해지는 것이기도 하다. 이제 석양처럼 지는 해 밑에 서 있는 나그네가 되어 보니 지내 온 세월의 흔적들이 주마등처럼 뇌리를 스쳐 간다. 다 잊었다고 생각했는데 그 옛날 꿈을 키우며 행복을 수놓았던 즐거운 기억들이 문득 떠오르기도 한다.

세월이 약이라지만, 내 기억의 상자 속에 남아 있는 그때의 모습들이, 이 세상을 살아가는 동안 무슨 미련이 남아 있어 아직도 머무는 것일까?

〈2015년 6월 20일〉

〈안녕, 오케스트라〉

강서구민회관 노을극장에서 독립영화 공공 상영회가 있다고 해서 지난 수요일 다큐멘터리 가족영화 〈안녕, 오케스트라〉를 보러 갔다. 오후 1시 시작하기 10분 전에 도착, 입장했다.

팸플릿에는 "눈물과 감동! 오감을 사로잡는 하모니가 시작된다", "보고 나니 행복해지는 앙상블", "노다메 칸타빌레보다 유쾌하고 감동적인 진짜 이야기" 등등의 문구가 있었다.

관람석에 앉아 '한국 최초 2013 국제 에미상 프로그램 결선 진출' 등 영화 소개말로 지면을 꽉 채운 팸플릿을 보고 있는데, 이철호 감독이 무대에 올라 간단한 인사말을 했고, 곧이어 영화가 시작되었다.

85분 동안 상영된 영화는 악보를 전혀 읽을 줄 모르고 악기를 다뤄 보지도 않았던 24명의 다문화 아이들과 세계적인 비올리스트 '리처드 용재 오닐'의 겁 없는 도전에 대한 이야기였다. 외모도 성격도 가정 환경도 각기 다른 천방지축 아이들에게 3개월 뒤 수많은 관중 앞에서 연주해야 하는 임무가 주어진다.

한국전쟁 고아로 미국 입양자이면서 장애가 있던 자신의 어머니가 미국 안에서 차별당하는 모습을 보고 자란 리처드 용재 오닐은 누구보다 다문화 아이들의 마음을 공감했다.

그 자신도 소외당하며 어린 시절을 보내야 했던 용재 오닐은 유년기를 회상하며 자신과 같은 아픔을 겪고 있는 아이들의 영원한 멘토가 되기를 자처하며 오케스트라의 지휘자로 나선다.

용재 오닐은 아이들과 처음 만나 '안녕'이란 인사말로 소통을 시작했다. 음악을 통해 사랑으로 소통하는 세상을 꿈꾸는 용재 오닐과 상처를 딛고 자신과 사람들과 화해하며 하나의 하모니를 이루어가는 아이들의 감동적인 이야기가 내내 이어진다. 상처받은 아이들이 음악으로 치유되어 마음을 차츰 열 수 있었던 것은 가슴 따뜻한 용재 오닐의 헌신의 결과다.

아이들이 악기를 잡는 순간부터 무대에 오르기까지 과정과 아이들 내면의 가슴 벅찬 변화까지 영화는 유쾌한 감동으로 담아냈다. 특히 지친 엄마를 쉬게 해주고 싶은 마음을 담아 오로지 엄마만을 위해 아이들과 용재 오닐이 연주한 〈섬집 아기〉는 듣는 이가 눈시울을 붉힐 만큼 깊은 감동을 선사했다. 물론 이들의 공연은 성공리에 잘 끝났다.

이 작품은 2013년 11월 28일 개봉했다. MBC TV에서 4부작으로 2012년 9월부터 2013년 2월까지 다큐멘터리로 먼저 방영된 후 영화관으로 극장 스크린에 걸린 화제의 작품이다. MBC에서 방영될 당시에 전체를 다 보지 못하고 일부만 봤었는데 늦게나마 완성된 작품을 보게 되어 다행이었다.

영화를 본 후 들었던 생각 중 하나는 이제 우리나라도 다민족 국가임을 우리 모두 자연스럽게 받아들이고 누구에게나 더욱 열린 자세로 임해야겠다는 것이었다.

우리나라는 1970년대까지만 해도 단일 민족국가임을 자랑삼았었다. 하지만 이젠 동남아 국가를 비롯한 다양한 국가 출신의 외국인들과 국제결혼을 하는 게 무척 흔한 경우이다. 그런데 다문화 가정에 대한 우리 사회의 시선은 아직도 부자연스러운 게 사실이다. 게다가 다문화 가정 2세들과 그 가족들에 대한 차별적 태도도 아직 남아 있는 게 현실이다.

앞으로는 더욱 마음을 열어 같은 형제, 자매라 생각하며 같은 대한민국의 국민으로 더불어 살아가야 할 것이다. 한 가지 덧붙이자면, 탈북자 가족에 대해서도 우리 사회가 더욱 관심을 가지길 바란다. 북한에서 남한으로 탈북해 온 이들이 지금껏 3만 5천여 명이나 된다고 한다. 탈북자 가족들도 따뜻한 마음으로 맞이하고 남북통일을 위해 같이 협력해 나갔으면 한다.

세계화 시대, 세계 평화를 위해 가장 좋은 방법은 경제협력 외교도 아니고 스포츠도 아니다. 영화 〈안녕, 오케스트라〉에서 용재 오닐이 보여준 따뜻한 연민과 공감 그리고 이러한 인간애가 아름답게 녹아든 음악이 제일 좋은 방법이라고 생각한다. 재능 기부자 리처드 용재 오닐에게 기립박수를 보낸다. 그 후 용재 오닐은 모국인 한국과 미국을 오가면서 활발히 연주 활동을 하고 있다.

용재 오닐의 어머니 콜린 오닐(이복순)은 6·25전쟁으로 고아가 된 지적 장애인으로, 미국으로 입양되었는데 양부모는 아일랜드계였다. 양부모는 헌신적으로 딸을 키우고 딸이 낳은 손자, 용재 오닐을 위해 김치를 담글 정도로 사랑해 주었다.

용재 오닐이 5살 때 음악적 재능을 보이자, 손자의 현악기 연주 공부 지원을 아끼지 않았고, 오닐이 더 나은 환경에서 연습할 수 있도록 10년 동안 200km나 떨어진 곳까지 손수 운전해 가면서 뒷바라지를 해줬다고 한다.

용재 오닐은 "할머니의 도전 정신이 있었기 때문에 지금의 내가 있다. 지금 이 자리에서 비올라를 연주할 수 있게 된 것은 할머니로부터 긍정의 힘을 배웠기 때문이다. 나의 타고난 재능에 대해서는 감사하는 마음뿐"이라며 시종일관 겸손한 모습을 보여주고 있다.

용재 오닐은 줄리아드 스쿨에서 비올리스트로서는 최초로 최고 연주자 과정(Artist Diploma)을 밟을 정도로 뛰어난 실력을 자랑했다. 뉴욕에 거주하면서 예술에 대한 업적과 공로를 인정받아 뉴욕 의회로부터 명예로운 시민상을 받기도 했다.

지금도 세계적인 비올리스트로 활약하고 있으며, 기회 있을 때마다 모국인 한국을 방문해 예술의 전당 공연 및 KBS, SBS 등 각종 방송활동을 하고 있다. 국내 투어로 100회 이상 지방 공연도 하며 더 많은 이들에게 아름다운 선율의 감동을 선사하고자 애쓰고 있다. 일본, 중국, 동남아 등에서도 활발한 공연 활동을 통해 한국의 '예술 홍보대사' 역할을 톡톡히 펼치고 있다.

용재 오닐은 "모든 삶은 특별합니다. 그러나 때론 가장 쉽게 비난하게 되는 대상이 바로 자기 자신입니다. 스스로 존중해 주세요. 자신을 사랑하고 존중할 줄 알아야 다른 사람도 사랑하고 존중하는 법을 알게 됩니다"라고 했다.

어려서부터 많은 어려움과 고난 속에서 자란 경험에서 나온 진솔한 마음의 표현이다. 마음이 숙연해지고 참으로 삶이란 고귀하다는 생각이 절로 들며, 용재 오닐의 성숙한 마음씨에 끈끈한 우정을 느낀다.

바람처럼 구름처럼 흘러가는 세월 따라 세상은 하루가 다르게 변해 가고 있으며, 몽매간(夢寐間)에 애절함이 뒤범벅되어 나를 흔든다. 비올라의 굵고 단정한 선율이 나를 잡아준다.

〈2023년 1월 10일〉

같은 하늘
아래에서

멧돼지들이
주택가에 나타났다고 야단이다.

겨우내 힘들고 배고파 찾아왔는데
잔인한 인간이
문전박대도 모자라 총으로 사살하고 말았다.
엄마 기다리던 새끼들은 배고파 죽고 말았다.

산속 야생동물들의 수난 시대
로드킬(Road kill)을 알고 있나요?

오늘도 슬프고 안타까운 소식들이 들려온다.
강가에 물고기들이
바닷가의 철새들이

떼죽음을 당했다고

같은 하늘 아래에서
자연과 조화로운 삶
상생하면서 살아갈 수는 없는지요.
때로는 하나님도 원망스럽다
〈2024년 제24회 강서문화 예술 페스티벌 작품〉

책 속에
길이 있다

　젊어서 고생은 사서도 한다는 말이 있다. 이 세상 살아가는 인생길이 평탄하고 쉬운 길만 있는 것이 아니라, 험하고 힘든 길이 더 많아서 고생할 바에야 젊어서 해야 한다는 것이다.
　젊을 때 땀 흘려가며 고생한 경험이 소중한 밑거름이 되고 삶의 자산이 되어 성공하게 되면 미래에 성숙한 노후 인생을 살아갈 수 있게 된다.
　그 좋은 본보기로 중국과 동아시아 전역에서 최대 갑부로 손꼽히는 리카싱(李嘉誠)의 일화를 소개한다. 리카싱은 자신이 젊었을 때 고된 생활을 했었기 때문에 부자가 되었다고 믿었다.
　그에게는 두 아들이 있었는데 아들들이 성공하기 위해서는 젊을 때 힘든 생활을 견뎌내야 한다고 생각해 캐나다와 미국으로 유학을 보내면서 자동차를 사주지 않았다고 한다.
　마치 어미 사자가 자신의 어린 새끼를 절벽에서 밀어 떨어뜨리듯 독하게 키우겠다는 것이다. 그러한 교육의 결과, 현재 두 아들은 젊은 나이에 홍콩뿐 아니라 세계 비즈니스계에서 활발한 활동을 하고 있다고 한다.

젊은 시절 리카싱은 세탁소 점원으로 일을 시작해 약 30조 원이라는 엄청난 부를 이루어냈다고 한다. 하지만 그런 엄청난 부를 그 자신은 누리지 않고 현재까지도 5만 원 이하의 구두와 10만 원 이하의 양복을 사 입고 비행기는 꼭 이코노미석을 이용하는 등 검소한 삶을 지키고 있다고 한다.

또한 그는 그렇게 절약한 돈으로 아시아에서 기부를 제일 많이 하는 것으로 알려졌다. 특히 그는 회사 명의가 아닌 본인 재산을 팔아서 기부하는데 기부 목록 중에는 매년 장학금으로 3천억 원 정도를 희사하고 있다고 한다.

리카싱은 독서광이었다고 한다. 잠자기 전 30분간 책 읽는 습관을 꼭 실천했는데 독서광인 그는 "과거는 바꿀 수 없지만, 미래는 바꿀 수 있다. 왜냐하면 지금 책을 읽고 있기 때문이다. 책 속에 최고의 진리가 있다"라고 말한다.

학력이 중학교 중퇴에 그쳤던 그는 "기회는 사람을 기다리지 않는다. 기회는 손쉽게 잡을 수 있을 거라는 나태한 생각을 한다면 기회는 절대로 찾아오지 않을 것이다"와 같은 인생의 길잡이가 될 어록들을 많이 남겼다.

빌 게이츠, 워런 버핏, 리카싱, 이건희 같은 세계적인 부호들에는 몇 가지 공통점이 있다. 절약 정신을 생활화하는 것, 자기 절제의 기술을 몸에 익히는 것, 노동의 가치를 귀하게 여기는 것, 사회적 의무를 다하는 것, 미래를 내다보는 방법으로 끊임없이 독서를 한다는 점이다.

이처럼 세계에 선한 영향력을 끼친 인재들은 책을 통해 위대한 꿈을 키웠다. 독서는 인생을 어떻게 살아가야 할 것인가에 대한 계기와 희망의 지침을 준다. 성공의 길과 행운의 열쇠가 책 속에 있다는 것이다.

부자가 되는 것은 하루아침에 이루어지지 않는다. 피나는 신체적 노력과 엄청난 마음의 고통을 이겨내야만 한다. 흔히 인간의 일생을 사계절에 비유하기도 한다. 봄(유년기), 여름(청소년기), 가을(장년기), 겨울(노년기)로 구분한다. 자연의 사계절은 반복되어 다시 돌아오지만, 인생의 사계절은 반복이 없다. 한번 지나가면 그만이다. 젊어서 고생한 보람을 자신의 행복과 안위만을 위해서 살아가는 사람이 있는가 하면 자신보다는 인류의 평화와 행복을 위해서 가난한 이웃을 돕고 함께 살아가는 사람이 있다. 훌륭하고 빛나는 일을 행하는 사람들에게 존경심이 들고 한편 부럽기도 하다.

나는 한 달에 한두 번은 광화문에 있는 서점에 간다. 지하철을 타고 갈 때 열차 안에 사람들의 모습을 보게 된다. 모두 약속이나 한 듯 뚫어지라 핸드폰에 열중하고 있다.

무엇을 그리 열심히 보는지 궁금해서 옆 사람의 핸드폰을 슬쩍 들여다볼 때가 있다. 정말 다양하다. 게임에 빠져 있거나, 스포츠 중계방송이나 뉴스를 보고, 쇼핑을 즐기는 사람도 있고 부지런히 문자 메시지를 보내기도 한다. 간혹 책을 읽고 있는 모습도 본다.

세월 따라 흘러온 내 인생이 벌써 노년 중기가 되었다. 사람들에게 그동안 자신의 삶을 뒤돌아보며 어땠느냐고 물어보면, 만족보다 후회하는 사람이 많다. 하지만 생활 속 자그마한 것에도 행복과 감사함을 느끼며 소중한 사람들과 서로 사랑하며 이웃과 함께 더불어 살아가는 평범한 사람들도 있다.

삶에서 가장 큰 문제가 먹고 사는 문제다. 돈도 마음도 부자가 되어야 하는 것은 좋지만, 돈을 많이 버는 것이 목표가 되어서는 안 된다. 돈은 살아가는 데 필요한 수단이 되어야 한다.

철학자 쇼펜하우어는 "인생의 목적은 행복을 추구하는 것이 아니라 고통을 초월하는 것이다"라고 했다. 고통의 현실을 직시하고 인정하며, 삶의 무상함을 수용하는 것이다.

행복만을 좇는 것은 무익하다. 인생은 고해(苦海)다. 우리는 매순간 닥치는 사건을 겪고, 이를 온몸으로 감각하며 살아간다. 일상에서 일어나는 일들에 대해 끊임없이 인식하며 평가하며 살아가는 것이다. 이때 독서는 사건에 대한 우리 인식과 평가의 지평을 넓혀주고 더 높은 삶의 차원으로 이끌어준다.

그런데 오직 행복과 물질, 돈에만 매달려 그런 관점으로 세상의 일들을 마주한다면 우리가 감각해야 할 수많은 것들을 놓치고 그 결과 편협되고 왜곡된, 결핍된 삶을 살게 될 것이다.

큰 그릇이 있고 작은 그릇이 있듯이 사람도 각자의 그릇이 있다. 작은 그릇에도 만족하며 사는 사람이 삶을 지혜롭게 산다고 생각된다.

"청소년들이여 큰 그릇을 원하는가! 뜻있는 곳에 길이 있다. 인생의 바다에서 꽃보다 삶의 향기가 진하게 느껴지는 그 길을 향해 피땀 어린 노력과 고생을 먼저 해라. 그리고 많은 독서를 하라."

내가 교직에 근무하고 있을 때 제자들에게 기회 있을 때마다 강조하며 들려주던 이야기이다.

〈2016년 5월 7일〉

제3 인생과
삶의 자세

바야흐로 우리나라의 평균수명이 80세가 넘었다. 의학의 발전 속도를 볼 때 머지않아 평균수명이 100세 시대가 올 것이다. 흔히들 인생을 2모작으로 구분하는데, 나의 주장은 3모작이다. 앞으로 인생 3모작을 위한 준비가 개인마다 더욱 필요하다고 여겨진다.

3모작 중 제1의 인생은 태어나서 부모 보호 아래 미래의 삶을 위한 목표와 뜻을 세우고 자기 계발과 자아실현을 위해 도전 정신을 가지고 열심히 배우고 익혀 사회의 일원이 되기 위해 준비하는 30세 전의 청소년 시기를 가리킨다.

제2의 인생은 부모의 슬하에서 벗어나 경제적으로 독립된 성인으로 자신의 삶을 위한 취업 또는 창업해 맡은 바 일에 최선을 다하며, 단란한 가정을 꾸리고 자식과 더불어 충실하고 열심히 살아가는 30~60세 전후 청장년 시기이다.

제3의 인생은 퇴직 후 자녀들도 출가하여 부모 곁을 떠난 후인 60세 이후의 노년기다. 제1, 2 인생은 앞만 보고 살아왔다면 제3의 인생은 앞보다는 그동안 살아왔던 뒤도 돌아보면서 인생을 걷게 되는 시기로 이때를 위한 대비로 가장 중요한 것은 무엇보다 건강이다. 그다음은 경제적 뒷받침이다.

바람직한 3모작 인생을 살려면 어떻게 해야 할까. 먼저 모든 인생을 관통하는 올바른 철학을 스스로 확립하고 몸과 맘이 건강한 삶을 위해 적극적으로 나서야 할 것이다.

행복은 주어진 것이 아니라, 나 스스로 만들고 찾아야 한다. 삶을 위해 나름대로 새로운 계획과 지혜가 필요하다. 꽃을 가까이하면 꽃 같은 인생이 되듯이, 내가 어떤 사물과 가까이하느냐에 따라 인생이 달라진다고 본다.

삶에서 무엇보다 중요한 사람과의 만남도 마찬가지다. 어떤 사람을 가까이 하느냐에 따라 바르고 훌륭하게 인생을 살 수도 있고 쓸모없는 인생의 뒤안길만 걷게 되는 될 수도 있다.

사회가 혼란하고 인간성 부재와 불확실성의 시대에는 특히 위기 상황에 잘 대처하며 살아가야 하는데 이를 위해선 욕심은 내려놓고 불필요한 것에 대해선 자제와 억제할 수 있는 단단한 태도도 중요하다.

과학과 문명이 발달하고 생활이 편리해질수록 인간은 고독해지고 외로운 사회가 된다고 한다. 오늘날 '혼족'과 '혼삶'이 늘어나는 추세인데 그 여파로 개인주의와 이기주의가 팽배해져 여러 문제를 낳기도 한다. 이러한 문제에서 자유로워지려면 늘 더 현명한 삶의 태도를 견지해야 할 것이다.

과거 먹고 살기 힘들고 어려웠던 격동기를 지나 이제 모든 것이 넘쳐나는 요즘 같은 세상에서 현명하게 살아가기 위해서는 기회비용과 올바른 판단이 필요하다고 본다. 살면서 보지 않아도 될 것, 듣지 않아도 될 소리는 듣지 않는 것이 마음 편하다. 신경 쓰이게 하는 사람들은 가까이하지 않는 것이 상책이다.

살아가는 데 기본적인 생활필수품 외에는 옷이나 가재도구 등도 대개가 사치와 탐욕 허영에서 기인한 것이다. 어려운 이웃이 많은 상황에서는 사치와 허영이 세상을 난폭하고 어지럽게 한다. 소비 생활에 있어서도 과유불급(過猶不及)이 되어서는 안 된다.

이율곡 선생은 인생의 '3불행'을 '초년 출세(出世)' '중년 상처(喪妻)' '노년 빈곤(貧困)'으로 정의했다. 초년 출세가 불행의 요소가 되는 이유는 젊어서 출세한 사람은 종종 독선과 아집에 빠지거나 교만하기 쉽기 때문이다. 또 인생 내내 화려했던 시절만을 추억하는 과거지향적 성향이 되기도 한다.

중년 상처는 40~50대에 배우자를 잃는 경우를 뜻한다. 아이들이 한창 클 때 배우자와 갈라서거나, 배우자를 잃게 되면 삶의 전반에 충격이 밀려오게 된다. 노년 빈곤은 가장 큰 불행이라고 말할 수 있다. 노년에 경제적으로 궁핍해지면 관계가 단절되고, 건강도 잃게 되고 결국 수명 단축으로 이어진다.

이러한 인생 3불을 막을 방법은 '평생 현역'이라고 했다. 평생 현역은 초년 출세의 독선적 삶을 피하고, 중년 상처의 위험을 줄이며, 노년 빈곤의 퇴치를 가져다주는 지름길이다.

평생 현역이라고 해서 노년에도 새로운 직업을 갖거나 그 연장선상에 있어야 할 필요까지는 없다. 퇴직으로 일을 그만두더라도 열정을 쏟을만한 과제나 대상이 있으면 그게 평생 현역이다.

평생 현역은 자신이 원하는 일. 좋은 일을 하면서 인생을 뜻깊게 마무리하는 개념이다. 취미생활이든가 정신적으로 풍요롭게 할 수 있다면 평생 현역이 될 수 있다.

　세월은 쉬어가지 않는다. 젊을 때는 느리게 가던 세월이, 늙어가면서 빠르게 지난다. 흘러가는 세월 따라, 유행 따라, 인심 따라, 경쟁하듯 빠르게 변해 가는 세상을 살아가자니 생각이 무겁기만 하다.

　올여름 그렇게도 무덥던 날씨도 이젠 한풀 꺾이고 아침저녁으로 제법 선선해졌다. 길거리엔 긴소매 옷이 보이고, 떨어지는 낙엽이 계절의 변화를 알린다. 아파트 창밖으로 비치는 둥근달이 나를 보고 환하게 웃는다. 나이가 들수록 추억을 먹고 산다지만 지나간 옛 추억들이 필름처럼 뇌리를 스친다.

　인생은 시작보다 끝이 좋아야 한다. 이 세상 끝나는 날까지, 삶을 아름답게 장식하기 위해서는, 어차피 빈손으로 왔다가 빈손으로 가는 인생길, 서로 나누고 베풀며, 현재의 생활에 최선을 다하고 하루하루를 보람되게 욕심 없이 살아가야 할 것이다. 이렇게 다짐하니, 내 마음 한결 가볍고 편해진다.

　문득, 후한서(後漢書)의 한 귀절이 생각난다.

　　위존신위(位尊身危) 지위가 높으면 몸이 위험해지고
　　재다명태(財多命殆) 재산이 많으면 생명이 위태롭다.

바보상자!

TV를 흔히 바보상자라고도 한다. 그 이유는 라디오처럼 음성만을 통해 그 음성의 내용을 이미지로 떠올려 보게 하는 것 없이 화면의 영상을 통해 머릿속으로 상상하는 최소한의 노력도 없이 시청각 정보를 전달받기 때문이다.

또한 정보를 일방적으로 전달함으로써 시청자들을 획일화, 단순화시킨다는 것이다. 자녀가 공부 안 하고 종일 TV를 보는 모습을 보면 부모들은 대개 누구나 "너무 오래 보지 마라. 바보 된다"라고 하는데 바로 이러한 걱정들이 마음에 깔려 있어서 하는 말들이다.

TV는 움직이는 영상을 전자파로 전환해 먼 곳으로 보내는 통신 매체다. TV를 최초로 만든 사람은 1926년 영국 스코틀랜드의 발명가 존 로지 베이드(john logie baird)이다. 이후 공개실험을 통해 전파 발송에 성공, 1929년 영국의 BBC방송을 시작으로 세계 각국으로 퍼져 발전하면서 오늘에 이르렀다.

우리나라는 1961년 국영방송 KBS가 처음 개국했다. 뒤를 이어

MBC, SBS가 개국했는데 초창기에는 프로그램도 뉴스나 연속극 등에 그쳐 다양하진 못했다. 흑백에서 컬러로 방영이 시작된 것은 1980년이다.

세월이 흘러가면서 아날로그에서 디지털로 그리고 3D TV에서 스마트TV로 발전했다. 방송 채널도 기하급수적으로 늘었는데 지금은 EBS, YTN 케이블, 위성TV까지 합하면 채널이 100개가 넘는다. 영화, 스포츠, 레저, 드라마, 오락, 생활, 종교, 음악, 애니, 보도, 교양, 다큐멘터리 등 콘텐츠도 다양해졌다.

21세기 지식 정보화시대의 세상을 살아가는 사람들에게는 신문, 라디오, TV, 잡지 등 여러 매체를 통해 매일 홍수처럼 쏟아지는 뉴스와 정보 가운데 자신에게 유용한 것을 취사선택하고 자기의 것으로 만드는 게 무척 중요하다. 즉 TV 역시 시청하는 자가 어떻게 시청하느냐에 따라 '바보상자'가 될 수 있고 똑똑한 '천재상자'가 될 수 있다.

TV 방송 초창기에는 남녀노소 구분 없이 많이 시청하였으나, 현재 젊은 세대들은 TV보다는 스마트폰이나 인터넷TV를 더 많이 활용하는 편이다. 대체로 TV를 주로 시청하는 연령대를 보면 나이가 많고 활동량이 적은 노인들이다. 한 통계조사에 의하면 우리나라 70대 이상 노인들이 90%가 넘게 TV 시청에 많은 시간을 보내고 있다고 한다. 노인복지관이나 경로당 사랑방에서도 별다른 프로그램이 없는 한 노인들은 사극이나 연속드라마를 즐겨보고 있고, 각 가정에서도 노인들의 유일한 낙은 TV 시청이다.

나는 아침에 배달된 조간신문의 '오늘의 TV' 난을 보면서 꼭 보고 싶은 채널과 프로그램을 일일이 체크해 둔다. 유익한 지식과 정보를 얻기 위해 건강이나 교양프로를 주로 보는데, 다른 일과로 시청 시간이 부족해 재방송이나 인터넷TV를 이용해 찾아보기도 한다.

TV 여러 채널에서 제공하는 프로그램이야말로 다양한 지식과 새로운 정보를 제공하는 나에게는 큰 스승과 같은 존재다. 'TV 대중문화 교양 대학(내가 지어 붙인 명칭)'에 입학하여 하루하루 즐겁게 많은 것을 배우고 있다. 이 학교는 입학은 허락하지만, 졸업은 없는 학교다. 사람은 일생 배우면서 살아가야 한다. 배움에는 노소가 없고, 그 끝도 없다. 나는 교직에서 정년퇴직 후 제3의 인생 출발점에 들어서면서 자유로워졌는데 무엇보다 TV 시청을 내 마음껏 활용할 수 있어서 좋았다.

새로운 것을 배우는 기쁨은 그 자체가 행복이다. 그동안 해보고 싶었던 것 꿈꿔왔던 것을 해보니(해외여행, 동영상 촬영과 편집 등) 배울 게 많고 재미도 가지각색이다.

인생은 자신이 꾸며가기 나름이다. 아름답게 꾸며가면 인생은 아름다운 것이다. 마치 건축가가 아름다운 집을 짓듯이 말이다. 오늘도 '바보상자'라는 TV 앞에서 짜 놓은 시간표에 따라 채널을 돌려 가며 배우고 익히니 만학도의 즐거움과 기쁨이 넘쳐난다.

문득 공자(孔子)의 논어(論語) 제1편 학이(學而)편 첫 장에 나오는 구절이 떠오른다.

子曰: 공자께서 말씀하셨다. 학이시습지 불역열호(學而時習之 不亦說乎); 배우고 때로 익히면 또한 기쁘지 아니한가. 유붕자원방래 불역락호(有朋自遠方來 不亦樂乎); 벗이 있어 먼 곳으로부터 온다면 또한 즐겁지 아니한가. 인불지이불온 불역군자호(人不知而不慍 不亦君子乎); 남들이 알아주지 않더라도 성내지 않으면 또한 군자답지 아니한가.

〈2021년 10월〉

나도 바보

TV를 바보상자라고 한다
청소년들의 교육을 위해
나쁜 영향을 줄까 봐 한 말이다.

코로나로 외출이 제한되고
집에 있는 시간이 많아지자
더욱 시청하는 시간이 많아졌다
바보상자와 친구가 되니
나도 바보다.

관심과
무관심

　사람들은 세상을 살아가면서 일상생활에서 자기 자신에게 꼭 필요한 것이나 흥밋거리에는 관심을 가지지만, 그렇지 않은 것은 그냥 지나치고 무관심하게 생활한다.
　동네 가까이 있는 재래시장에 다녀오는 길이었다. 아파트 정문을 지나 단지 안 어린이 놀이터에서 그네를 타고, 미끄럼도 타며 신나게 놀고 있는 아이들이 눈에 띄었다.
　귀여워서 잠시 바라보고 있는데, 그때 마침 유치원생 정도 되어 보이는 사내아이가 나보고 "할아버지 지금 몇 시예요?" 하고 물었다. 나는 놀이터 옆 시계탑을 가리키며 "저기 시계탑 시간을 보면 되잖니" 하고 답했다. 그러자 아이는 "저 시계는 고장이 나서 알 수 없어요, 고장 난 지 오래 되었어요" 하는 것이다. 시계탑 시계는 오전 10시 10분을 가리키고 있었다. 내가 차고 있는 손목시계는 오후 4시 30분. 아이에게 바른 시간을 알려주었다.
　내가 사는 동 출입구 앞에 도착하여 들어가려고 하는데 마침 경비

아저씨가 있었다. 어린이 놀이터 앞 시계탑의 시계가 고장 났다고 말을 하니 그도 알고 있었다. 경비 말에 의하면 시계 부속품이 일본제인데 부속품이 없어 고치지 못하고 있다고 했고 방치된 지 몇 달 되었다고 한다.

나는 집에 오자마자 시계탑을 세운 은행 지점에 전화했다. 시계탑에는 그 은행 이름이 새겨져 있다. 전화를 받은 은행의 담당 직원도 일본제 부속품을 구할 수 없어 고치지 못하고 있다고 똑같은 대답을 했다. 화가 나기 시작했다. 전화를 끊고 나서 은행 본사 은행장실에 전화했다. 전화를 받은 본사 직원이 은행장과 어떤 일로 통화를 하고 싶어 전화했는지 물었고 나는 자초지종을 말했다. 그리고 "고치지 못할 바에는 시계탑을 파가라"고 했다. 비서실 직원은 알겠다고 했다.

사흘 후 정문 앞을 지나가는데 시계탑에 사다리를 걸치고 사람이 올라가 시계를 고치는 모습을 보았다. 그 후 시계는 제시간에 맞게 잘 돌아가고 있다. 전후 이야기를 들은 아파트 관리소장이 나에게 찾아와서 부끄러운 듯한 표정을 지으며 고맙다고 하고 갔다.

살다 보니 이런 일도 있었다. 볼일이 있어 아파트 후문을 나가는데 후문 주위 빈 공간에 외부 차량의 진입을 차단하기 위해 하얀색 비닐 띠가 길게 덕지덕지 설치되어 있었다.

후문 인근 좁은 공간이 있는데 거기다 외부 차량이 자꾸 주차를 하고 있어 보행자들에게 불편을 준다는 민원 때문에 관리사무소가 설치한 것이었다. 발길을 돌려 관리사무소에 들러 관리소장에게 비닐 띠 설치물이 미관상 안 좋다고 말했다. 그랬더니 관리소장이 "어떻게 하면 좋겠냐"라고 되물었다.

나는 간단한 방법이 있다고 하면서 보기 싫은 천을 거두고 그 자리에 큰 화분 몇 개만 가져다 놓으라고 했다. 이튿날 보니 큰 화분 4개가 나란히 보기 좋게 자리하고 있었다. 그동안 차량 두 대가 늘 세워져 있어 불편을 주었는데, 이제는 그런 불편이 사라졌고 오가는 주민들은 화분에 심어 있는 싱싱한 사철나무를 보고 좋아한다.

생각해 보니 또 해결한 일이 있다. 우리 아파트 한 동 귀퉁이 옆길에는 늘상 오토바이들이 몇 대 세워져 있는데, 그중에 오래도록 임자 없이 잠자고 있는 한 대가 있었다. 아파트 단지 안을 걷는데 아파트 경비반장을 만났다. 잠자고 있는 오토바이 이야기를 했더니 그도 알고 있었다.

나는 "그럼, 왜 그냥 방치하고 있느냐" 묻고 만일 그 오토바이가 외부에서 나쁜 짓을 하고 이곳에 버려져 있다면 나중에 오토바이 주인이 범인으로 경찰에 붙잡혀 경찰이 확인차 현장 조사가 나온다면, 범죄로 쓰인 오토바이를 그동안 방치한 경비 소홀로 골치 아픈 문제가 발생할 수 있다고 말해주었다.

그날 저녁, 아파트 승강기마다 버려진 오토바이 사진과 주인을 찾는다는 문구 그리고 만일 주인이 나타나지 않으면 경찰에 연락하여 처리하겠다는 문구가 담긴 게시물이 붙었다. 그리고 같은 내용의 실내방송도 있었다. 그 후 잠자던 오토바이는 사라졌다.

요새 사람들은 대개 아파트나 빌라와 같은 공동주택에서 이웃들과 위, 아래층으로 연결되어 더불어 살아간다. 공동주택의 구조 특성상 층간 소음이나 주차 문제, 쓰레기 처리 및 재활용 분리수거 등과 관련해 이웃끼리 서로 지켜줘야 할 것들이 많다.

내가 생각하기에 대다수는 질서를 지키는데 꼭 한두 집이 이웃들에게 불편을 줄 때가 더러 있다. 아무렇게나 주차하거나 지정된 요일이 아닌데도 재활용품을 내놓거나 분리수거도 제대로 안 하고 재활용품을 버리는 이들이 가끔 눈에 띈다. 자신들이야 좁은 소견에 편리할지 모르지만, 원활한 공동생활에 금을 가게 하는 행동은 바람직하지 못하다.

사실 입주민들이 공동주택이 정한 일련의 규칙을 따르는 것은 지극히 당연한 일로 규칙 준수는 소극적인 차원의 의무라고 볼 수 있다. 더 안전하고 살기 좋은 공동주택 나아가 마을을 만들기 위해선 적극적인 차원의 의무를 실현해야 한다. 그것은 바로 주위의 문제점에 관심을 갖고 해결을 위해 적극적으로 실천하는 태도이다.

예전에 빌라에서 살 때 있었던 일 하나를 소개한다. 이른 아침이면 골목길을 깨끗이 쓸어 놓는 사람들이 있었다. 알아보니 앞집에 살고 있는 어머니와 그 자식들이었다.

어머니는 초등학교 교사이고, 딸은 초등학교 3학년 아들은 1학년이었다. 이들은 매일 빌라 앞뿐만 아니라 골목 입구까지 깨끗이 청소했다. 겨울에 눈이 올 때도 열심히 쓸어낸다.

아이들은 인사성도 밝아 지나가다 어른들을 보면 "안녕하세요" 하고 인사도 잘해 참 귀엽고 예뻤다. 이들이야말로 적극적인 차원의 의무를 실천하며 주위에 선한 영향력을 끼치는 이웃이라고 생각한다.

지금 사는 아파트에서 10년 넘게 살고 있는데, 그동안 별 탈 없이 잘 지내고 있다. 가끔 앞서 언급한 것 같은 문제들이 신경에 쓰이긴 했지만 대개 잘 해결된 것 같다. 그래도 아파트 관리사무소가 입주민들이 무관심한 것 같아도 단지 내 문제들에 관심을 갖고 있다는 것을 알고, 미리미리 세심한 관심을 가졌으면 하는 바람이다.

승강기를 탈 때, 길을 가다가 동네 주민과 마주칠 때 내가 먼저 인사하고, 나보다 남을 먼저 배려하는 마음을 늘 가져야 하겠다. 그리고 우리 모두의 일에 더 관심을 기울이며 할 수 있는 일을 해 나가면 좋겠다.

공동생활에서 함께 잘 살아가기 위해 작은 일에 관심을 가지며 서로 돕고 질서 있는 생활을 할 때 건전한 사회와 행복한 국가를 만들 수 있을 것이다.

〈2024년 3월 23일〉

요정 정치 시대의
세 여인

평소에 꼭 한번 가보고 싶은 곳이 있었다. 제3에서 제5공화국 시절 대한민국 밀실정치의 대명사인 서울 장안의 3대 요정(대원각, 삼청각, 청운각) 중 현존하는 삼청각이 바로 그곳이다.

만나면 반갑고 즐거운 서 원장에게 삼청각에 간다는 문자 메시지를 보냈더니, 아침에 전화가 왔다. 같이 가자는 것이다. 오늘 일정은 옛 청와대 뒤 북악 스카이웨이 팔각정을 들러 서울 시내를 관망하고, 길상사에 들러 경내를 둘러본 후 삼청각에 들리는 코스라고 말했더니, 좋아하며 오후 2시에 만나자고 한다. 몇몇 지인에게 연락했더니 두 명이 더 가기로 하여서, 서 원장 승용차로 가기로 했다. 가벼운 차림, 즐거운 마음으로 약속 장소에서 동행 멤버를 만나 출발했다.

북악 팔각정에 도착한 우리는 먼저 북한산과 서울 시내를 한눈에 바라보며 차 한잔하고 잠시 쉬었다가 4시경에 길상사에 들렀다. 길상사는 한 분은 10년 전에 와봤다고 하고, 두 분은 처음이라고 한다. 지난번 문학기행 차 다녀간 곳이어서 내가 앞장서서 안내했다. 주위를 둘러보니 다른 방문객들도 경내를 조용조용히 걸으면서 풍광을 감상하고 있다.

극락전 마당에는 '부처님오신날'이 지난 지가 얼마 안 되어서인지 연등이 빼곡히 매달려 하늘을 가리고 있었다. '시주 길상화 공덕비'가 있는 김영한 사당을 거쳐, 법정 스님의 진영과 유품, 유골이 모셔진 진영각에 들렀는데 마침 해설사가 길상사에 대해 해설해 주고 있어서 더욱 좋았다.

경내 뜰에는 북악산에서 흘러내리는 개울물 소리가 들리고, 수련과 이름 모를 꽃들이 우리들을 반긴다. 서 원장은 꽃에 관심이 많아 연신 사진을 찍고, 황 총무는 불심이 깊어 극락전에 들러 참배하고 나온다.

우리는 5시 반경에 삼청각으로 이동했다. 삼청각에는 두 개의 문이 있는데 하나는 자동차로 이동해 일화정으로 가는 경로를 통해 갈 수 있고, 또 하나는 걸어서 솟을대문을 거쳐 들어가는 문이 있다는데 대단히 화려하다고 한다.

입구에 들어서니 토요일이라 그런지 안내원이 차량통제를 하고 있고, 올라가는 길옆에는 많은 차가 정차되어 있다. 안내해 주는 대로 건물 입구까지 들어가서 주차하고 건물 안으로 들어가려니 결혼식이 있는지 많은 사람이 보인다. 사람 구경을 하고 우린 예약해 둔 한식당에 가서 저녁식사를 했다.

평일보다는 저녁식사비가 조금 비싸기는 하지만, 오늘은 내가 쏜다고 걱정하지 말라고 했다. 막걸리도 한잔 하면서 옛 요정 삼청각에 귀한 손님이 되어 온 것 같은 기분을 상상하면서 맛있게 식사하고 난 후, 삼청각을 뒤로하고 휘황찬란한 서울의 밤거리를 누비며 귀가했다.

삼청각의 저녁식사 여운이 아직 가시지 않은 중에 지금은 역사 속으로 사라진 그 당시 서울의 3대 요정의 안주인이 어떤 이들이었는지 문득 궁금해진다. 소문과 자료를 통해 그들의 삶을 살펴본다.

삼청각의 이정자는 일제강점기부터 자리 잡은 서울 장안의 일류 요정인 옥류정 주인의 둘째딸로 예쁘장하고 상냥한 성격이었다고 한다. 서울 성북구 성북동에 자리한 삼청각은 1970년대에서 1990년대에 대표하는 요정 정치의 산실이었다.

여야 고위 정치인의 회동과 1960년대 한일회담의 막후협상, 1972년 남북적십자회담 장소로 이용하였던 곳으로 제4공화국 유신 시절 요정 정치의 상징이기도 하다. 그러다 1980년대부터 등장한 룸살롱의 기세에 눌려 고급 요정들이 하나둘 사라졌다. 이정자 역시 경영난으로 삼청각을 건설회사에 넘기고 자취를 감추었다. 미국으로 갔다는 소문만 남아 있다.

2001년 서울시에서 인수해 복합 문화공간으로 운영되고 있는 삼청각은 현재 공연장, 한식당, 찻집, 객실 등으로 구성되어 있다. 월요일을 제외하고 연중 전통 공연, 결혼식을 하고 있다. 지금은 새로운 전통문화 공연장으로 세종문화회관에서 맡고 있다.

청운각의 조차임은 1905년 경북 경산에서 태어나 30대 젊은 나이에 홀로된 이후 1945년 해방 후 서울로 상경, 식모살이를 하며 어렵게 생활했다. 청계천 변에서 국밥집을 하다 6·25전쟁의 시련을 겪었는데 종로에서 한식당을 운영하면서 모은 돈으로 1956년 저택을 매입, 고급 요릿집 청운각을 차렸다. 당시 정부 고위 관리와 공기업, 언론기관 및 대기업 임원들이 찾는 모임 장소가 되었고, 청운각의 전성기에는 다른 요정보다 더 유명하였다고 한다.

청운각이 유명세를 치른 계기가 바로 세상을 떠들썩하게 했던 정인

숙인데 그는 뛰어난 미모와 영어 실력도 갖추어 이 요정의 얼굴마담으로 있었다. 한때는 이승만 대통령의 별장으로도 사용되었을 만큼 풍광이 수려한 곳으로 이후락, 정일권의 아지트이기도 했다고 한다.

조차임은 돈을 많이 벌게 되자, 가정형편 때문에 학업이 힘든 고학생들을 도왔다. 건강 악화로 63세에 세상을 떠나기 전 장학사업과 학술사업을 펼쳤다. 국가 발전에 이바지하고자 전 재산을 털어 장학사업을 이어가겠다는 유언에 따라 '우산육영회' 장학재단을 설립하면서 청운각은 사라졌다. 피땀으로 번 돈을 정승처럼 쓰고 간 여걸이라 하겠다.

대원각의 김영한은 1916년 서울 종로구 관철동에서 태어났으나, 집안의 몰락과 결혼의 실패로 16세의 꽃다운 나이에 진향(眞香)이라는 기생이 되었다. 길상사에는 아름답고 애달픈 사연이 있다. 당대 꽃미남이며 일본 유학까지 다녀온 지식인 천재 백석 시인과 기생 진향의 사랑 이야기다.

함흥 영생고보 영어 교사 회식 자리에서 백석과 김영한은 운명적으로 만난다. 백석은 첫눈에 반해 그녀에게 자야(子夜)라는 예명을 지어 주고 유명한 시 한 편을 남겼는데, 그 시가 「나와 나타샤와 흰 당나귀」이다. 3년 동안 둘은 동거하고 사랑을 나누다가 남북이 분단되면서 백석은 북한에 남게 되고, 김영한은 남한에 남게 되어 영원히 이별하게 된다.

그 후 서울로 내려온 김영한은 1955년 성북동 배밭골 일대의 땅을 사들여 청인장이라는 한식당을 운영하여 돈을 많이 벌자, 요정인 대원각으로 키웠다. 30여 년간 요정을 운영, 당시 시가로 천억이 넘는 재산을 모았다. 부를 얻었지만 법정 스님의 무소유를 읽고 크게 감동하여, 평생 일군 전 재산 대원각을 시주하겠으니 절로 만들어 주기를 법정 스님에 청했다.

그러나 무소유가 삶의 철학인 법정 스님의 거절로 10년 가까이 권유와 거절로 이어오다가 결국 법정 스님이 시주를 받아들여 1997년 길상사가 태어났다. 요정 대원각이 아름다운 변신을 한 것이다. 시주한 김영한은 법정 스님으로부터 염주 한 벌과 길상화(吉祥華)라는 불명을 받았다. 그 많은 재산이 아깝지 않으냐는 질문에 그녀는 "천억 원이 그 사람 백석의 시 한 줄보다 못하다"고 하였다.

맑고 향기롭게 사는 것은 인간으로서 가장 행복한 삶이다. 빈손으로 왔다가 빈손으로 가는 인생, 김영한은 "내가 죽으면 화장하여 눈이 내리는 날 길상사에 뿌려주세요" 하고 1999년 11월 14일 108염주를 목에 건 채 83세 나이로 운명한다. 한 달 후 12월 14일 길상사에 눈이 내리자, 스님들은 그녀의 재를 길상사 앞마당에 뿌렸다.

장안의 내로라하는 영웅호걸들이 들락거리던 고급 요정집은 시대의 변화와 세월 속에 뒤안길로 이제 사라졌다. 밖에는 7월 장마철을 예고하듯 소낙비가 유리 창문을 두드린다.

오늘따라 그 옛날 젊은 시절, 방석집 아가씨들이 따라주는 막걸리를 마시며 젓가락 장단에 맞추어 노래하며 가슴속 슬픔을 달래던 그때 그 시절이 그리워진다.

파란만장했던 세월 속에서도 고난과 역경을 딛고 의로운 삶을 살다 간 세 여인을 흠모하며… 산천은 의구(依舊)한데 인걸(人傑)은 간데없고….

⟨2023년 7월 12일 『강서문학』 제35호 게재⟩

아직 살아 있네!

오랜만에 친구한테서 전화가 왔다. 전화를 받자마자 대뜸 하는 소리가 "너 아직 안 죽고 살아 있네" 하는 것이다. 언뜻 듣기에 기분이 좋지 않을 수 있는 말이지만, 오래도록 사귀어 온 죽마고우라 "그래, 아직 안 죽고 살아 있다. 어쩔래, 이놈아" 하고 응답했다.

이제 고희(古稀)도 지나 팔순이 되니 주위 친구들도 하나둘 세상을 떠나고 아직 남아 있는 친구들끼리 가끔 만나거나 안부 전화할 때 하는 농담 섞인 말투려니 여긴다. 아직 안 죽고 살아 있기 때문에, 듣고 있는 소리인지도 모른다. 경상도 사투리로 "문디 자슥, 안 죽고 살아 있네. 보고 싶다. 억수로 반갑데이" 하는 것도 서로 격의 없이 주고받는 말로 친근감을 더 느끼게 한다.

옛날 동네 어른들에게 아침저녁 인사할 때 "진지 잡수셨습니까" 하곤 했다. 보릿고개로 어렵고 살기 힘든 시절 주고받던 소리인데, 그 당시 굶어 죽는 사람이 많아서 원래 이 말에는 '안 죽고 살아 있네'라는 속뜻이 포함되어 있다고 한다.

인명(人命)은 재천(在天)이라고 하듯이 이 세상에 태어나 부귀영화와 천수(天壽)를 누리며 살다가는 사람이 있는가 하면, 짧은 생을 마감하는 사람도 있다. 이 세상에 올 때는 순서가 있어도 갈 때는 순서가 없다고 하지 않는가. 전생(前生)의 업보가 긴 목숨 짧은 목숨으로 갈라놓는 것인지도 모른다.

옛날 같으면 일흔 살이 넘으면 상노인(上老人)으로 취급해 뒷방 늙은이 신세인데, 지금은 식생활과 의학의 발달로 일흔 넘어서도 젊은이 못지않게 활동적으로 사는 이들도 많다.

빈손으로 왔다가 빈손으로 가는 인생이지만, 호랑이는 죽어서 가죽을 남기고, 사람은 죽어 이름을 남긴다는 말이 있듯이 삶의 발자취가 훌륭한 분은 후세에 길이 남고 있다.

젊은 시절에는 꿈과 희망을 좇으며, 생존 경쟁에서 살아남기 위해 열심히 노력했지만, 이제 황혼의 길에서 원대한 꿈과 희망은 사라지고 삶의 폭은 좁아지고 단순해지고 있다. 하루해는 길게 느껴지지만 한 해는 빠르게 지나가는 것을 실감한다.

그동안 살아온 날보다 앞으로 살날이 점점 줄어들고 있다. 지금까지 걸어온 인생길을 뒤돌아보면 즐겁고 기쁜 일보다는 슬프고 괴로웠던 일이 더 마음속 깊숙이 남아 있는 것은 무엇 때문일까. 인생은 고해(苦海)라는 말이 새삼스럽다.

주변을 보고 느끼는 일이지만 빠르게 진행하는 노령화와 생산 인구의 감소, 저출산 등으로 인해 우리나라가 OECD 국가 중 노인 빈곤율과 고독사 1위라는 불명예를 지니게 된 것은 안타까운 사실이다.

농경사회에서 산업사회로 발전해 감에 따라 부모를 모시고 살던 대가족 제도에서 핵가족 제도로 바뀌면서 나타난 현상이다. 국가적 차원에서 복지 및 사회보장제의 해결책이 요구된다.

백세시대 "오래도록 사세요" 하는 것보다는 "사는 날까지 건강하세요" 하는 것이 듣는 당사자는 더 좋다고 한다. '골골 백세'보다는 '팔팔 백세'가 되어야 한다는 것이다.

오래 사는 것도 중요하지만 얼마나 건강하고 행복하게 사느냐가 더 중요하다고 할 것이다. 친목 모임에서도 앞으로 남은 인생 어떻게 살아가야 할지 들어보면, 도움 없이 나 스스로 걸어 다닐 수 있고, 치매로 인해 정신이 오락가락하지 않을 때까지 살다가, 어느 날 잠자듯 이승을 마감하고 싶다고들 한다.

우리 주변을 살펴보아도 직장에서 은퇴한 후 무미건조한 생활을 보내다가 만성질환에 걸리고, 정신적으로나 육체적으로 고통을 받다가 세상을 떠나는 사람들이 많다.

그러나 직장에서 은퇴한 것이지 인생에서 은퇴한 것은 아니다. 세상이 끊임없이 변화하듯이 인생도 변화해야 한다. '이제 나는 너무 늙었어' 하고 좌절할 것이 아니라, 새로운 제3 인생의 출발점이라고 생각해 과감하게 행동으로 옮길 필요가 있다.

나의 경우, 은퇴 전 퇴직 후에는 어떻게 살아갈 것인가를 고민하며 '보람 있는 삶'을 위해 선배들의 조언을 듣고 전문 서적을 통해 이런저런 준비도 했었다. 하지만 마음대로 되지 않는 것이 세상살이인 것 같다.

특히 가족의 건강 문제로 고생하고 있으며, 나 역시 건강하지 못하다. 취미생활로 여행을 좋아하는데 코로나19로 발이 묶여 있으니 답답하다. 마음을 달래고 시름을 풀기 위해 가끔 글을 쓰고 있다.

불확실의 시대, 급박하게 돌아가는 세상에서 내일을 모르고 살아가지만, 후손들을 위한 미래의 걱정과 더 좋은 세상을 갈망하면서, 죽고 사는 것은 운명에 맡기고, 오늘 이 순간을 만족스럽고 보람 있게 살아가는 것이 가장 현명한 삶이 아닌가 생각해 본다.

〈『월간문학』 2023년 7월호 게재〉

삶의 노래

개똥밭에 굴러도
저승보다 이승이 낫다고
말들 하지만

이 세상에 태어나
한 치 앞을 모르고 사는 인생
길 위의 길
삶이란 무엇인지
인생은 고해(苦海)

희(喜), 노(怒), 애(哀), 락(樂)의 숨 막히는 삶
기쁘면 기쁜 대로
슬프면 슬픈 대로
삶을 노래하네

빈손으로 왔다가
빈손으로 가는 인생
저승 갈 때 부르는 장송곡
허무함이여.

〈2021년 9월〉

큰절과
교육개혁

 오늘은 토요일, 쓰레기 따로 거둬 가는 날이다. 아침 일찍 서둘러 아파트 단지 수거함에 버렸다. 일을 마치고 TV를 보고 있는데 전화가 와서 받아보니 아들이다. 오늘 오후에 나에게 오겠다는 것이다.
 오후 4시경에 아들 식구들이 도착했다. 집에 들어서자 손자들이 나에게 큰절을 한다. 이제는 제법 반듯하게 잘 한다. 큰절하고 난 뒤 무릎을 꿇은 자세로 양손을 무릎 위에 얹어 놓고 반듯이 나를 쳐다보고 있다. 할아버지가 한 말씀 하시기를 기다리는 자세다. 큰손자는 열두 살, 작은손자는 아홉 살이다. 내가 손자에게 "그동안 부모님 말씀 잘 듣고 착하게 행동하느냐?" 물었더니 "넷" 하고 큰소리로 대답한다.
 "열심히 공부하고 있느냐?"
 "예."
 "몸은 건강하게 친구들과 사이좋게 잘 지내고 있느냐?"
 "예" 하고 씩씩하게 대답한다. 저축하든지 꼭 필요한데 쓰라고 하면서 용돈을 주니 두 손으로 받으면서 "감사합니다" 한다.

손자들의 큰절에 대해 생각하니 웃음이 나온다. 손자들이 어렸을 때 어른에 대한 공경심을 가지도록 하기 위한 생각에서, 나에게 큰절을 하도록 시켰는데, 처음에는 큰절하는 모습들이 엉성했다. 첫째녀석은 그런대로 하는데, 둘째녀석은 엎드려뻗쳐 하듯이 어둔했는데 그것마저 하지 않으려고 고집을 부려 큰절을 하지 않으면 용돈을 주지 않았다. 그 후 아들, 며느리가 철저하게 교육했는지 큰절을 잘한다. 올 때마다 큰절을 받고 용돈을 주고 있다.

절은 큰절, 반절, 평절 3가지로 나뉜다. 큰절은 절을 하여도 답배를 하지 않아도 되는 높은 어른님이나, 직계존속에 해당한다. 평절은 같은 또래 사이에 하는 절, 반절은 웃어른이 아랫사람에게 답배할 때 하는 절로서 제자, 친구의 자녀들에 해당한다.

절은 허리와 머리를 숙여 인사하는 방법으로 상대편에 대한 공경과 반가움을 나타내는 가장 기본적인 행동 예절이라고 할 수 있다. 절은 또한 윗사람을 공경하고 아랫사람을 사랑하는 예(禮)로써 행하여지는 것으로 우리나라는 예로부터 동방예의지국이라 하여 절을 중히 여겼다.

큰절의 기본 원칙은 음양(陰陽) 사상으로, 남녀가 함께 치르는 모든 의식 제사와 결혼식 등에서 지켜져 내려왔다. 우리가 평소 어른에게 절을 하거나 제사 또는 중요한 관혼상제, 수연, 고희 등에 한복을 입고, 부모님과 친척들에게 큰절하는 모습은 보기도 좋을 뿐만 아니라 예절을 갖춘 훌륭한 인사법이라 할 수 있겠다. 특히 설날 우리나라에서는 남녀 모두가 새 옷으로 갈아입고 차례를 지낸 뒤에 조부모, 부모에게 큰절하고 차례대로 아랫사람이 윗사람에게 머리 숙여 절을 하여 새해 첫인사를 나눈다.

절은 공수(拱手, 두 손을 모아 앞으로 포개어 잡음) 자세로 하는데, 남자는 두 손을 앞으로 모아 잡고 하는 동작으로 왼손이 위로 가게 하고, 여자는 오른손이 위로 오며 절은 한 번만 한다, 돌아가신 분에게는 제사나 상중에는 두 번 한다. 종교적인 이유로 차례나 제사를 지내지 않는 집안과 사람들도 있다.

지금은 악수, 포옹, 경례, 눈인사 등 서양식으로 대신하여 우리의 인사법이 점점 잊히어 가는 느낌이 들어 좀 안타깝다. 나의 젊은 시절 기억으로 고향에 내려갔다가 할아버지께서 마루에 앉아계시면 땅바닥에서 절을 하고, 방에 계시면 마루에서 절을 했던 기억이 있다.

내가 손자들에게 큰절을 교육한 이유 중의 하나는, 핵가족화의 물결 속에 지금의 세태가 개인주의, 이기주의로 물들어져 가고, 어른들에 대한 공경심이 점점 사라져가는 것이 우려돼서다. 아울러 가족과 친족 간에도 상하 웃어른에 대한 예절을 지켜가며 사는 사회가 되기를 원하는 마음에서 비롯됐다.

대개 아이를 하나만 낳는 지금 우리나라의 젊은 부모들은 자식을 지덕체(知德體)의 연대교육이 아니라, 덕, 체를 뺀 '지지지(知知知) 교육'을 강요하고 있다. 경쟁사회에서 살아남아야 한다고 좋은 학교에 입학시키고, 고소득의 안정적인 직장에 취업시키려 기를 쓰고 교육한다. 아이들은 어릴 때부터 경쟁에서 이기기 위해 학교에서 수업이 끝나기가 무섭게 학원으로 달려가야 한다.

그렇게 '공부 기계'가 되어 전교 일등을 한 자들을 보라. 의사가 되었다면 몸이 아픈 환자를 정성껏 치료해 주고, 판사 검사가 되었다면 정의롭고 올바른 판단을 해야 하는데 그렇지 않은 것 같다. 천박한 오만을 부리고 있는 모습, 상대의 인간 존엄성을 무시하는 모습이 내 눈에만 보이는 건가. 현재의 한국 사회는 권위와 위선에 빠진 엘리트들이 군림하고 있다.

 2차 대전 이후 1968년도를 기점으로 독일을 비롯한 서유럽국가 대부분이 학교의 서열을 없애고, 경쟁 없는 교육정책을 실시하고 있다. 그런데 유독 미국, 영국, 중국, 일본, 한국이 경쟁교육을 고수하고 있으며, 그중 가장 심한 나라가 대한민국이다.

 경쟁하여 승자만 살아남는 사회는 결국은 망한다. 굴욕감을 느끼게 하는 경쟁을 시키는 교육정책은 하루빨리 바꿔야 한다. 경쟁 없이 서로 협력하고 배려하며, 올바른 민주주의에 대한 인식을 기반으로 한 함께 살아가는 시민 사회가 되어야 한다. 지금 지구상에서 가장 갈등이 심하고, 권위주의와 우열로 나누는 불평등한 나라가 바로 대한민국의 현주소다. 가장 꿈 많고 즐겁고 행복하여야 할 초, 중등교육이 인간의 존엄성을 파괴하는 주입식 경쟁교육으로 도배되고 있다.

 나는 중등학교에서 전쟁터 같은 경쟁교육을 퇴직까지 교실 현장에서 가르친 당사자이다. 위선적이고 기득권이 판치는 세태에서 탈피하여 성숙한 민주주의로 발전하기 위해서는 정치, 사회, 경제, 문화적으로 많은 개혁과 노력이 필요하다.

 우선 교육개혁부터 해야 한다. 대학입시를 없애고 서열이 아닌 평준화로 전환, 학벌 계급사회를 과감히 철폐해야 한다는 독문학자 김누리 교수의 주장에 공감한다.

 나의 손자들은 출세와 성공보다 사람됨이 우선인 사회, 경쟁이 아닌 다 함께 협력하며, 정의롭고, 인간답게 살아가는 세상에서 자라나길 바라며 그날이 하루빨리 오기를 기대한다.

〈2024년 『창작산맥』 봄호 게재〉

눈을 감으니

어느 연예인
눈을 감으니
사랑이 보인다네

그동안 남을 보다가
실명 후 나를 보게 되고
보이지 않았던
사람의 마음이 보이네.

장애인과 비장애인이
서로 배려하고 사랑하며
함께 살아가는 세상을 원하네.

좌절과 시련의 피눈물 밑거름 되어

사랑의 눈 새롭게 떠지고
마음의 눈도 새롭게 떠지네

경이로운 그 마음
아름다운 꽃으로 피어나니
가슴 흔드는 울림이요, 떨림이네.

〈2024년 강서구 허준 축제 시화전 작품〉

제3부

제3 인생의 여로(旅路)

새로운
세상을 만나다

　우리나라는 '88서울올림픽'을 치른 다음 해인 1989년부터 해외여행 자율화가 시행되었다. 여행 자율화 이전에는 외국에 나가기가 하늘의 별 따기보다 어려웠다. 당시만 해도 이민, 유학, 출장, 친지 방문 등이 아닌 단순 관광 목적으로는 여권 발급이 원칙적으로 불가했다.
　관계 당국은 여권 발급에 상당히 까다로운 조건을 요구했으며, 외국에 나가고자 하는 이는 자유총연맹의 반공교육을 이수하고 허가를 받고서야 여권을 만들 수 있었다. 그래서 여권을 소지하고 있는 것 자체가 일종의 특권처럼 여겨졌다.
　그러다 1989년, 산업화의 물결 속에 한국이 발전하여 국제화가 되고 흑백 TV에서 천연색 TV로 바뀌었듯이 해외여행도 자율화 시대에 접어든 것이다. 나는 바로 서둘러 여권 신청을 해서 발부받아 놓았다.
　그 이듬해 여름방학 그러니까 1990년 8월 1일부터 8일까지 아내와 함께 7박 8일간 동남아 지역(태국, 홍콩, 마카오)을 다녀오는 여행 상품을 여행사에 신청했다.

평소 꿈꿔왔던 게 한꺼번에 이루어져 신이 났다. 내 꿈은 비행기를 타보는 것, 그리고 외국을 나가 보는 것이었다. 어릴 때 하늘에 비행기가 날아다니는 것을 보면 "떴다 떴다 비행기 떴다" 하고 노래 부르며 뛰어놀았었다. 고등학교 재학 시절에는 김찬삼 여행가가 직접 우리 학교를 찾아 강연한 적이 있었는데 그때 그의 세계 여행기를 듣고 무척 부러워했던 기억이 있다.

그 후 오지 여행가 한비야의 이야기 등 외국 여행은 항상 동경의 대상이었다. 그러니까 동남아 여행은 내 마음속 깊이 간직한 그동안의 꿈과 간절함이 폭발한 것인지도 모른다.

대우그룹 김우중 회장이 쓴 자서전 『내 사랑하는 젊은이들에게, 세계는 넓고 할 일은 많다』를 읽고 깊은 감명을 받고, 세계 곳곳을 다녀 보고 싶다는 생각을 늘 했다.

부모님 뒷받침으로 큰 고생 없이 학교 교육을 마치고 사회인이 되어 첫 직장을 중등학교 교사로 근무하게 된 후 교직을 천직(天職)으로 생각하고 지내면서 꿈 하나는 있어야겠다고 생각했는데 그것이 바로 여행이었다.

8월 1일 설렘과 들뜬 기분으로 김포공항 출국심사를 거쳐 여행길에 올랐다. 태국 방콕까지 여섯 시간이다. 처음 해외여행이라 두렵고 긴장되었지만, 출국부터 귀국까지 여행사의 인솔자와 동행하여 큰 어려움 없이 여행할 수 있었다.

지역을 이동할 때마다 입국심사, 호텔, 음식점 등 현지 가이드가 자세한 설명과 안내를 해주었고, 나는 여행하면서 보고 듣고 한 것을 자세히 기록해 두었다.

태국은 인구의 90%가 불교를 믿는다고 한다. 여행하다 보면 곳곳에 크고 작은 사원과 스님을 발견하곤 했다. 태국의 아침 풍경은 탁발로 시작된다. 스님이 동네를 돌아다니며 사람들에게 공양받고 기도해 주는 모습을 볼 수 있다. 지나가다 보면 공원에서 춤을 추듯, 아침 운동을 함께하는 모습도 볼 수 있었다. 태국의 왕궁을 관람하게 되었는데 오랫동안 궁중문화를 잘 보존하고 있었다.

왕궁은 1782년 루아 램프라 왕에 의해 처음 건립되었으며 현재의 구왕궁으로 사용되고 있다. 왕릉은 왕궁 내부에 있으며, 왓포사원의 와불상과 역사박물관은 문화유적지로 보존하고 있다. 방콕을 대표하는 볼거리로 아름다운 건축물을 꼽을 수 있는데 그중의 하나인 왓 아룬은 아름답고 높은 탑으로 유명한 사원이다.

그 밖에도 방콕은 차이나타운, 악어농장, 악어 쇼, 코끼리 투어, 수상시장, 야시장, 발 마사지 등 관광할 것이 많았다. 교통수단도 버스, 택시, 오토바이, 툭툭 차, 수상 배 등 다양해 소소한 재미도 많다.

방콕에서 동남쪽으로 150km 정도 거리에 있는 파타야는 휴양 도시로 바닷가 해변이 아름답다. 거기서 유명하고 인기 높은 알카자쇼를 관람했다.

방콕 여행을 마치고 한국으로 돌아갈 때 홍콩을 경유하여 홍콩 여행을 했다. 빌딩 숲으로 쌓인 홍콩은 '잠들지 않는 홍콩의 밤거리'란 말이 있듯 야경으로 유명하다. 화려하고 모든 문화가 있는 곳 홍콩은 누구든지 서로 만나 즐길 수 있는 장소로 널리 알려져 있다고 한다.

홍콩에서 가까운 마카오도 들렀다. 마카오는 페리호로 1시간 정도 거리인데 중국에 속해있는 특별 행정구역인 마카오는 과거 400년 동안 포르투갈의 지배를 받다가 중국에 반환되었다. 동서양이 만나는 아시아의 작은 유럽으로 통한다. 마카오는 세계 최대 규모의 카지노

도시로도 유명하다. 성 도미니카, 성 바울 유적지가 있으며, 성 안토니오 성당은 김대건 신부가 공부하던 곳으로 그의 초상화가 있다.

여행 기간 태국에서 후덥지근한 날씨로 조금 고생하고 호텔 주변의 도마뱀과 혐오감을 주는 코브라도 신경이 쓰였다. 음식점이나 거리에서 고양이들을 쉽게 보기도 했다. 하지만 여행 기간 잠자리나 음식은 크게 불편하지 않았고, 예정된 날짜에 무사히 귀국하였다.

살면서 때때로 여행이 필요하다. 삶이 힘들고 지쳐 있을 때, 가던 길이 막혔을 때, 새로운 활력이 필요할 때, 일어나 여행을 떠나 보는 것도 필요하다. 여행은 나의 삶을 뒤돌아 보고, 새로운 희망을 찾아 사색하는 시간이다.

그러나 여행에서 우리는 이내 곧 돌아와야 한다. 여행의 목적지는 늘 달라도 되돌아오는 곳, 가족이 기다리고 있는 집은 늘 같은 곳이다. 여행을 통해 우리는 새로운 세계와 만난다. 여행 중 새롭게 찾아낸 나를 보면 가슴 가득히 용기와 행복이 생긴다.

첫 해외 여행의 기념으로 문고에 들러 지구본을 샀다. 내 책상 위에 올려놓고 '넓은 세상 여행을 통해, 나를 찾는다'라고 써 놓았다.

〈1990년 8월 20일〉

서로의 관계

부모와 자식의 관계는
사랑과 공경, 믿음의 관계

형과 아우의 관계는
사랑과 우애의 관계

남편과 아내의 관계는
사랑, 믿음과 평등의 관계

정치가와 국민 관계는
공정과 정의, 신뢰의 관계

신과 사람의 관계는
절대적 주종의 관계

서로의 관계가
잘 유지되어야 평화롭다.

〈2022년 4월 25일〉

제주도
여행기

　1991년 1월 15일부터 1월 17일까지 2박3일 동안 우리 가족은 겨울 방학을 이용해 교직원 가족을 위해 교원연금관리공단이 주최하는 제주도 여행을 다녀왔다. 딸 진희는 중2, 아들 재국이는 초등 5학년으로 생전 처음 비행기를 탄다는 호기심에 여행 전날 밤, 들뜬 마음으로 잠을 이루지 못했다.

　제주도 하면 우리는 흔히 신혼여행으로 다녀오는 곳으로 떠올리거나 우리나라에서 제일 큰 섬, 남국풍의 이국적인 정취를 느끼게 하는 곳으로 생각한다.

　지난 일이지만 우리 부부는 결혼식 후 제주도로 신혼여행을 갈 계획이었다. 그런데 전국에 계엄령이 발령되어 제주도는 못 가고 온양온천을 다녀와 아쉬운 마음이 컸었는데 이번 기회에 자식들과 함께 가족여행을 가기로 한 것이다.

　나와 아내 역시 처음 가는 제주여서 떠나는 당일 우리 가족은 모두 설레는 마음으로 택시를 타고 김포공항 국내선에 도착하였다. 오후 2시

55분 비행기에 탑승, 제주도를 향해 가는데 두 녀석은 비행기 기창(機窓)으로 발아래 세상을 신기한 듯 내다본다. 구경거리가 많은가 보다.

나도 창밖을 바라봤다. 구름 위로 파란 하늘을 만날 수 있었고, 뭉게구름이 찬란하고 아름답게 떠 있었으며 그 아래로 보이는 집들은 바둑판 같았다. 빼곡히 들어서 있는 아파트와 빌딩 숲, 그리고 산과 들, 바다가 넓게 펼쳐져 있다.

두 아이는 처음 느끼는 기분을 가누지 못한 듯 연신 신기해한다. 그러다 40분 만에 제주도 공항에 착륙하니 아쉬운 표정을 짓는다. 공항에 도착하자마자 주최 측에서 미리 대기해 놓은 버스 편으로 호텔로 이동, 여장을 풀었다. 첫날은 저녁 식사 후 숙소에서 그냥 지내고 내일부터 관광이 시작된다고 한다.

둘째 날 아침 일찍 호텔에서 식사하고, 준비된 버스 편으로 제주의 명승고적을 찾아 관광을 시작했다. 일출 명소로 알려진 성산 일출봉은 시간 관계상 그냥 지나쳤다. 좀 아쉬웠다.

서귀포 중문 관광단지로 이동, 제주 감성이 녹아 있는 정겨운 돌담집을 보고, 식물원에 들러 남국의 향취가 물씬 풍기는 각국의 다양한 꽃과 열대 나무를 만나 볼 수 있었다.

이어 박물관에 들러 해녀들의 생활상을 두루 살펴보고, 천지연 폭포로 이동했다. 폭포에서 떨어지는 물줄기가 물거품을 만들어 내는 모습은 가히 환상적이었다. TV 또는 매스컴을 통해서만 보았던 제주의 아름다운 풍물을 실제 와서 직접 보니 생동감이 넘친다.

다음으로 들른 곳은 제주도에서 가장 아름다운 협재해수욕장이다. 겨울이라 수영은 못하고, 해변을 거닐면서 주변의 경관을 만끽했다. 마지막 날에는 용두암과 삼성혈을 구경했다. 그리고 한라산 기슭에 들렀는데 정상까지는 올라가지 못하고 주변 가까이 가서 바라보기만 했다. 가는 곳곳마다 기념 촬영을 해두었다. 이어 감귤농장에 들러 직접 재배한 감귤이랑, 바나나를 맛보았다.

바닷가에 들려 싱싱한 회도 사 먹었다. 한 접시 시켰는데 금방 바닥이 드러난다. 아내는 어릴 때 인천 바닷가에 자라서 회를 좋아한다. 두 녀석도 더 먹고 싶은 눈치다.

한 접시 값이 만만찮아서 주저주저하고 있는 나를 보고, 아내가 아끼지 말고 돈 써야 한다면서 두 녀석에게 양껏 먹게 사준다. 이럴 때 돈이나 많았으면 얼마나 좋을까, 교사 박봉인 내 신세가 한스러웠다.

가이드가 이번 여행 기간처럼 날씨가 좋은 적은 드물다고 했다. 자주 비가 오고 안개가 끼고 해서 특히 한라산을 잘 볼 수 없는데, 이번 여행객들은 한라산의 자태를 선명하게 볼 수가 있었다며 행운이라고 덧붙인다.

여행 중 걷는 일이 많았지만, 자식들이 제 발로 걸어 다니니 편했다. 어릴 때 업고 메고 다니던 것을 생각하면 이동이 한결 수월해진 것이다. 제주는 곳곳에 여러 즐길 거리가 있어 눈과 입이 쉴 틈 없이 바빴다. 아쉬운 건 이번 여행에서 아내의 몸이 불편했던 게 마음에 좀 걸렸다.

지난해 여름방학 다녀왔던 동남아 3개국(태국, 홍콩, 마카오) 여행 때는 6박 7일 동안 아내는 매우 활기가 있었는데 이번엔 평소 집안일로 피로가 겹쳤는지, 큰 병이 난 것은 아니지만, 구안와사가 와서 응급 처치를 해야 했고 다행히 무사히 귀가할 수는 있었다.

두 녀석은 2박 3일 동안 비행기도 타보고, 감귤, 바나나도 실컷 먹고, 식사 때 특식으로 나온 제주도 토종 흑돼지 고기도 먹어봐서 그런지 매우 즐거운 듯하다.

돌아오는 길에 제주농장에서 판매하는 파인애플을 한 상자 샀다. 저녁 5시 귀가 비행기에서는 두 녀석은 그동안 피곤했는지 탑승하자마자 잠에 떨어졌다.

이번 여행을 통해서 가족이라는 것을 새삼 느꼈다. 자식들은 부모에게, 부모는 자식에게 더욱 사랑과 신뢰를 쌓을 수 있는 계기가 된 것 같아 화목한 가정이 된 듯싶었다.

나는 인문계 고등학교에서 매일 바쁜 생활을 하고 있다. 일류대학 진학률을 높이기 위해 치열한 경쟁을 부추기는 우리나라 교육 입시 제도하에서 고3 진학 담당까지 맡은 나는 새벽부터 밤늦게까지 몹시 바쁜 생활을 하고 있어 그동안 가정에 충실하지 못하고 지낸 것 같아 미안한 생각이 들었다.

앞으로 좀 더 즐거운 가족여행을 위해서는 경제적 여유와 시간 여유를 갖고 더 넉넉한 마음으로 다녀올 수 있도록 준비를 잘해야겠다고 다짐해 본다.

〈1991년 1월 20일〉

지도자 해외연수, 중화민국

1992년 여름방학을 이용해 한국청소년연맹 하계 지도자 해외연수로 중화민국을 8월 7일부터 14일까지 다녀오게 되었다. 중화민국 청소년구국단과 우리나라 한국청소년연맹이 국가 간 친선을 도모하기 위해 열린 행사에 초청받아 출국하게 된 것이다.

중화민국 청소년구국단은 1952년 장개석의 추천을 받아 세워졌다. 원래의 창설 목적은 군에 징병되기 전 청소년에게 기초군사훈련을 제공하기 위함이었다.

한국청소년연맹은 청소년들에게 전인 교육과 다양한 심신 수련을 통해 올바른 국가관과 윤리관을 심어주고 우리의 전통문화를 계승 발전시키며 세계를 향한 진취적 기상을 함양케 함으로써 민족의 통일 번영과 국제사회에 이바지할 수 있는 건전한 미래 세대를 육성하기 위해 설립된 단체다.

1981년 3월 문교부 승인을 받아 설립되었다. 각 시도 단위로 유치원에서 대학까지 학생 및 근로 청소년 중 희망자로 조직하며 정신교육,

집체훈련, 국토 순례, 야영, 해양 훈련 등을 실시한다.

출국 전 소집 연수 교육을 받아야 했다. 학교당 1명씩, 전국 각지에서 선발된 중등교사 20명이 교육 장소인 경기도 광명시 소재 근로자 종합복지관 모여 1박 2일 일정으로 교육을 받았다.

나는 집에서 여행 준비를 하고 오후 2시 교육 장소에 도착했다. 연수원장의 인사말을 들은 후 3시부터 연수 일정계획에 따라 교육을 받았다. 교육은 VTR 상영 등으로 진행됐고, 늦은 저녁 일과를 마무리하는 '종합 정리'의 시간을 보낸 후 21시에 취침하였다.

다음날 6시에 기상, 아침 식사 후 버스에 탑승, 김포공항으로 이동했다. 8시 30분 대북 발 대한항공 편으로 출국해 2시간 30분 만에 대북 중정 공항에 도착하였다.

우리 방문단 일행은 먼저 14시 30분 한국인 학교를 방문, 견학했으며 이어서 청년반공구국단을 찾아 관계자들과 인사를 나누고 간담회를 진행, 첫날 일정을 마쳤다.

2일차 일정은 아침 8시 50분부터 시작했다. 국부 손문과 초대 총통을 지낸 장개석을 기념하기 위해 지은 국립 중정기념관에서 참배하고 헌화했다. 이어 초, 중학교 교사 연수회를 참관하고, 고궁 박물관을 관람하였다. 고궁 박물관은 중국 근세사와 밀접한 관련이 있다.

중화민국은 근세 이후에야 세계사에 본격적으로 등장했다. 중화민국의 주류인 한족은 청나라 통치 당시인 약 400년 전에 타이완섬에 진출했다. 청일전쟁 이후 50년간 일본의 식민 지배를 받았으며, 1949년 중화인민 공화국을 수립하였다.

그런데 장개석이 이끄는 국민당과 모택동이 이끄는 공산당의 국공합작이 붕괴하면서 내전에서 패한 장개석과 국민당군은 타이완섬으로 쫓겨가는 신세가 되었다. 이때 이들은 중국 본토에서 수많은 국보급 보물을 가지고 왔는데 그 보물들이 고궁 박물관에 소장되어 있다고 한다. 그 일부를 관람할 수 있었는데, 공개되지 않은 어마어마한 보물들이 수장고에 보관되어 있다고 한다.

  3일차 일정부터는 중화민국의 주요 지역에서 연수가 이뤄졌다. 일차 별로 간략하게 지역과 일정을 정리하면 다음과 같다.

  3일차 화란: 아침 8시 50분, 화란으로 출발, 태 누런 오이, 연자구, 구곡동, 자모 교동, 명승지 풍경 감상, 이어 천상으로 출발, 천상 청년 활동 중심 방문

  4일차 화련, 태중: 아침 8시 30분 동서 횡관공로 풍경 감상

  5일차 태중, 고웅: 아침 9시 30분 대만 정부 방문, 이어 고웅으로 출발, 삼신 상업직업 학교 방문

  6일차 고웅, 간정: 아침 8시 30분 등청호 관람, 불광사 관람, 감정국 가공원 감상

  7일차 간정, 대북: 아침 8시 30분 고웅으로 출발, 국내선 비행기 탑승, 대북으로 출발, 무역센터 방문, 자유 활동

  8일차 대북, 서울: 오전 11시 대북에서 서울로 출발, 15시 40분 김포공항 도착, 입국 절차 완료 후 해단식.

  연수 중 보고 느꼈던 것도 많았지만, 중국 역사에서 빼놓을 수 없는 주역인 국부 손문과 국민당의 장개석, 공산당의 모택동, 대부호 공상희 등 중국 근현대사에서 이름을 남긴 거물들의 발자취를 볼 수 있었던 점이 가장 인상 깊었다.

  이들에게는 흥미로운 공통점이 있다. 모택동을 제외한 이 세 사람의 부인이 모두 친자매라는 사실이다. 자수성가한 기업가 송 가수(쑹

의 세 딸이다. 첫째딸 송애령은 쿵 상시(중국의 대부호)의 부인, 둘째딸 송칭령은 손문(중화민국의 국부)의 부인, 셋째딸 송미령은 장개석(중화민국 총통)의 부인이다. 이들 세 자매는 남편을 이용하여 부와 명예, 권력을 한 손에 넣었다. 열정적인 삶을 살았던 그녀들은 여성으로서 정치에 큰 활동을 펼쳐 중국의 역사적인 인물로 남아 있다.

중화민국은 국토의 55%가 산악지대로, 남북으로 중앙산맥이 뻗어 있다. 과일의 천국이라 불릴 만큼 사시사철 맛있는 과일이 풍성하다. 아직 중국은 중화민국을 통일된 국가로 인정하지 않고 있다. 타이완섬을 기회 있을 때마다 중국으로 귀속시키려고 하고 있다.

중화민국은 아직 유엔에 가입하지 못하고 있으며, 이에 대처하기 위한 방편으로 우리나라, 일본 등 주변 나라들과 반공동맹을 맺고 있는 상태다.

연수 동안 양국 간 관계자들이 서로 대화와 의견을 나누며, 청소년의 미래를 함께 걱정한 것이야말로 가장 보람 있었다.

〈1992년 9월 1일〉

황혼의
길목에서

서녘을 바라보며
황혼의 길목에서
오래된 기억을 지우며
빈자리에 내가 서 있네

바람 따라 세월 따라
굽이굽이 걸어온 길
세월을 한탄하랴
내 청춘을 원망하랴
슬퍼 마라 서러워 마라
인생이란 그런 것

삶의 뱃머리에서 견뎌내자 품은 희망은
왠지 허전한 가슴

흐르는 물과 바람
속절없이 세월은 가고
인생도 가고 사랑도 가고
살면서 힘들 때는 숨어서 울었다

가진 게 뭔지, 사는 게 뭔지
반복되는 세월 속에
세상 좋아 내 나이가 어때서
인생 백세 노래하지만
기나긴 여정 물어 물어 가는 길
인생은 고해(苦海).

중국
여행기

　기다리던 여름방학이 다가오자 벌써 나의 마음은 여행길에 올라 있었다. 중국 여행을 떠나기로 작정했기 때문이다. 2001년 7월 18일 여름방학이 시작하자마자 아내와 중국 여행 준비를 서둘렀다.
　이번 여행은 강서구 한국자유총연맹에서 주관해서 비용이 저렴하고 무엇보다 믿고 다녀올 수 있어서 좋은 기회라고 생각했다.
　7월 27일부터 8월 3일까지 7박 8일 동안 북경, 만리장성, 천진을 중심으로 여행을 떠나게 된다. 7월 27일 오후 2시 집결지에 도착하니, 미리 준비된 봉고차로 인천항으로 출발, 40여 분만에 도착, 승선 절차를 밟기 시작했다.
　각지에서 모인 여행객들로 찜통더위의 대기실은 꽉 차 있었다. 초등학교, 중고등학교 학생들도 여름방학을 이용해 단체여행을 가는지 여객 대기실은 북새통이었다.
　출국심사가 끝나고, 5시 50분 승선하기 시작했다. 600여 명을 태울 수 있는 대형 여객선 천인호(天仁號)는 승선 완료 후 6시 30분 인천항을 빠져나가기 시작, 중국을 향해 저녁 바다 깊숙이 물살을 가르며 달리기 시작한다. 뱃고동 소리와 함께 중국 땅을 처음 밟아본다는 벅찬 마음으로 선창 밖 수평선을 바라보니 마음은 요동치고 이상야릇한 호기심이 발동한다.

망망대해 가운데 선실에서 하루를 보내자니 지루하기도 하고 해서 아내와 같이 여객선 실내를 두루 구경하고 오락장, 노래방, 카페, 휴게실 등 돌아보다가 카페에 들어갔다. 밤 8시 초저녁이라 그런지 몇 명의 손님들이 둘러앉아 술을 마시고 있었다. 빈 테이블에 앉았다.

종업원이 우리가 앉은 테이블에 와서 주문을 받길래 맥주를 시켰다. 조금 있으니 사람들이 모여들기 시작해 어느덧 홀 안은 가득 찼다. 마이크로 흥겨운 노래를 부르고 춤을 추며 분위기가 무르익어 갔다.

한정된 홀 안에서 우리와 테이블 합석을 하게 된 분들과 이야기를 나누다 보니 그들은 중국과 인천을 왕래하는 장사꾼이었다. 그들과 술을 서로 주고받으며 재미있는 이야기를 나누다 밤 1시경 숙소로 돌아왔다.

7월 28일 오전 6시에 기상했다. 여객선 안에 샤워장, 화장실이 잘 갖추어져 있었다. 나는 간단히 샤워하고 아침식사를 7시에 배식받았다. 한국 사람들을 위해서인지 음식과 반찬이 모두 우리가 늘 먹는 것과 다를 바 없었다. 김치, 된장국 등을 그런대로 맛있게 먹었다. 아침 식사 후 기념사진도 찍고 망망대해를 바라보며 감상에 젖기도 했다. 배는 쉬지 않고 중국을 향해 가고 있고, 저녁 식후 6시 30분 천진항에 도착하였다.

입국심사를 마치고 나니, 저녁 7시가 넘어 출입국 관리 건물을 빠져나와 대기한 버스를 타고, 북경까지 2시간 동안 달려 9시경에 북경 호텔에 도착, 안내원으로부터 호실 배정을 받아 입실해서 여장을 풀었더니 밤 11시가 넘었다.

7월 29일 아침 6시에 일어나 호텔에서 아침식사를 했다. 중국식이라 확실히 기름기가 많았고, 배에서 먹은 음식과는 다르다. 아내가 집에서 가지고 온 고추장과 김치로 식사했다. 옆자리 일행에게도 조금씩 나눠 주었다.

식사를 마치고 9시에 버스로 첫 여행 코스인 천안문 광장에 이동했다. 넓고 웅장한 광장이 인상적이었다. 천안문 벽 중앙에 걸려 있는 모택동의 사진은 아직 자신이 살아 있다는 듯 건장함을 보여주는 것 같다. 해방 후 김일성의 남침을 도운 장본인인 그가 남북의 분단에 영향을 주고 우리 민족의 통일을 가로막고 고통을 안겨준 것을 생각하니 미운 마음이 들고 마음 한편이 아프고 씁쓸하다.

이어 자금성을 둘러봤다. 그 옛날의 웅장한 모습이 여전했고 한눈으로 봐도 과거의 영화가 실감나게 전해왔다. 이어 인근 마을에 들러 민속춤을 관람하고, 점심은 중국음식점에서, 저녁은 매화원이라는 한국음식점에서 먹었다. 이어 중국 전통 서커스를 관람하고 숙소 호텔로 이동했다. 피곤하여 일찍 잠자리에 들었다.

7월 30일, 중국에서 유명한 한의 연구원을 견학하게 되었다. 이 한의원은 김일성이 몸이 불편하여 치료차 다녀간 적이 있고, 모택동과 주근래 등이 다녀갔다고 한다. 건강에 관한 강의를 듣고 난 후 진맥도 해 보고, 간단한 안마도 받아보았다. 피부병 화상에 좋다는 약을 하나 샀다.

오후에는 공자묘를 견학했다. 저녁식사는 호텔 건너편 식당에서 오리요리와 고량주를 곁들여 중국의 별미 음식을 맛보았다. 어느덧 북경에서의 마지막 밤이다.

7월 31일 아침 식후 버스로 이동해 관광지로 유명한 용경협 계곡에 도착했다. 이 계곡은 아름답고 경치가 너무 좋아 장쩌민 주석이 직접 지시하여 관광지로 개발한 곳이다. 용이 하늘로 승천하는 모양의 협곡을 따라 유람선을 타고 20분 동안 돌아본 계곡의 경치는 정말 아름다워 감탄을 금치 못하였다.

오후에는 만리장성으로 향했다. 걸어 올라가면 시간이 걸리는지라 케이블카를 타고 올랐다. 성을 쌓기 위해 수많은 인원이 동원되고, 많은 사람이 죽었다고 한다. 그때 당시 만리장성에 동원령이 내리면 무기 징역이나 마찬가지로 생각하였으며, 살아서 돌아오지 못하는 곳이라고 했다. 진시황의 욕심이 많은 사람을 희생시켰다고 생각하니, 그동안 책을 통해서만 알고, 들어 느꼈던 감정이 실제 현장에 와서 보니 더욱 마음에 사무쳤다.

만리장성 꼭대기에서 산허리로 성을 쌓아 놓은 것을 구경하고 내려오니 어둑어둑한 시간이다. 처음 들렀던 매화원 한식집에서 저녁을 먹은 후 천진으로 향했다. 도착하여 호텔에 입실하니 밤 10시가 넘었다. 피곤이 온몸을 느슨하게 만든다.

8월 1일, 아침 6시 30분에 호텔에서 제공하는 식사를 하고 버스로 이동해 주은래 박물관, 군사박물관을 관람하고 오후에는 호수 관람을 한 뒤 중국 고풍 가게에도 들렀다가 숙소로 돌아왔다.

저녁에는 중국 전통 야시장에 들러 쇼핑도 하고, 골목 야시장 목로주점에서 중국의 향취를 마음껏 느끼며 놀다가 밤 1시경에 호텔 숙소에 돌아왔다.

8월 2일, 호텔에서 아침 식사를 7시에 하고 귀국 준비를 했다. 9시에 호텔에서 버스로 출발, 천진항으로 향했다. 천진항에 12시경에 도착, 출국심사를 마치고 승선했다.

점심 및 저녁에는 그동안 친하게 지냈던 일행과 식사하고, 망망대해 밤바다를 함께 바라보았다. 어느덧 한마음이 된 우리는 귀국선에서 한잔하면서 즐거운 시간을 보냈다.

8월 3일, 아침식사 후 잠시 쉬고 있는데, 카페에서 합석했던 장사꾼이 나에게 접근해 아르바이트를 하라고 한다. 고추 포대를 하나 인천항 밖으로 들고나와 주면 사례를 하겠다고 하기에 안된다고 거절했다. 이런 일을 생각 없이 하다가 밀수범으로 몰려 망신당하는 사람들의 모습을 뉴스로 보았다.

인천항에 도착한 시간은 오후 1시. 입국 심사를 마치고 출입국 사무실을 빠져나오니, 한국자유총연맹 강서협의회에서 마중 나온 봉고차가 반갑게 우리 일행을 맞이한다.

집에 도착하니 오후 3시다. 기다리고 있던 아이들이 반갑게 맞이한다. 미안한 마음에 아이들과 저녁 외식을 하였다. 평소 몸 건강이 걱정됐던 아내가 여행 기간 무사히 다녀온 것이 감사하다.

이번 여행은 현지를 직접 보면서 역사 공부를 많이 해 의미가 더 깊었다. 중국이라는 나라가 미래에는 어떠한 모습으로 지구상에 비칠지 궁금한 생각이 들어 여행의 여운을 더한다.

〈2001년 8월 10일〉

미국 서부
여행기

 미국에서 사는 친구가 편지와 전화로 꼭 한번 만나고 싶다며, 자신은 몸이 불편하니 나보고 관광 겸 미국 집으로 왔으면 한다고 연락을 해 와서 아내와 상의한 후 가기로 했다.
 여름방학이 시작되어 본격적으로 여행을 준비하고 2002년 8월 6일 아내와 함께 간편 차림으로 인천공항을 향해 집을 나섰다.

 1일차; 정오에 집에서 출발하는데 비가 쏟아져 우산을 꺼냈다. 집 앞에서 택시를 타고 김포공항까지 가서, 다시 인천국제공항까지 가는 공항 전용 버스를 탔다. 오후 1시 30분경 인천국제공항에 도착하였다.
 비는 계속 내리고 있다. 경험상 여행할 때는 될 수 있으면 간단히 다니는 게 편리하여서 배낭 속에는 될 수 있는 한 짐을 많이 넣고 다니지 않기로 했다. 그래서 우산도 다른 사람이 이용하도록 공항 쓰레기통 옆에 세워 놓았다.
 비행기 탑승까지는 시간이 많이 남아 있어 가락국수 가게에 들러 점심을 먹은 후 공항 안을 이리저리 구경하고 다녔다. 새로 지은 인천 국제공항은 웅장하고 멋져 세계적으로도 손색이 없다고 한다. 우리나라가 더욱 발전하는 모습이 대단하고 자랑스럽고 자부심을 느꼈다.

오후 5시 여행사 직원이 출국 수속을 해주었다. 비가 계속 쏟아지기 때문에 몹시 걱정했지만 7시 30분에 탑승한 아시아나 비행기는 미국을 향해 하늘 높이 날아가 11시간 만에 미국 시간 오후 2시 30분에 샌프란시스코에 안전하게 도착하였다.

2일차; 8월 7일, 한국과 미국의 시차는 12시간이다. 지금 한국은 밤이고 미국은 낮이다. 시곗바늘과 날짜를 하루 앞당겨 놓았다. 공항을 빠져나오니 마중을 나온 여행사 직원과 가이드가 우리를 친절하게 맞이한다.

대기 버스에 탑승하니 우리를 포함한 각처에서 온 여행자 42명이 타 있었다. 가이드는 오늘부터 한 가족이 되어서 일주일간 잘 지내야 한다고 하면서 여행 중 지켜야 할 주의 사항과 여러 가지 설명을 해준다.

곧이어 샌프란시스코 시내 투어를 시작했다. 유람선도 탔는데 유명한 금문교도 보았다. 강 주변 건물 등을 일일이 설명해 주던 가이드는 금문교가 대표적인 자살 장소로도 유명하다고 말했다.

멀리 보이는 알 카트라 섬은 중범죄자들의 수용소였다고 하는데, 이곳에 수감된 이들은 죽어서 나간다고 한다. 부둣가에는 모여 있는 물개들이 인상적이다. 미국인들이 살고 싶어 하는 1위 도시가 샌프란시스코라고 한다.

아름다운 관광 복합센터가 위치한 피어 39거리를 돌아보며 커피도 한잔했다. 차이나타운 등 시내 관광을 하고 저녁은 한국 사람이 운영하는 한일관 식당에서 하였다.

저녁 8시에 호텔에 도착 여장을 풀었다. 미국 땅에서 첫 밤을 맞이하는 기분을 그냥 보낼 수 없어 맥주를 한잔하면서 있다가 12시 잠자리에 들었다.

3일차; 8월 8일, 모닝콜 소리에 일어나 보니 7시다. 8시에 호텔 식당에서 빵과 과일로 간단히 식사했다. 오전에 캘리포니아 대농장을 둘러보고, 이어 버스에 탑승해 요세미티 국립공원으로 이동, 관람한 후 건포도 및 오렌지밭 후레스노 농장을 둘러봤다. 밤 10시경 호텔에 도착하였다.

4일차; 8월 9일, 아침식사 후 8시 버스에 탔다. 버스는 가도 가도 끝없는 광야의 길을 질주했다. 차창 밖을 바라보면서 미국이 정말 넓은 나라구나 하는 생각이 절로 든다.

미국의 최대 곡창지대 후레스노 베이커스 필드를 지나 바스토우에서 개척 시대의 모습을 재현한 캘리코 은광 촌을 관람하고, 계속 넓고 끝이 안 보이는 사막을 달려 오후 5시에 라스베이거스에 도착하였다.

저녁식사 후 라스베이거스의 야경을 둘러보고, 세계적으로 유명한 '쥬빌리쇼'를, 값이 비싸지만 안 보고 가면 후회할 것 같아 관람했다. 의상이 너무나 화려하고 과연 대단한 쇼였다.

라스베이거스는 도박의 도시라고 해서 궁금증이 들어 게임장에 가 보았다. 혹시나 하고 게임을 했다. 5달러를 잃고 나왔다. 이곳에 게임장에는 시계가 없다고 한다. 늦은 밤 11시에 호텔로 돌아왔다.

5일차; 8월 10일 아침 7시에 식사를 하고 라스베이거스를 뒤로하고, 세계 최대의 인공호수인 미드호를 거쳐, 세계 7대 불가사의 중 하나인 그랜드캐니언에 도착했다. 그 광활한 경관이야말로 표현할 수 없는 감동을 주었다.

계곡마다 펼쳐있는 그 모습을 보니 "야! 굉장하구나"라는 감탄의 말이 절로 나온다. 고등학교 시절 국어 시간에 배웠던 천관우 작가의 수필 「그랜드캐년」의 내용이 되살아난다.

실내 전망대에서 기념사진을 찍고 선택사항으로 협곡 사이를 경비행기를 타고 지나가는 코스가 있다는데 나는 고소공포증으로 신청하지 않았다. 대신 그랜드캐년 아이맥스 영화관에 들러 관람하였다, 이어 콜로라도의 강변 도시 라플린에서 석식 후 호텔로 돌아왔다.

6일차; 8월 11일 아침식사 후 라플린으로 출발했다. 그곳에서 광산촌을 둘러보고 로스앤젤레스로 이동해 시내 관광을 하고 점심 식사 후 오후에는 할리우드 스타 거리를 관광했다. 차이니스 극장 관람, 다운타운 쇼핑 후 '만리장성'이라는 중국음식점에서 저녁식사 후 공항까지 버스로 이동하였다.

나와 아내는 공항에서 그동안 함께했던 일행과 작별 인사를 나누고 미국에 온 원래 목적인 친구 안달홍을 만나기 위해 전화 연락을 했다. 저녁 8시경 친구의 부인이 승용차로 우리를 마중 나왔다.

친구 부인이 운전하는 차를 타고 한인타운에 사는 집에 도착했다. 친구는 나를 보자 반가움에 나를 붙잡고 한참 동안 흐느끼며 운다. 고국 떠나온 지 20년, 그동안 온갖 고생하며 살아온 지난 일들과 중풍으로 쓰러져 불구가 된 몸 등 설움이 북받쳐 흐느껴 울었을 것이다.

우리는 밤늦도록 옛날 서울에서 함께한 젊은 시절의 이야기를 나누다가 2층 큰아들 방이 비었다고 해서 여장을 풀고 12시경 잠자리에 들었다.

친구 안달홍은 내가 서울에서 대학 다닐 때 알게 되었다. 달홍이는 대구가 고향이었는데 여름방학 때 부모님이 계신 대구 집에 같이 내려갔던 적이 있다. 대구 시내에 있는 성공회 사택이 집이었는데 친구 아버지는 몸이 불편하여 누워 계셨다. 친구 말에 의하면 아버지께서 일제강점기 때 독립운동하시다가 감옥살이를 오랫동안 하셨고, 그 후 유증으로 고생하고 계신다고 했다. 어머니가 간호 시중을 들고 계셨다. 며칠 후 달홍이 아버지는 돌아가셨다. 친구의 둘째형이 성공회 신부였고, 그 가족들이 모두 성공회 교인이다.

친구와 나는 한동안 자취생활을 같이 하며 지냈다. 친구와 나는 어느 추운 겨울날 돈도 한 푼 없고 배는 고파 그냥 굶고 누워 있었다. 친구가 갑자기 나가자면서 남대문시장에 가더니 자기가 입고 있는 좋은 가죽 점퍼를 중고 옷 가게에 팔아, 면 점퍼로 바꿔 사 입고 남은 돈으로 시장 음식점에 들러 배부르게 먹었다. 의리와 우정으로 맺은 친구다.

친구는 얼마 후 자원해서 육군에 입대하였다. 돈 벌어 오겠다고 월남 백마부대에 지원하기도 했다. 나도 그 이듬해 영장이 나와 군에 입대하였다. 서로 편지 연락을 하며 지내다가 제대 후 친구는 돈 벌겠다고 학교도 복학하지 않고 생활전선에 뛰어들었다.

돈도 벌고 집도 마련하고 생활이 안정되자 결혼도 하였다. 그러다 성공회 신부인 둘째형이 미국으로 발령이 나서 가게 됐는데 그 후 첫째형, 셋째형 식구들이 미국으로 이민 갔고, 막내인 친구가 어머니를 한국에서 모셨다.

그 후 나도 결혼하고, 우리는 서로 오가며 가족들끼리도 잘 지냈다. 친구는 아들 둘을 낳고, 나는 딸, 아들을 두었다. 친구는 우리 딸을 보고 나중에 며느리 삼겠다고 예뻐해 주었다.

그 후 친구 어머니마저 돌아가시고 친구도 미국으로 이민을 갔다. 친구는 이민 가기 전에 신학교를 졸업하고 목사가 되었다. 친구는 이민 가서 목회활동을 잘한다고 했고, 가끔 한국에 나올 때면 내 집에서 묵기도 했었다. 국제전화로 첫째아들 민식이가 MIT 공대를 우수한 성적으로 입학했다며 자랑하기도 했다.

세월은 흘러가고 우린 전화와 우편으로 서로 소식을 지내며 살았다. 그러던 어느 날 친구가 갑자기 중풍으로 쓰러졌다고 연락이 왔다. 큰 고생을 하며 많은 노력으로 회복은 되었으나 후유증으로 정상적인 활동을 못하며 지내고 있다는 소식을 듣고 있다가, 친구가 여행 삼아 미국으로 꼭 한번 오라고 했고, 그래서 이번 여행을 하게 된 것이다.

7일차; 8월 12일 아침에 눈을 뜨니 8시가 넘었다. 늦잠을 잤다. 며칠 동안 촘촘한 여행 일정과 시차로 시달렸던 것이다. 친구 부인이 해주는 한식 아침밥을 먹었다. 친구 집은 2층 콘크리트식이다. 2층은 침실이고 1층은 침실과 거실 겸 식탁이 따로 분리된 주택이다. 뒷마당이 있고 창고도 있다. 대지면적이 200평 정도는 돼 보인다.

친구는 3박 4일 일정으로 그랜드캐년만큼이나 멋진 곳을 보여주겠다며 한국으로 돌아갈 우리 비행기표까지 예약을 해놓았으니, 구경 잘하고 가라고 진심 어린 호의로 권했다. 하지만 나와 아내는 극구 사양했다.

친구가 몸이 불편하고, 귀국할 비행기 예약 표를 보여주면서 성의는 고맙지만, 일정상 안 된다고 했다. 그제야 친구는 물러서면서 그럼 오늘 일요일이니 LA 시내와 가볼 만한 곳에 구경이나 시켜주겠다고 했다. 오전 11시경 친구의 큰아들 민식이가 오늘 집에서 쉬니까 부모님을 위해서 운전하겠다고 나섰다. 멀리 HOLLY WOOD(할리우드)라는 간판이 보였다. 캘리포니아 남부 로스앤젤레스의 중심가 북서쪽에 있는 할리우드는 미국 영화산업의 대표적인 중심지이다.

이어 아름다운 산타모니카 해변을 한눈에 내려다볼 수 있는 '웨스트우드' 산 중턱에 자리 잡은 현대식 '게티 센터' 박물관(J Paul, Getty Center Museum)을 관람하였다. 고대 그리스와 로마의 고미술품과 18세기 프랑스의 장식 예술품 등 고급스러운 작품들이 가득하다. 2층에는 고흐, 렘브란트, 세잔 등 세계적으로 유명한 화가들의 작품들을 볼 수 있었다.

박물관 관람을 하고 시내로 나와 뷔페식 음식점에 들렀다. 푸짐하게 진열되어 한결 더 구미를 당기게 했다. 주인이 우리를 위해서 특별히 음식을 따로 마련해주어 맛있게 먹었다. 식후, 롱 비취라는 경치 좋은 바닷가에 나가 선상 호텔에 들러 커피도 한잔하고 장시간 휴식을 취하다가 밤 10시경 귀가했다.

8일차; 8월 13일 아침 늦게 일어나니 친구 부인은 아침식사를 차려 놓고 직장에 나가고 없다. 오후 1시경에 친구 부인이 집에 돌아왔다. 돌아오자마자 또 나가자고 해서, 친구 부인이 운전하여 '우정의 종각'이 있다는 비닷기 언덕으로 갔다. 전두환 대통령 때 한국 정부가 이 언덕을 매입했는데 1976년 미국 독립 200주년을 맞아 한미 간 우호를 상징하기 위해 한반도 전쟁의 희생자를 위해 대형 종각을 세웠고 LA 시민을 위해 미국에 기증했다고 한다. 전두환 기념식수도 있다. 한국에서 온 여행자들은 이곳을 꼭 한번 둘러본다고 한다.

우리는 다시 바닷가 음식점에 가서 저녁식사를 하고 집에 돌아왔다. 친구의 집에서 여행의 마지막 날 밤을 보내며 친구 가족들과 맥주도 한잔 하면서 밤늦도록 이야기를 나누었다.

9일차; 8월 14일 오후 2시 비행기로 귀국하는 날이다. 오전에 친구와 시간을 보내고 있는데, 12시경에 친구 부인이 회사에서 돌아와 친구와 그 가족들과 석별의 아쉬움을 나눈 뒤 부인의 차로 공항으로 이동했다.

10일차; 8월 15일 오늘은 광복 57주년 기념일이다. 인천공항에 도착하니 오후 2시경. 공항버스를 타고 김포공항에 도착해 다시 택시로 집에 도착하니 오후 4시경이다. 그동안의 긴장과 피곤이 한꺼번에 쏟아져 내린다. 이번 여행은 끈끈한 친구와의 우정의 깊이를 다시금 확인하고 더 깊은 우정을 재다짐하는 좋은 시간이었다고 생각된다.

〈2002년 8월 20일〉

미국 서부 여행, 친구 집 앞에서

L.A '우정의 종각' 앞에서

미국 친구와의 사진

마스크 착용
담소(談笑)

코로나19, 펜데믹으로
마스크를 착용한 지
3년을 지나가고 있다

코로나가 빨리 종식되어
착용 의무가
완전 해제되기를 기다린다.

외출할 때
얼굴이 예쁜 여자는
마스크 벗기를 원하고

얼굴에 자신 없는 여자는
계속 착용을 원하지만

나 같은 늙은이는
마스크 벗었다 썼다 하려니
귀찮다.

〈2022년 7월 11일〉

금강산
여행기

교장실에서 나를 찾는다고 해서 가보니 교장선생님이 나보고 그동안 우리 학교 대학입시 지도로 고생이 많았다며 금강산 여행을 다녀오라고 한다. 서울시교육청에서 주관하는 여행으로 2003년 12월 3일부터 5일까지 2박 3일간의 일정이다.

남북분단 50여 년 만에 우여곡절 끝에 지난 1998년 9월부터 시작된 금강산 관광은 남북 이산가족 상봉의 물꼬를 트는 등 남북 관계를 급진적으로 진전시키는 결정적인 역할을 하고 있다. 금강산 관광은 정주영 현대그룹 회장의 집념으로 이루어낸 성과이다.

예상치 못한 금강산 관광에 들뜬 마음으로 하루하루를 보냈다. 여행 하루 전날 나는 하도 설레서 잠을 설치고 말았다. 드디어 출발일, 새벽 일찍 일어나 피곤함도 잊고 여행 준비를 하고 집결지인 강남 현대백화점 주차장으로 떠났다.

집결 시간이 아침 7시여서 늦지 않게 택시를 탔다. 인솔 책임자에게 신고하고 버스에 올라탔다. 일찌감치 먼저 온 선생님들이 나를 기다리고 있다.

 2003년 12월 3일, 오전 7시 50분에 버스는 출발했다. 금강산관광 코스는 원래 동해항에서 북한의 장전항까지 배로 이동하는 것이었는데, 이번부터는 해로관광을 중단하고 육로로 민통선 군사분계선을 넘게 됐다.

 12시쯤 강원도 고성군 통일전망대에 도착해 점심을 먹은 후 버스를 타고 민통선 군사분계선을 넘었다. 곧 북한 입국 수속을 밟고 DMZ를 경유하여 북한 땅에 들어서자, 북한 군인들의 엄중한 검문검색을 받아야 했는데 오후 6시가 되어서야 숙소가 있는 온정각에 도착하였다.

 온정각까지 가는 도중에도 북한 무장군인들이 여러 번 검문검색을 하는 바람에 입국심사로 많은 시간을 보내야 했다.

 온정리 장전항 내 바지선 위에는 5층 건물의 해상호텔인 해금강호텔이 있다. 북측 안내원은 해금강호텔을 지나 온정각에 있는 금강산호텔로 우리를 안내했다.

 북측에서 운영하는 호텔로 김일성의 부인 김정숙이 묵었던 호텔이라고 한다. 북측 안내원은 "남한에서 온 선생님들을 특별히 우대해서 김정숙 호텔로 모신다"고 했다. 안내원은 검은 치마에 흰 저고리를 입고 가슴에는 김일성 배지를 달고 있었다. 모두 예뻤다.

 호텔 로비에서 각 숙소로 안내를 받는 도중 갑자기 전깃불이 나가서 방 배정을 못 받고 촛불을 켜고 기다려야 했다. 북한은 전기 사정이 좋지 않은 것 같았다.

 자가 발전기를 가동, 30분 후 전기가 들어와서 방 배정을 받았다. 나는 6층이었는데 2인 1실로 깨끗하고 아늑했다. 합숙할 선생님과 인사를 나누고 다시 호텔 식당으로 가 저녁식사를 했다.

식사 후 방에서 잠시 쉬다가 그냥 있기도 뭣하고 해서 합숙 선생님과 같이 밖으로 나와 호텔 주변을 둘러보니 온정각 룸에서 선생님들이 삼삼오오 둘러앉아 맥주를 마시며 담소를 나누고 있었다.

건너편에는 식당 간판이 줄지어 있었는데 그곳으로 가서 민족 식당에 들렀다. 식당 종업원은 우리를 환영하며 좌석으로 안내했다. 안주와 북한 소주를 주문했는데 한잔 할 때마다 종업원이 옆에 서서 잔을 채워준다. 앉으라고 하니 괜찮다고 하면서 계속 서서 시중을 들었.

종업원은 대부분 조선족이라고 했다. 종업원과 이런저런 대화를 나누는데 어서 남북통일이 되어야 한다는 말에 모두 고개를 끄덕이며 동감했다. 합숙 선생님이 지인 선생님 3명을 불러 우리 자리는 다섯 명이 되었다.

식당에는 노래방 기기도 있어서 취흥이 돈 우리는 흘러간 옛노래를 불렀다. 종업원들에게도 노래를 신청했는데 꼭 북한 노래를 불렀다. 술값은 공동 부담했다. 식당은 한화가 아닌 달러를 받았다. 일 인당 25달러씩 부담했다. 두 종업원에게 팁을 주려고 하니 주인의 눈치를 보며 받지 않는다.

12월 4일부터 관광이 시작됐다. 오전 7시까지 식사를 마치고 8시에 온정각에서 버스로 이동해 구룡연 입구 주차장에 도착, 구룡폭포 등을 다녀오는 코스였다.

구룡연을 향해 걷는데, 군데군데 여자들이 커피나 음료수를 팔고 있었다. 한참을 걷다가 산삼과 녹용이 녹아 흐른다고 해서 삼록수라 이름 붙인 약수터에 이르렀다. 이 물을 마시면 10년은 젊어진다고 해서 한 바가지 떠서 마셨다.

첫날 관광부터 금강산의 여러 절경을 만끽했다. 봉황새가 날개를 펴고 꼬리를 휘저으며 하늘 높이 날아오르는 것 같다고 이름 붙은 비봉폭포와 검푸른 물로 깊은 수심을 짐작하게 하는, 옛 선녀들이 춤추다 목욕했다는 옥류담, 그리고 구룡폭포까지 한 폭의 그림 같은 광경이 연달아 펼쳐졌다.

금강산 4대 폭포 중 하나로 높이 74m, 넓이 4m 규모의 구룡폭포는 병풍처럼 둘러쳐진 암벽 아래로 거침없이 쏟아졌다. 폭포 밑에는 물줄기로 깊게 패인 13개의 구룡연이 있다.

특히 가장 높은 곳인 해발 880m 높이에 여덟 개의 맑고 푸른 연못인 상팔담(上八潭)이 자리 잡고 있다. 세계에서 보기 드문 형태를 갖춘 폭포란 말이 실감됐다. 무엇보다 눈에 띄는 것은 우람한 바위와 벽면에 대형 붉은 글씨로 새겨진 '위대한 수령 김일성, 김정숙 만수무강'이란 글귀였다.

온정각으로 돌아오는 길목에 신계사(神溪寺)에 들렀다. 버스는 우리를 사찰 입구에 내려주었다. 절을 지키고 있는 스님이 우리들을 맞아 간단하게 설명을 해주었다.

금강산 4대 사찰 중의 하나로 신라 법흥왕 6년 보온 스님이 창건한 신계사는 해방 전까지만 해도 거대한 절이었는데, 6·25전쟁 때 소실되었다고 한다. 이후 조계종 총무원이 북측과 협의해 대웅전만 복원해 놓았다. 고승인 석두(石頭), 효봉(曉峰) 스님 등을 배출한 곳이라고 한다.

하산하여 버스를 탔다. 차창 너머로 보이는 온정리 마을 집들은 지붕과 벽이 퇴색해 사람이 살고 있지 않은 것 같았다. 초등학교라고 하는 낡은 건물도 보였다. 지나가는 사람들 가운데에는 군복 입은 사람들이 드물게 보였다.

온정각에 도착하니 12시. 오후에는 현대아산에서 운영하는 온천장에 들렀다. 노천탕을 오가며 몸의 피로를 풀었다. 오후 4시 30분부터는 금강산문화회관에서 평양 모란 교예단의 서커스 공연을 관람했다.

북한을 대표하는 교예단으로 국제적인 명성을 자랑한다고 한다. 배우들의 공중회전과 널뛰기, 장대 재주, 봉 재주 등을 보는데 공연마다 가슴을 졸이게 하면서 놀라운 감동과 감탄을 자아내게 했다. 하지만 그 뛰어난 기예를 보면서 가슴이 뭉클하고 불쌍한 생각도 들었다.

12월 5일 여정은 삼일포와 해금강이었다. 전날 저녁 식사 때 인솔팀에서 일정상 2개 조로 나누어 만물상 코스와 삼일포 및 해금강 코스 중 하나를 선택해야 한다기에 나는 후자를 택했다.

오전 8시 버스로 출발, 북녘의 논밭과 해변을 지나 30분을 달려 해금강에 도착했다. 바닷가로 내려서자 북한 감시원들이 바다를 향해선 사진 촬영을 하지 말라고 경고한다. 군사 기밀 지역이기 때문이라고 한다. 잠시 수평선을 바라보다가 삼일포로 향했다.

삼일포는 관동 팔경 중 하나다. 신라의 화랑 지도자인 4명의 국선이 이곳에서 뱃놀이하다가 절경에 매료되어 3일 동안 돌아가는 것을 잊었다고 해서 삼일포란 이름이 붙었단다. 과연 이름값을 톡톡히 했다.

오후 1시 점심 식사를 위해 음식점에 들렀다. 평양냉면과 뷔페식 둘 중 하나를 선택하라고 했다. 냉면은 조금 기다려야 된다고 했다. 나는 기다렸다가 냉면을 먹었다.

오후 2시 숙소로 돌아갔다. 이제 귀국 준비를 할 시간이었다. 매점에 들러 북한 들쭉술 두 병을 사 가방에 담았다. 오후 4시 출국 수속을 밟는데 검색대에서 북한 세관원들이 까다롭게 굴었다. 다들 남한에서 온 동포들인데 웃는 얼굴로 친절을 베풀면 얼마나 좋을까, 하는 생각이 들었다.

　귀국 후 홍천에서 저녁식사 겸 해단식을 가졌다. 인솔 책임자인 장 학관이 이번 행사가 무사히 끝나게 되어 감사하다는 인사를 전했다. 버스로 부지런히 달려 밤 9시경 서울에 도착, 일행과 작별 인사를 나누고 밤 10시 집에 도착했다.

　이번 여행은 일정도 짧고 한정된 장소만 다녀야 했다. 무엇보다 관광 기간 내내 긴장해야 했다. 국경을 통과할 때는 만감이 교차했다. 폐쇄된 사회에서 엄격한 감시를 받으며 살아가는 북한 주민들의 모습을 엿볼 때 마음이 썩 좋지 않았.

　한 민족이지만 서로를 경계해야 하는 우리의 신세가 너무나 서글펐다. 그러나 전혀 오염되지 않은, 아름다운 산과 물로 둘러싸인 북한의 땅은 참 인상적이었다.

　이념 대립으로 남북으로 갈라져 반세기가 넘도록 지내온 것은 정치 지도자들의 책임이 크다. 국가와 민족의 장래를 위하는 마음 없이, 개인의 영달을 위해 썩어빠진 정치를 하는 자들이 존재하는 한 분단이란 고통의 현실을 벗어날 수 없을 것이다.

　하루빨리 남북통일이 되어 이산가족의 슬픔을 해결하고 복잡한 절차 없이 남북을 자유롭게 오가는 날이 오기를 진심으로 기대한다.

〈2003년 12월 10일〉

교직원 해외연수,
중국 장사 장가계

　세월은 가도 아름다운 추억은 영원히 남는다. 다른 문화와 생활풍습에 대한 새로운 체험을 접할 소중한 기회인 여행의 추억은 더욱 그렇다. 하지만 시간은 아름다운 추억도 얼마간은 퇴색시키는 법. 기록만이 과거의 아름다움을 지켜낼 수 있다.
　교직원 해외연수로 다녀왔던 중국의 장사(長沙)와 장가계(張家界)를 떠올리며 소중한 여정을 곱씹어본다.
　2007년 겨울방학 중 1월 3일부터 1월 7일까지 4박 5일간 교직원 15명과 함께 해외연수를 다녀왔다.
　첫째 날 만반의 준비를 하고 약속 시간인 오전 7시 인천공항 3층 'F 카운터'에 도착했다. 다른 선생님들도 모두 시간 내 도착했다. 대한항공 편으로 9시 30분 출발, 두 시간 남짓 날아 11시 30분 중국 장사 공항에 도착했다.
　버스로 갈아타 한꺼번에 5천 명이 식사할 수 있다는 아시아에서 제일 큰 식당에서 점심식사를 했다. 이후 후난성 박물관에 들러 중국 고

고학계 최대 발견으로 평가받는 마와퇴한 묘와 당시 제후 부인의 미라 등을 관람했다. 이어 중국 최초의 대학으로, 모택동이 공부했던 악록서원(岳麓書院)을 관람했다.

장사는 후난성의 성도이자 중국 제일의 곡창지대다. 정치, 경제 교통의 중심지로 중화인민 공화국 건국의 국부로 알려진 모택동을 비롯해 공산주의 핵심 지도자들이 후난성 출신이다.

장가계는 중국 최초 국가산림공원이자 유네스코 세계자연유산이다. 기암괴석과 협곡이 어우러진 신비한 풍경을 자랑하는 곳으로 중국 산수화의 원형인 전설 속 무릉도원의 강림(降臨)이라는 평을 받고 있다.

둘째 날에는 반 자연, 반 인공으로 이뤄진 거대한 보봉호 호수에서 유람선을 타고 주위의 절경을 관람했다. 또 환상적인 지하 비경을 지닌 중국 최대의 황룡 동굴을 돌아보며 자연의 신비를 만끽했다. 화려하게 핀 돌꽃이 지금도 기억 속에 생생하다.

이어 무릉원이라 불리는 백장협을 차창 밖으로 바라보며, 황석채로 이동했다. 장가계 최고의 절경 황석채를 케이블카를 타고 올라 신의 손이 여섯 개 방향으로 뻗어 있다는 육기각과 사람이 손가락을 편 모양의 오지봉을 관광하였다. 저녁에는 민속문화와 생활을 엿볼 수 있는 전통 쇼를 관람했다. 이어 여행의 피로를 풀어주는 마사지 체험도 하였다.

셋째 날에는 케이블카를 타고 천자산에 올랐는데, 시야가 탁 트여 모든 풍경이 웅장하게 다가왔다. 이어 중국 10대 개국원수(開國元帥)인 하룡(河龍) 장군을 기념하기 위한 하룡공원을 관람했다.

그리고 마치 붓을 거꾸로 꽂아 놓은 듯한 모양의 어필봉과 봉우리의 모양이 선녀가 꽃을 뿌리는 듯한 모양의 선녀헌화를 구경하고 버스를 타고 원가계로 이동하였다.

원가계 또한 절경 명승지로 가득 찼다. 기적 중의 기적으로 불리는 높이 300m의 커다란 두 개의 바위를 이어 놓은 넓이 2m, 길이 20m의 천연 석교 천하제일 교, 아름다운 절경에 정신이 잃는다는 미혼 대, 후화 원, 십리화랑. 7km에 달하는 거리의 심산유곡을 따라 대자연의 신비를 감상하며 금편 계곡 길을 걸었다. 도보에 자신 없는 이들을 위한 가마꾼들의 바쁜 움직임도 인상적이었다.

넷째 날에는 장가계에서 4시간 정도 버스로 달려 장사로 이동했다. 호남성의 제일 큰 강인 상강에서 유람선을 타고 선상에서 저녁 식사를 하며 그야말로 무릉도원에서의 마지막 밤을 만끽하였다.

출국일인 다섯째 날, 장사 시내 관광을 하고 인민해방을 위해 희생한 열사 공원을 둘러보고 장사 공항으로 이동했다. 15시 출발, 17시 인천국제공항 도착, 뿌듯한 얼굴로 각자 귀가했다.

연수 기간 자연이 만들어 놓은 아름다운 절경, 기이한 봉우리와 암석, 동굴 속의 돌꽃, 위대한 작품들을 감상할 수 있었다. 연수를 다녀온 2007년은 교직을 떠나는 마지막 해였다. 1972년부터 중등교사로 시작 국내외적으로 다사다난했던 사건들을 경험하면서 대과(大過) 없이 35년간을 무사히 마무리하게 된 것을 다행이라고 생각하며 중국 연수를 감사한 마음으로 다녀왔다.

연수 일정 동안 하루 일정이 끝나고 밤이 되면 선생님들이 내 주위로 몰려왔다. 선생님들과 한잔하면서 그동안 함께한 지난날들의 기쁘고 슬픈 일들을 회상할 수 있었던 것을 참으로 고맙게 생각한다.

연수를 마치며 나는 생각했다. '정년퇴직이란, 인생 3막의 출발점

이다. 그동안 시간에 얽매여 살았지만, 퇴직 후는 나를 위한 시간이 기다리고 있다!'

〈2007년 2월 1일〉

나이 든다는 것은

걸어온 발자국이
아쉬움으로 남아
자꾸만 뒤돌아보게 되는 것은

지나온 세월이
어렵고 힘들게 살았더라도
나이 든 사람들은 웃으며 말하지
세상살이 괴롭고 슬퍼도
지나간 추억은 아름답다고

내 인생의 봄날이 있어
청운의 꿈을 안고
용기와 희망으로
젊은 날의 조급함이

남보다 빨리 더 멀리

지금 와서 생각하니
인생은 1보 전진을 위한 1보 후퇴

세월의 흔적 속에
나이가 든다는 것은
익숙한 얼굴을 잃어 가는 것

사람에서 받지 못한 정
서러워 마라
세상을 원망해 무엇하리
살아 있음에 감사하고
만날 수 있으매 행복하고

가는 세월
붙잡지 못하고
이길 수 없네
나한테 주어진 길
저마다 가야 할 길

세상의 시들은 맛
활짝 핀 마음과 얼굴로
늙은이의 느긋함으로

자연의 섭리에 따라
내일은 내일
오늘은 오늘

황혼의 길목에서
인생은 지금까지가 아니라
지금부터라고.

〈2022년 3월 16일〉

신의 도시
앙코르와트

열 번 듣는 것보다 한번 보는 것이 더 확실하고 정확하다. 여행을 통해서 삶의 활력소를 찾고 다른 나라의 문화와 풍습을 구경하고 알아보는 것은 흥미롭고 재미있는 일이다.

이번 여행은 혼자 한번 떠나 보자고 마음먹고 계획한 여행이다. 어디를 가볼까 하고 생각한 끝에 앙코르와트로 결정했다. 2012년 10월 16일부터 20일까지 나는 동남아시아 캄보디아를 목적지로 정하고 비행기표를 예약하였다.

떠나기 전에 철저히 준비하였다. 캄보디아는 한국과 시차 2시간, 기후는 열대기후이며 건기와 우기로 나뉜다. 10월은 건조한 계절로 여행하기 좋은 계절이다. 계절에 맞는 꼭 필요한 준비물을 챙겼다.

10월 16일 오후 6시 55분 대한항공 편으로 인천국제공항을 출발, 5시간 30분 만에 씨엠립 국제공항에 도착했다. 새벽 1시가 넘어서야 호텔 숙소에 도착, 여장을 풀었다. 17일부터 현지 가이드의 인솔하에 일정에 따라 부지런히 따라다녔다.

앙코르와트는 나를 계속 들뜨게 했고 미궁 속으로 빠트렸다. 밀림 속의 유산 앙코르와트의 건축 비밀과 불가사의한 모습, 현대과학으로는 설명할 수 없는 미스터리가 너무 많았다. 나는 점점 궁금한 것이 많아졌다.

앙코르는 왕조라는 의미고 와트는 사원이라는 뜻이다. 12세기 초에 앙코르 왕조 중 가장 풍요로운 전성기를 이룬 수리아 바르만 2세가 힌두교의 비슈누 신과 한 몸이 된 자신의 묘로 사용하기 위해 약 30년간에 걸쳐 완성한 석조사원이다.

세계에서 가장 크고 아름다운 종교건축물로서 옛 크메르 제국의 수준 높은 건축 기술이 가장 잘 표현된 유적이다. 당시 크메르인들의 발전된 건축공학 기술의 증거이기도 하다. 인공 저수지를 만들어 광대한 해자(垓字)가 조성되어 있고, 조각품으로 둘러싸인 사원의 석탑은 크메르 건축양식의 대표적인 모습이다. 1층 회랑은 미물계, 2층은 인간계, 3층은 천상계를 의미하며 가파른 3층까지 올라가 보았다.

천상계를 구성하는 조각물의 정교한 조각은 경외심을 불러일으킨다. 그 당시 번영을 누리며 권력을 틀어쥔 왕이 사원을 건축하기 위해 많은 사람과 코끼리가 동원돼 혹사당했다고 하니 짐작이 간다. 그러나 16세기 이후는 불교로 개종하면서 불교의 성전으로 사용되었다고 한다. 밀림 속에 숨어 있었던 천 년 전의 유적 앙코르와트는 19세기 중반 프랑스 고고학자 앙리 무오(Henri Mouhot)에 의해 발견되어 세상에 알려졌다. 지구상에서 가장 아름다운 사원, 신들의 도시, 우주의 중심, 신이 머무는 곳 등 최고의 찬사와 수식어가 따르는 앙코르와트를 세운 인구 백만 도시였던 앙코르 왕국은 신의 저주를 받았는지 흔적 없이 사라졌다. 역사적 미스터리다.

해마다 신의 도시 앙코르와트를 찾아 수많은 관광객이 모여들고 있다. 세계적 사진작가, 예술가들이 앙코르와트 위로 뜨고, 지는 해와 황금빛 하늘을 배경으로 사원의 모습을 찍기 위해 새벽잠을 설친다고 하며, 일출과 일몰을 기다리는 그 모습 또한 볼만한 광경이라고 한다.

수리아 바르만 2세가 세상을 떠나고 그 이후 자야바르만 7세가 크메르 왕국을 건설, 종교와 문화의 황금기를 이루었다. 처음부터 불교식으로 설계된 바이욘 사원, 타프롤 사원, 앙코르톰 등이 건축됐다.

12세기에서 13세기가 전쟁도 없이 가장 번성했던 시기였다. 14세기 이후 참족과 주변국들의 세력 다툼으로 잦은 전쟁이 발생해 점점 세력이 약해졌고, 15세기에는 크메르 전쟁으로 국력이 더 쇠약해졌다가 16세기 이후 결국 앙코르와트는 멸망하게 된다. 앙코르와트에는 벵맬리아 사원 등 많은 사원이 있지만 전쟁으로 무너지고 말았다. 남아 있는 사원도 스펑나무 뿌리가 거대한 신전을 감싸며 무너트리기도 했다.

이후 캄보디아는 한동안 프랑스의 식민지가 되기도 했고 외세에 의해 끊임없는 혼란을 겪었다. 그 후유증으로 지금도 최빈국에 속하게 되어 가난하게 살아가고 있다. 그래도 그들의 얼굴에는 평화스러운 모습이 깃들어 있다. 톤레샵 호수의 수상마을과 수상가옥에서 모든 생활을 꾸려 가는 사람들의 얼굴에는 그림자가 없었다.

유골들이 보관된 킬링필드 기념관에선 크메르루주의 캄보디아 대학살 등 현대사의 처참한 비극을 엿볼 수 있다. 캄보디아 크메르제국은 왜 멸망하게 되었는가? 그것은 주변 신흥 강국의 등장으로 막강한 경쟁자가 생긴 상황에서 내부적으로 무능한 지배자가 사회를 후퇴시켜 결국 무너지고 만 것이다.

현재 캄보디아의 공식 명칭은 캄보디아 왕국이다. 정치형태는 입헌

군주제로 총통이 권한을 가지고 있으며, 왕은 상징적인 존재다. 국민의 95%가 불교를 믿는다. 수도는 프놈펜, 국기에는 앙코르와트가 그려져 있다.

캄보디아의 영혼이기 때문이다. 캄보디아 왕국의 과거사를 들춰보니 불현듯 36년간의 일제강점기 생활과 6·25전쟁으로 남북이 갈라진 한국의 근현대사를 뒤돌아보게 됐다.

3일째는 하루 일정을 마치고 저녁을 먹는데 가이드가 옵션 선택사항으로 마사지를 받도록 하겠다고 해서 모두 버스로 이동해야 한다고 했는데, 나는 혼자 쉬겠다고 했다. 가이드가 나를 근처 사우나탕에 들어가 있게 배려해 주었다. 사우나에서 샤워하는데 옆에 '치료용 물고기(doctor fish) 코너'가 있어 발을 담그니, 물고기들이 내 발에 붙어 따가울 정도로 나의 발가락 사이의 각질을 물어뜯는다. 나는 발에 무좀이 있었는데 나중에 귀국해서 보니 무좀이 없어졌다. 여러 해 동안 갖가지 방법과 약을 썼는데도 잘 낫지 않던 무좀이 깨끗이 없어졌다. 닥터 피쉬 효과를 톡톡히 본 것이다.

다산 정약용 선생은 늙어가는 노인이 될수록 고독해야 한다고 했다. 나를 바라보고 앞으로의 삶을 좀 더 바람직한 방향으로 살아가기 위해 관광 일정이 끝나면 나는 호텔 숙소에서 가져온 책을 읽으며, 군중 속에 고독을 느꼈다.

나의 내면을 깊이 알기 위해서는 고독이 필요하다. 고독은 자신과의 싸움이자 화해하는 과정이다. 이번 여행은 나 자신을 돌아보는 소중한 시간이었다.

〈2012년 10월 30일〉

황제의 도시
시안(西安)

즐거운 여행을 하려면 세 가지를 갖추어야 한다고 한다. 시간이 있어야 하고, 경제적 여유가 있어야 하고, 건강이 뒤따라 주어야 한다. 이 세 가지에 하나 더 추가하면 늙어지면 힘들어지기 때문에 젊을 때 여행을 다녀야 한다는 것이다.

나는 세 가지 조건을 두루 갖추지는 못했지만, 여행을 좋아하기 때문에 형편에 맞추어 여행 계획을 세워 가끔 여행을 떠난다. 그러한 마음의 여유를 갖는 것도 인생에서 꼭 필요하다고 생각한다.

2014년 9월 28일부터 10월 2일까지 중국 시안에 가기로 결정했다. 이번 여행은 같은 학교에서 퇴직하고 친하게 지내고 있는 김현식 선생하고 같이 떠나기로 했다.

중국 최초의 통일 왕국인 진나라를 이어 한나라, 당나라 등 중국 고대 역사의 황금기에 수도를 담당했던 시안! 진시황과 양귀비의 사랑이 이뤄진 곳이자 천년고도의 역사를 간직한 중국 문명의 중심지인 서안을 가게 된 것이다.

여행 첫째 날 출국을 위해 김 선생과 약속 장소에서 만났다. 비행기 시간과 이동 시간을 고려해 여유 있게 만난 우리는 담소를 나누며 공항으로 출발했다. 인천국제공항에서 시안 국제공항까지 2시간 30분 만에 도착, 입국심사 후 버스에 탑승해 군왕 왕조 호텔로 이동해 첫날 밤을 보냈다.

둘째 날 아침, 호텔 식사 후 버스로 이동해 팔로군 병사 기념관에 도착했다. 이곳은 공산당 설립 이전인 항일전쟁 전후 중국 현대사가 연관된 역사적인 곳이다. 주은래, 주덕, 등소평 등 공산당 간부들이 묵었던 곳이기도 하다. 항일전쟁 당시의 비참한 중국의 모습을 담은 사진과 자료들이 전시되어 있다.

이후 시안에서 제일 큰 박물관인 삼서성 박물관으로 이동했다. 엄청나게 많이 진열된 유물들을 보노라니 그 당시 문명의 대단함이 느껴진다. 삼서성은 고대 중국왕조의 본거지였다. 대안탑은 당나라 때 저명한 승려인 원종이 인도에서 가져온 불경을 보관하기 위해 건립한 7층 탑이다. 이어 와룡사 관음전도 둘러보았다.

이후 시안 성벽을 전동차를 타고 한 바퀴 돌았다. 시안 성벽은 동서남북으로 각각 네 개의 성문이 있다. 당나라 때 장안황성(長安皇城)으로 축조했던 성벽으로 높이 12m, 폭 15m, 총길이 13, 75km 둘레에 달한다. 자전거를 타고 돌아볼 수도 있는데 우리는 전동차를 탔다.

과거 무역의 노선이었던 실크로드 지점도 가보았다. 옛 장안의 수도였던 시안은 실크로드의 시발점이자 종점이다. 동서양을 잇는 무역의 중심 무대였던 것이다. 실크로드가 번성할 무렵 이슬람교도들이 이주하기도 했는데 이슬람계 소수민족인 회족이 사는 회족 거리도 있었다. 이슬람문화가 곳곳에 남아 있다.

관광객들과 오가는 사람들의 물결이 거리를 꽉 채운다. 김 선생이 그냥 갈 수 있느냐며 양꼬치를 한 접시 사서 맥주 한 캔씩 맛있게 먹었다. 시안의 중심 고루 광장도 거닐었는데 이곳은 종루(鍾樓)와 고루(鼓樓)로 시간을 알리며 과거 교통의 중심, 여행의 중심지 역할을 했다.

셋째 날에는 섬서 역사박물관을 찾았다. 중국의 역사와 문화를 자세하게 소개하는 박물관으로 고대의 예술작품과 유물을 비롯해 중국의 발전과 변화를 잘 보여준다. 이어 병마용 박물관으로 이동했다.

1974년 우물을 파던 농부에 의해 발견돼 세상을 깜짝 놀라게 한 병마용 파편이 있는 곳이다. 2000년 동안 미스터리로 남아 있던 중국 최초의 황제인 진시황릉이 세상에 드러난 것이다.

진시황의 장례를 위해 만들어진 곳으로 병마용갱에는 병사, 말, 전차 등의 모형이 있고, 지금도 계속 발굴 작업을 하고 있다. 한 무제 역사가인 사마천의 기록에 의하면 높이 70m, 야산 크기 무덤의 실체가 드러날 날이 올 것이다. 진시황은 살아서는 만리장성을 쌓게 하고, 죽어서는 자신의 무덤을 지키기 위한 병마용갱과 지하 궁전을 짓게 했다. 절대 권력을 휘두르며 천하를 두려움에 떨게 한 시황제는 자신의 영원한 존재와 건강을 유지하기 위하여 불로장생의 명약, 불로초를 구하고자 백방으로 노력했지만, 인명은 재천이라고 50세의 이른 나이에 세상을 떠났다.

넷째 날, 화청지로 이동해 당나라 6대 황제 현종과 양귀비의 잘못된 사랑의 무대였던 화청궁을 관람했다. 당시 현종이 사용했던 연화탕, 양귀비가 사용한 해당탕이 눈에 띄었다. 역사가들은 당나라가 멸망한 이유는 현종이 양귀비에게 눈이 멀어 정치에 무관심했기 때문이라고 말한다.

저녁에 화청지에서 당 현종과 양귀비의 사랑 이야기를 그린 공연이 있어 관람했다. 화청지를 병풍처럼 둘러싼 산마루를 배경으로 한 무대에 다양한 조명시설을 설치해 화려한 무대 연출을 선사했다. 안녹산의 난으로 희생된 양귀비의 비극적인 최후를 시인 백거이의 장편시로 표현한 '장한가(長恨歌)'로 공연을 멋지게 마무리했다.

마지막 여행 일정이 끝나 호텔에 돌아왔는데 그냥 잠자기가 뭣하고 해서 김 선생과 함께 한잔하면서 그동안 바쁘게 보낸 며칠간의 관광을 돌아보면서 시안에서의 마지막 밤을 보냈다.

이번 여행에서 무엇보다 뇌리에 남는 것은 진시황제와 당 현종이었다. 자신의 한계를 극복하지 못한 채 무지몽매함의 극치를 달린 그들… 황제의 도시 시안에 얽혀있는 허망한 역사가 미련으로 남는다.

〈2014년 10월 10일〉

라오스
여행기

　여행할 때 어디를 가느냐보다 누구와 함께 가느냐가 중요하다. 더 먼 곳, 더 멋진 곳, 더 새로운 곳이 아니더라도 서로의 마음을 나눌 수 있는 사이가 되어야 한다. 지난번 김 선생과 중국 시안 여행할 때 같이 갔었는데 이번에도 둘이 같이 가기로 했다.

　세계에서 가장 가난한 나라 가운데 하나지만, 아름다운 자연환경과 본인 자신의 소중함을 중히 여기는 소박한 민족이 살고 있는, 국민 행복지수가 높다고 알려진 나라, 관광객들이 많이 찾는 라오스가 바로 이번 여행지다. 2016년 10월 17일부터 22일까지의 일정이다. 인천국제공항에서 비엔티안 국제공항까지 약 5시간 걸려 도착했다.

　라오스는 우리나라 남한의 두 배 정도 더 넓은 면적이지만 산맥과 계곡으로 이어지는 산악국가다. 인도와 중국 사이에 있다고 해서 이름 붙여진 인도차이나반도에 있는 나라 중 유일하게 바다가 없는 내륙국으로 중국, 미얀마, 태국, 베트남, 캄보디아에 둘러싸여 있는 나라다.

국토 전체의 약 10%에서만 농사를 지을 수 있는데, 쌀이 주요 작물로, 1년에 2모작을 한다. 인구는 약 700만 명이며, 대개 저지대에서 살고 있고, 반 이상이 도시에 거주하고 있다. 라오스는 대통령 중심제와 일당 체제의 사회주의 국가이다.

힌두교 문화권에 속하지만 국민 대다수가 불교를 믿는데 남방 불교라 고기도 먹는다고 한다. 이제 여행 기간, 일정에 따라 가이드의 안내로 관광하면서 기억에 새기고 싶은 것들을 여행 일차와 무관하게 나열해 본다.

라오스의 수도 비엔티안의 중심거리에 있는 빠뚜싸이 독립기념문을 둘러 보았다. 1958년 프랑스와의 독립전쟁으로 희생된 라오스인을 추모하기 위해 건립된 것이라고 한다. 승리의 문이라는 뜻으로 천정에는 화려하게 벽화가 그려져 있다.

44미터 높이의 유서 깊은 금 사리탑으로 유명한 탓루앙 황금 사원도 다녀왔다. 이 탑은 현지인들이 가장 많이 찾아 기도하는 곳이라고 한다. 아침 일찍 현지인과 여행객들이 긴 행렬을 지어 스님에게 탁발하는 모습을 볼 수 있었다.

탁발은 구걸이 아닌 나눔이라고 한다. 남에게 베풀면 나에게 복이 돌아온다는 것이다. 다음으로 비엔티안 국립박물관을 관람했다. 라오스의 고대 선사시대부터 현대 역사를 둘러볼 수 있었다.

비엔티안 야시장도 찾았다. 메콩강 언저리에 자리를 잡고 있었는데 규모도 크고 시장길도 길었다. 이곳 젊은이들을 비롯해 많은 관광객들이 몰려들어 사람 틈을 헤집고 한 바퀴 돌았다.

그러고 난 뒤 시장 옆 강변에 올라 형형색색의 불빛 속을 발하는 각종 놀이기구에 몸을 담고 즐기는 사람들의 모습을 구경했는데 볼 만

했다. 우리는 먹거리 야시장으로 옮겼다. 많은 관광객이 찾는 곳이다. 김 선생과 술 한잔하면서 이국의 밤을 즐겼다.

바다가 없는 라오스에선 소금이 무척 귀하다. 그래서 땅에 있는 암염을 통해 소금을 생산하는데 '콕사앗 소금 마을'이 대표적인 소금 생산지이다. 우리는 이곳에 둘러 지상에서 소금이 나오는 과정을 구경했다. 맛도 보니 달콤하다. 지하 암반에서 얻은 자염이 일반 소금보다 몸에 좋다고 해서 세 봉지를 샀다.

라오스의 매력은 자연 그대로 아름다움이다. 도시 전체가 세계문화유산으로 지정된 루앙프라방은 라오스의 제2의 도시로 역시 경이로운 자연의 매력을 간직하고 있다.

루앙프라방의 '꽝 시 폭포'로 이동하기 위해 산을 올라가는 동안 좌우 울창한 숲을 지나는데 햇빛 반사되어 눈부신 계단식 자연폭포가 밀림과 함께 잘 어울려 아름다운 풍광을 배가시켰다.

일부 관광객들은 하얀 살갗을 드러내고 옥빛 물속에 몸을 담근 채 유유히 수영을 즐기고 있다. 계단마다 에메랄드빛과 옥빛으로 가득한 꽝 시 폭포는 가장 마지막 높은 계단에서 그 아름다움의 절정을 이루고 있었다.

다음은 메콩강 유람이다. 메콩강은 라오스인에게는 삶의 터전이다. 배를 타고 우리는 선상 식당에서 풍경을 즐기며 점심을 했다. 이어 외국인들이 많이 찾는 곳 방비엥에 들러 천연 수영장인 '불루라군'에서 신나게 다이빙을 즐기는 사람들의 모습을 한참 구경하였다. 짚라인이 설치된 숲 놀이터에도 들렀는데 '타잔 줄타기'를 하는 관광객들이 멋있어 보였다. 이어 몽동굴 체험도 하고, 코끼리 동굴도 살펴보았다.

방비엥의 푸시산 오르막길 300계단에도 올라갔더니 정상에서 루앙프라방의 시내 전경이 한눈에 보이고 메콩강이 멀리 보인다. 메콩강 건너편은 태국이다. 저녁때면 이곳에서 루앙프라방의 석양을 보기 위해서 사진작가들과 많은 관광객이 모여든다. 라오스 여행을 하면서 다양한 액티비티를 즐기는 관관객을 흔히 볼 수 있다.

비포장도로에서 흙길을 따라 '비버카' 타기를 즐기는 사람들도 있는데 위험해 보였다. 메콩강 지류인 쏭강에서 젊은이들이 카약과 열기구를 즐기는 모습도 흥미롭다.

라오스는 기온이 습하고 더운 관계로 사람들이 낮에는 움직임이 별로 없다가 밤이 되면 길거리로 쏟아져 나온다. 야시장, 카페들이 불야성을 이루어 야행성의 나라인 것 같은 느낌이다.

꽉 찬 6일간의 여행이었다. 많은 곳을 다니니 피곤했는데 중간과 마지막에 마사지를 받고 피곤을 풀 수 있어 좋았다. 동남아 여행에서 빠질 수 없는 게 마사지라고 하는데 수긍이 됐다.

라오스는 도시 중심을 벗어나면 마치 1970년대 우리나라의 소도시 길거리와 같은 모습이다. 자동차보다 오토바이가 주 이동 수단으로 교통의 발달도 더뎌 보였다. 물론 우리나라도 과거 라오스와 같은 시절이 있었다.

그런데 여행하면서 라오스가 최빈국의 나라라는 인식을 느낄 수 없었다. 라오스 사람들은 가난하게 살아도 불만이 없는 삶을 사는 듯 보였다. 그들은 만나는 사람들에게 늘 웃는 얼굴로 편하게 대해 주었다. 큰 욕심 없이 현실에 만족하며 살아가는 라오스 사람들을 보며 행복의 본질이 무엇인지 절로 되묻게 된다.

다만 걱정이 하나 들긴 했다. 경이로운 자연과 풍부한 문화유산, 수많은 볼거리와 먹거리, 즐길 거리가 즐비한데도 물가가 비싸지 않아 많은 여행자들이 몰려오는 청정지역 라오스가 이러다가는 머지않아 오염지역으로 바뀌는 날이 올지 모르겠다는 우려이다.

　이번 여행에서 얻은 가장 큰 소득은 김 선생과 술 한잔하면서 이런 저런 인생 이야기를 나누며 더욱 좋은 우정을 쌓았다는 것이다. 아무 탈 없이 무사히 귀국하여 여행을 마침에 감사한다.

〈2016년 11월 1일〉

북인도
여행기

여행은 새로운 장소를 찾아간다는 의미뿐만 아니라 여러 나라의 다양한 문화와 풍경, 역사. 생활 모습을 겪으며 색다른 경험을 하는 것에 큰 의미가 있다. 그런 점에서 인류 문명의 탄생지이자 영적 통찰을 안겨주는 인도는 죽기 전에 꼭 한번 가봐야 하는 곳으로 손꼽히고 있다.

인도 여행을 친구 3명과 함께 2017년 6월 22일부터 26일까지 북인도를 중심으로 다녀왔다. 인도는 열린 마음으로 여행해야 한다고 한다. 열차가 늦어도, 소가 길을 막아도, 바쁜 일상에서의 태도에서 벗어나 느긋한 마음으로 인도를 만나야 한다는 것이다. 나도 그런 마음으로 인도여행길에 올랐다.

6월 22일 여행 첫날, 모두 늦지 않게 공항에 도착했다. 나는 이번 여행에서 촬영기사 역할을 하기로 했다. 정년퇴직 후 동영상 촬영기법을 학원에서 배웠고, 구청에서 운영하는 영상기자단에서 4년간 활동했던 경험을 이번 여행에서 제대로 써먹을 참이었다.

인천국제공항에서 델리국제공항까지 5시간 30분이 걸렸다. 도착하니 입구에서 주관하는 여행사 가이드가 기쁘게 맞이해 준다. 대기하고 있는 버스를 타고 호텔로 향했다. 시내와는 동떨어진 한적하고 조용한 고급 호텔이다. 친구들과 술 한잔을 하면서 이국에서의 첫 밤을 보냈다.

둘째 날부터 본격적으로 관광을 시작했다. 일정에 따라 버스나 도보로 이동할 때마다 현지 해설사 가까이에서 그의 설명을 메모하고 때때로 영상 기록이 필요한 곳에선 촬영을 하였다.

우리는 먼저 수도 델리의 인디아 게이트에 도착했다. 인디아 게이트는 제1차대전에 참전했다가 희생된 인도 군인들을 위한 위령탑으로 높이가 42m다. 이곳 시민 광장은 밤이면 화려하게 조명을 켜서 많은 시민이 야경을 즐긴다고 하는데 아쉽지만 밤 야경은 보지 못했다.

우리는 곧 안 베를 성으로 이동했다. 언덕 위의 궁전으로 16세기 붉은 사암과 흰 대리석을 주재료로 건설되었다. 힌두교와 이슬람교의 건축양식을 잘 조화시킨 요새로 평가받는다.

남부 아시아 히말라야산맥 이남 인도반도의 대부분을 차지하는 공화국인 인도는 긴 역사만큼이나 다양한 문화가 있지만 서로 이질감 없이 공존하고 있다. 열대기후의 나라 인도는 세계에서 일곱 번째로 넓은 나라이며, 인구는 12억 명에 이른다. 불교의 발상지였으나 힌두교 신자가 80% 이상을 차지하며 현재 다수의 종교가 공존하고 있다.

셋째 날 아침 일찍, 자이푸르를 떠나 아그라를 향했다. 자이푸르에서 아그라를 이동하는 도중에 아바네리 쿤다가 있다. 9세기경 마하리자 왕이 건설한 신비한 우물로 그 규모가 대단하다. 계단이 13층, 우물 길이는 30m로 수천 개의 피라미드를 거꾸로 세워놓은 형태로 물이 잘 모이게 설계했다고 한다. 인도는 지형적으로 물이 부족한 나라

이기 때문에 이러한 공사를 했다고 하지만 절대군주의 횡포가 너무 심했다는 생각이 든다.

높은 대지 위에 지어져 전체가 붉은색을 띠고 있는 아그라성은 둘레가 3km나 된다. 궁전 내부는 흰 대리석의 기둥과 보석 장식이 화려한 벽으로 아름다움이 물씬 풍긴다. 강력했던 무굴제국의 황제들이 살았던 궁전의 규모와 위상을 엿볼 수 있었다.

아그라에 있는 세계 7대 불가사의 중 하나인 타지마할은 무굴제국의 5대 황제였던 샤 자한이 그가 사랑했던 뭄 타지마할 왕비가 세상을 떠나자, 왕비를 추모하기 위해 지은 순백색 대리석 건축물이다. 22년에 걸쳐 만들어진 이슬람 양식의 무덤 궁전으로 보석과 대리석보다 더 빛나는 사랑의 힘을 웅변하고 있다. 죽어서 하나가 된 샤 자한과 왕비의 사랑을 간직한 타지마할은 수많은 관광객의 가슴을 설레게 하는, 세계적인 사랑의 무덤이다. 이곳에서 한참 동안 관람을 하면서, 나는 많은 인파의 군중 속에서 왠지 모를 고독감을 느꼈다.

다음 코스로 가기 위해 버스로 이동하는 중 라이푸르 도심 한복판에 있는 하와 마하(바람의 궁전)를 보기 위해 모두 잠시 내려 바라보았다. 가이드는 왕궁의 여인들이 도시의 생활을 엿보기 위해 지은 궁전이라고 설명했다. 곧 세계에서 가장 큰 해시계인 삼랏안트라, 잔타르 만트르 관측기가 있는 곳에 도착했다.

우리나라에 첨성대와 해시계, 물시계가 있듯이 인도에도 시간과 천문을 관측하는 시설이 있겠지만, 인도는 우리나라보다 그 제작 시기는 늦지만, 훨씬 큰 규모의 천문대 등을 만들어 별자리를 연구하고 시간을 측정했다고 한다. 인도 사람들의 대단함이 다시금 느껴졌다.

누군가 인도를 알고 싶다면 천의 얼굴을 가진, 삶과 죽음이 공존하는 도시 바라나시를 찾으라고 했다. 바라나시는 인도 최대의 성지인데 여건상 직접 둘러보지는 못하고 지나가면서 가이드의 설명으로 대체했다.

　인도 사람들은 히말라야산맥 발원지에서 흘러 내려온 갠지스강을 사바 신의 머리에서 내려온 성스러운 강으로 여겨 이곳에서 목욕재계하면 모든 죄를 면할 수 있고, 죽은 뒤 화장해서 이 강물에 뼛가루를 흘려보내면 극락에 갈 수 있다고 믿고 있다. 윤회의 고통에서 벗어나고 죄과를 씻기 위해 많은 사람이 갠지스강을 찾아온다고 한다. 삶이란 무엇인지 만감이 교차한다.

　여행하면서 느끼는 것이지만 동서양을 막론하고 전제군주 시절 통치자들의 영달을 위해 수많은 사람을 동원해 강제노역을 시키고 피땀을 흘리게 한 건축물을 보게 된다.

　많은 관광객들 아름답고 놀랍다고 감탄하지만, 나의 마음의 한편은 편치 않다. 지구상에 존재하는 생물 중에 인간이 가장 잔인하다는 생각이 든다. 이집트의 피라미드, 중국의 만리장성, 병마용갱, 로마제국 시절의 건축물들이 그 본보기라고 할 수 있겠다.

　인도는 호텔만 나서면 각종 소음과 매연이 눈과 코를 찌른다. 소들도 많다. 길가에 방치된 소, 번화가를 가로지르는 소 떼가 종종 보인다. 그럴 때마다 저 소들의 주인은 있는지 궁금하다.

　우마차와 자동차가 뒤섞여 지나가는 도로를 보면 교통이 무질서한 것 같지만, 그런데도 별 탈 없이 살아가고 있는 것이 신기하기만 하다. 가난해도 불만이 없는 삶, 느리지만 주어진 삶을 분명하게 살아가는 인도 사람을 제대로 이해하기는 쉽진 않다. 그래서 또 한번 가보고 싶은 매력을 느끼게 하는 나라다.

인도는 불교의 발상지지만 힌두교를 대다수 국민이 믿고, 소를 신성시한다. 1차 세계대전 후 1948년 영국 식민지에서 벗어난 인도는 카스트제도를 법적으로 철폐하였으나 현실에선 쉽사리 받아들여지지 않고 있다. 정부에서 과감하게 경제 개방 정책을 시작하였으나, 여전히 가족 중심의 사업 경영 문화가 크다고 한다.

마지막 날 델리 시내에서 천년의 역사를 지닌 이슬람 승전 기념탑인 꾸뜹미나르를 둘러보는 것으로 계획된 관광 일정은 모두 마쳤다. 이번 여행은 어느 때보다 많이 걸어서인지 귀국 비행기에 탑승하자마자 잠에 떨어졌다.

집에 돌아온 후 여행에서 촬영한 영상을 며칠간 열심히 편집해서 DVD로 만들어 친구들에게 보내주었더니 다시 한번 인도를 다녀온 것 같다며 고마워했다.

〈2017년 7월 10일〉

형제의 나라
튀르키예

"세계는 한 권의 책이다. 여행하지 않는 자는 그 책의 단지 한 페이지만을 읽을 뿐이다."

중세 철학자, 성 아우구스티누스가 한 말이다.

튀르키예는 우리나라와 '형제의 나라'라고 한다. 과거 고구려와 튀르키예의 뿌리인 돌궐족이 서로 동맹관계를 맺기도 했고, 6·25 한국전쟁 때 튀르키예가 남한에 군사를 파병하기도 했다. 지금도 양국 간에 별문제 없이 잘 지내고 있다.

2013년 10월 21일부터 31일까지 7박 8일 동안 동서문화가 만나는, 천년의 역사를 간직한 신비의 땅 튀르키예를 만나 보기로 하였다. 인천국제공항에서 이스탄불 국제공항까지는 12시간이 걸렸다.

이번 여행에는 이 선생과 함께했는데, 여행을 준비하면서 나는 팩소주 10개를 샀는데, 함께 가는 이 선생은 출국 검사 후 공항면세점에서 양주 2병을 샀다. 타지에서의 밤을 은은하게 적셔 주고 우정을 깊게 해줄 음료였다.

튀르키예는 국토 면적이 우리나라보다 7배나 넓은 나라다. 로마제국과 오스만제국 이전에는 복잡하고 수많은 우여곡절을 겪은 나라다. 그 역사의 세부를 자세히 들여다보면 좋겠지만, 연구자도 아닌 입장에서 그저 남아 있는 유물과 유적들을 직접 살펴보며 당시의 역사적인 사실을 재조명해 보는 것도 흥미 있는 일일 것이다.

이번 관광에는 젊은 여자 현지 가이드가 함께했는데 코스마다 관련된 역사와 문화를 자세하게 설명해 준다. 힘들지만 부지런히 따라다니면서 역사의 현장을 읽었다.

고대 도시 에페소스 유적지 입구에 들어섰다. 선사시대부터 시작해 기원전 7천 년 전까지 거슬러 올라가는 역사의 흔적이 담겨 있었다. 에페소는 그 전역에 흩어져 있는 고대 로마 시대의 유적지에서도 볼 수 있듯이 중요한 대도시 중 하나였다. 이곳의 가장 아름다운 건축물은 셀수스 도서관으로 2세기 로마 시대에 지어진 복층구조의 건물이다.

유적지의 중심 도로를 따라 걸으니 길 양쪽으로 건축물의 석재들이 놓여 있었다. 이어 고대 그리스 원형극장에 들렀는데 2만 5천 석을 수용하는 넓은 곳으로 과거의 영화가 대번에 느껴졌다. 4세기 로마제국이 멸망하고 무려 1600년이 지났지만, 당대의 찬란했던 도시의 모습은 아직도 건재하다.

유적지 발굴은 125년이나 되지만 아직도 계속되고 있다고 한다. 연평균 150만 명이 이곳을 찾는데 유럽인보다 주로 한국, 중국, 일본 등 동양인들이 대부분이라고 한다.

이어 석회봉과 노천온천이 있는 파묵칼레로 이동했다. 눈 덮인 것처럼 아름다운 산 '목화의 성'은 자연이 얼마나 아름다운 예술품인지 대변해 주고 있다. 산에서 솟아난 온천수가 수백 년 동안 산을 타고 흘러 석회석 성분이 바위를 탄산칼슘의 결정체로 만들어 마치 새하얀 목화 같다고 해서 이름 붙여진 '목화의 성'. 여행자들은 석회로 이루어진 길을 따라 걷다 온천탕에 발을 담그기도 했다. 나도 발을 담가 보았다. 따끈하다.

텔린구유도 관람했다. 기원전 7, 8세기에 조성된 이곳은 고대 동굴 지하도시로 기독교인들이 오스만제국의 탄압을 피해서 숨어서 지낸 곳이다. 현재 지하 11층까지 발견되었다.

우린 안내자를 따라 좁은 통로를 지나며 곡물창고, 교회, 학교 등을 관람하며 당대의 생활상을 살펴보았다. 지금도 이 동굴에서 생활하는 주민이 있다고 한다.

카파도키아는 튀르키예의 수도 앙카라의 동남쪽에 위치한 석굴로 된 도시다. 이곳에는 깔때기를 엎어놓은 듯한 수백 만개의 기암괴석들이 갖가지 형태로 계곡을 따라 끊임없이 펼쳐 있다.

정말 아름답고 신기한 풍경이다. 화산 폭발 이후 오랜 세월 동안 거대한 용암층이 형성됐는데 버섯, 동물, 도토리 등 다양한 모양의 기암이 마치 신의 작품이 인간 세상에 전시된 것만 같았다. 이러한 장관을 하늘에서 내려다볼 수 있는 열기구 체험도 있는데, 나는 고소 공포증이 있어 아쉽지만 신청하지 않았다.

튀르키예에서 가장 큰 도시인 이스탄불은 도시 전체가 유네스코 세계문화유산으로 선정되어 있다고 한다. 아시아와 유럽을 잇는 주요 관문이자 항구도시였던 이스탄불에는 두 세계의 가교역할을 잘 보여주는, 유럽과 아시아를 이어주는 포스 포르투 다리가 유명하다. 약자와 강자가 함께 사는 평등과 공존의 가르침을 주는 다리라고 한다.

이어서 우린 보스포루스 해협을 유람선을 타고 한 바퀴 돌아보았다. 아울러 이스탄불의 과거 영화를 간직한 궁전인 톱카프 궁전을 찾았다. 19세기 중반 오스만제국 때 지어진 이곳은 정치, 경제적 패권을 누리던 시대의 왕궁이었다. 궁전 옆 왕궁박물관에 가려 했는데 많은 관람객이 줄을 서 있어 포기했다.

서로 이웃해 있는 술탄 아흐메트 사원과 성 소피아 성당은 이스탄불의 자랑이자 세계적인 명소이다. 성 소피아 성당은 콘스탄티누스 황제가 창건하고 유스티니아누스 황제가 재건하여 537년에 완성된 비잔틴 양식의 대표적인 건축물이다.

술탄 아흐메트 사원은 그로부터 약 1천 년 뒤 술탄 아흐메드 1세 때인 1616년에 완공되었다. 내부 장식에 파란색 타일이 쓰여 '블루모스크'란 별칭이 붙었다. 이 두 곳은 기독교와 이슬람교의 공존을 상징적으로 보여주는데, 성소피아 성당은 지금은 박물관으로 활용되고 있다. 두 곳 모두 아름답고 위대한 건축물로 많은 관광객이 찾는다.

튀르키예는 국민의 98%가 이슬람교를 믿는다. 이슬람교도는 알라신에게 하루 다섯 번의 예배를 드린다. 그리고 이슬람교의 또 다른 특징 중 하나는 남자 아기의 경우 할례 식을 하는 순간 남자로 다시 태어난다는 인식을 한다는 점이다.

튀르키예는 정말 이채로운 여행지가 많다. 지중해의 손꼽히는 아름다운 해변 안탈리아는 옛 구시가지를 연상하게 했다. 포도와 와인 양조장 '와이너리' 및 올리브유로 유명한 쉬린제 마을도 들러 포도주 한잔을 시음하기도 했다. 천년 동굴이 있는 도시에선 저녁 식사 후 튀르키예 춤 벨리댄스를 감상하며 즐거운 한때를 보내기도 했다.

모든 관광 일정을 마치면서 '피에 로티 언덕'의 전망대 카페에서 차 한 잔 하는데 프랑스 작가 피에 로티가 이 카페에서 남겼다는 시 한 구절이 눈에 들어온다. 슬픈 사랑 이야기다. 긴 여운으로 남는다.

언덕에 올라 그대를 보네
저 골드 혼
푸른 물결이 출렁거리는 한
사랑하는 하라여!
그대는 꺼지지 않는 불꽃처럼
영원히 내 가슴속에
남아 있네.

* 터키는 2022년 6월부터 공식적으로 '튀르키예' 공화국으로 이름이 바뀌었다. 성 소피아 박물관도 2020년 7월 10일 이후 하기아 소피아 그랜드 모스크로 사용되고 있다.

〈2023년 11월 10일〉

베트남 남부
여행기

세상을 살다 보면 때로는 먼 곳으로 떠나고 싶을 때가 있다. 혼자 혹은 이웃과 함께. 여행은 자기 자신을 돌아보고 기억하는 행위다.

나의 아내와 함께한 이번 베트남 남부 여행은 이 선생 내외도 같이 했다. 이 선생은 과거 초임 교사 시절부터 서로 가까이 지내던 사이다. 그런데 국내에서 해외 건설 붐이 일자 이 선생은 교직을 그만두고 건설회사로 이직했으며 이후 해외에서 근무해 왔다. 귀국 후 이 선생은 퇴직했으며 이후 자주 만나며 친하게 지내고 있다.

이번 여행은 2008년 10월 8일부터 12일까지 베트남 남부에서의 5일간의 일정이다.

첫째 날, 인천국제공항에서 만나기로 한 약속 시간보다 여유가 있게 도착하여 기다리고 있는데 이 선생 내외가 도착했다. 아내와 이 선생 부인과는 초면이 아닌 구면이어서 보자마자 서로 반가워한다.

출국심사를 마치고 나서 저녁 7시 비행기에 탑승하기까지 시간 여유가 있어 커피숍에 들렀다. 호치민 탄손누트 국제공항까지 비행시간은 약 5시간 30분. 공항에 도착하니 거의 자정이다. 현지 가이드와 미팅 후 호텔로 이동해 휴식을 취했다.

둘째 날 호텔에서 아침을 먹고 호치민 시내 관광에 나섰다. 버스로 이동하다 도보로도 다녔는데 거리에 오토바이 물결이 줄을 잇는다. 흰 아오자이를 입고 자전거를 타고 가는 여학생들의 모습들이 예뻐 보인다.

거리 곳곳에서 노점 식당을 볼 수 있었다. 베트남 음식문화는 외식문화가 아주 발달해 있다고 한다. 베트남 사람들은 삼시 세끼 식사를 거의 밖에서 한다고 가이드가 알려준다. 어느덧 밤이 되었다. 호치민의 밤거리는 현지인뿐만 아니라 많은 여행객으로 가득하다. 길거리 노점에서 낭만을 즐기는 다양한 동서양인의 모습을 볼 수 있다.

시내 거리 한복판에 우뚝 서 있는 호치민의 동상도 눈에 띈다. 베트남 사람들은 호치민을 국부(國父)로 인정하고 있다. 베트남은 우리나라와 비슷한 역사를 가지고 있는 나라다. 2차 세계대전 후 호치민이 이끄는 월맹과 미국이 이끄는 월남으로 갈라져 싸우다가 1975년 미군이 철수함으로 월맹의 승리로 공산화가 된 나라다.

우리나라는 1964년부터 1973년까지 일어난 베트남 전쟁 때 월남에 국군을 파견하기도 하였다. 공산화된 후 베트남과 우리나라의 국교는 단절되었다가 1992년에 다시 국교 수립이 정상화되었다. 그 후 여러 정치적 격변을 거쳐 지금의 베트남은 사회주의 공화국이 되었다. 잦은 전쟁의 아픔을 겪고도 베트남인들은 꿋꿋이 살아가고 있다.

해외여행을 하면서 빠지지 않고 꼭 들르는 곳은 박물관과 유적지다. 그 나라의 역사를 알 수 있기 때문이다. 우리는 호치민전쟁박물관을 관람하고, 이어 통일궁에 들렀다. 통일궁은 1975년 4월 월남이 패망할 때까지 대통령궁으로 사용하다가 월맹과 월남이 통합되면서 통일궁으로 이름을 바꿔 기념관으로 사용하고 있다. 대통령 집무실과 그 당시 사용하던 집기와 방들을 비롯해 지하에 있는 군작전 벙커도 둘러보았다.

프랑스 식민지 시대의 건축물도 남아 있는데 그 대표적인 것이 노트르담 대성당과 사이공 우체국이다. 노르트담 성당 앞에서 이 선생과 함께 기념사진을 찍었다. 사이공 우체국은 아치형의 높은 천장이 인상적이었다. 안으로 들어서니 정중앙에 걸린 호치민의 초상화가 한눈에 들어온다.

다음 일정으로 우린 호치민시를 조금 벗어나 베트남 최대 전적지 꾸찌 터널로 이동하였다. 거기서 베트남 전쟁 당시 숨어 살았던 땅굴과 실제 터널을 체험했다. 지하 2층 체험도 하였다.

사격장에서 사격할 사람들은 해보라고 해서 이 선생과 나는 여섯 발씩 장착해 M16 소총을 직접 쏴보기도 했다. 지난날 논산훈련소 일등사수이었던 나의 실력을 과시했더니 군 추억이 되살아나는 듯하다.

이어 메콩강변의 도시 '미토'로 이동한 후 유람선을 타고 메콩델타 (유니크 섬) 수상마을에 도착하였다. 주위를 관광하고, 인접한 빈트랑 사원에 들렀다. 베트남에서 손꼽히는 규모의 사찰 중 하나다. 본찰 건물 중앙 광장 앞에 부처상이 있고, 그 뒤편 상단에 호치민 동상이 있다. 베트남에서 호치민이 얼마나 위대한 인물인가를 보여주고 있다. 베트남인들은 70% 정도가 불교를 믿는다고 한다. 뒤뜰에는 거대한 미륵불이 나를 바라보고 빙그레 웃고 있어 합장했다.

수상마을에 있는 과일 농장을 방문해 열대 과일 시식도 하고, 작은 배를 타고 메콩강 열대 우림지역을 둘러보는 수로 투어도 했다. 하루 일정을 마치고 호텔로 돌아와서 저녁에 과일 농장에서 사 온 과일을 먹으면서 즐겁게 지냈다.

셋째 날, 호텔에서 조식 후 버스를 타고 붕타우로 이동, 티우별장에 도착해 대통령 시절 집무실을 관람했다. 이어 높이가 30미터나 되는 그리스도상이 있는 언덕으로 나가 바다 수평선을 바라보니 가슴이 확 터지는 듯하며 온몸에 전율을 느꼈다.

바닷가 해변을 한참 거닐면서 자유시간을 즐겼다. 청춘남녀들이 해수욕하며 서로 장난치는 모습이 보기 좋았고, 수상스키를 즐기는 모습들이 멋졌다. 저녁에는 한국인이 운영하는 해산물 전문점에 들러 신선한 자연 해산물을 먹으며 즐거운 시간을 보냈다.

넷째 날에는 고무나무농장에 들렀다. 베트남은 고무 생산이 많은 나라다. 농장에서 나무 기둥에 흠집을 내 수액을 그릇에 채취하는 모습을 보고, 라텍스 공장 견학도 하였다. 오후에는 붕타우 호치민 벤탄시장에 들렀다.

이곳저곳 안내하는 가이드를 따라다니면서 다양하고 이채로운 시장의 모습들을 즐겼다. 커피도 한잔 사서 먹고, 과일도 사며 흥겹게 시간을 보냈다. 저녁때는 선착장에 들러 선상 크루즈에 올라 디너쇼를 끝으로 마지막 관광 일정을 마쳤다.

늦은 시각에 귀국 준비를 했다. 호치민 탄소누트국제공항까지 버스로 이동, 새벽 1시 40분 밤 비행기에 몸을 실었다. 인천공항에 아침 8시에 도착하였다. 공항 내 식당에서 이 선생과 아침 식사를 함께하며 모두 아무 탈 없이 여행 일정을 무사히 마치게 된 것에 서로 감사하며, 다음을 약속하고 헤어졌다.

해외여행을 할 때마다 느끼는 것이지만, 나라마다 그 자연환경 및 사회 환경의 특성에 따라 열심히 살아가는 사람들의 모습을 볼 수 있다. 그리고 도시보다는 시골에 살고 있는 사람들이 더 순박하고 인간적인 따뜻함을 느끼게 해주는 점도 역시 공통적이다.

또한 나라마다 아픈 역사를 간직하고 있다는 사실도 새삼 느끼게 된다. 1인 전제군주나 독재정치 그리고 이념과 사상에 경도된 정치권력에 의해 많은 사람이 희생당하고 어려움을 당했던 역사적인 흔적들을 볼 수 있다.

베트남도 아픈 역사가 많다. 하지만 지금은 통일되어 살아간다. 우리나라만이 세계에서 유일하게 아직도 남북으로 갈라져 서로 총구를 맞대고 있다. 김일성과 김정일, 김정은에 이르기까지 3대에 걸친 북한의 세습 독재 체제와 물질만능주의와 모순된 사회질서를 낳는 남한의 일부 부조리한 정치권력이 통일의 길을 가로막고 있다.

단일민족을 긍지로 삼고 살아왔던 우리나라 국민은 남북전쟁으로 이산가족이 되어 살아가거나 남녘과 북녘의 땅을 자유롭게 오가지 못하며 살아가야 하니 불쌍하고 억울하다.

'우리의 소원은 통일, 꿈에도 소원은 통일'은 뒤로한 채 군비 경쟁에 열을 올리며 서로를 압살하려는 남북 정치권력의 작태가 계속 이어지고 있는 현실이 원망스럽고 슬픈 일이다.

베트남 여행이 우리나라의 아픈 현실을 더 도드라지게 만든 것 같다.

아리랑 아리랑 아라리요~
아리랑 고개를 넘어간다~

남북이 갈라지기 전에 같이 부르던 노래를, 남북이 갈라지고, 지금은 따로 부르고 있다. 언제 함께 부를 날이 올는지….

나를 버리고 가시는 임은~

십 리도 못 가서 발병 난다~

〈105주년 3·1절 기념식을 보고 나서, 2024년 3월 1일〉

백두산,
윤동주 문학기행

그동안 나는 주로 해외여행을 할 때는 현지에서 보았던 모습과 추억들을 간직하기 위해 카메라로 사진을 찍어 두거나 동영상 촬영을 해서 편집해 DVD로 만들어 보관해 두기도 했다. 또 여행 일정에 따른 주요 관람지를 메모하고 그에 대한 나의 감상을 글로 써 놓기도 했다.

얼마 전 일이다. 책장 서랍 정리를 하다가 깊숙이 잠자고 있는 나의 원고 뭉치를 발견하였다. 일기장과 해외 여행기였다. 빛바랜 원고를 넘겨 보았다. 특히 해외 여행기에 눈이 오래 머물렀다.

이제는 노쇠하여 드넓은 세상을 쏘다닐 수 없게 되어서 더 그랬나 보다. 여행기를 보며 그동안 잊고 있었던 지난날 나의 낭만과 추억의 여행길을 되돌아보니 여러 빛깔의 기분이 나를 휘감았다. 좋았다. 그 해외 여행기 중에 백두산과 만주 명동촌 윤동주 시인의 생가를 다녀오고 나서 쓴 글도 있었는데 이를 다시금 갈무리해 본다.

2019년 7월 3일부터 6일까지 창작 산맥에서 주관하는 '백두산, 윤동주 문학기행'을 하였다.

첫째 날, 문학회 회원 모두 시간을 엄수하여 약속 시간 집결지에 도착하였다. 인천국제공항에서 출국, 장춘국제공항에 2시간 20분 만에 도착했다. 장춘에서 중식 후 버스로 이동, 5시간 걸려 이도백하에 도착하였다. 이도백하에서 석식 후 숙소인 호텔로 가 여장을 풀고 잠시 쉬었다가, 호텔 로비에 모두 모여 회원들의 자기소개를 비롯한 단체 프로그램을 수행하며 즐거운 첫날 밤을 보냈다.

둘째 날부터 관광이 시작됐다. 버스를 타고 백두산의 북쪽 관문인 북파산문으로 향했다. 길 양쪽에는 자작나무가 쭉쭉 뻗어 있었다. 산문에 도착, 다시 산행길 전용 봉고 차량으로 갈아타 천문봉까지 올라가 천지를 보려는데, 비구름이 가려 잘 보지 못했다. 아침에 떠날 때 가이드가 "오늘, 꼭 볼 수 있다"라고 장담까지 했는데, 천지의 모습을 비바람이 가로막는다.

간혹 회원 중에 구름 사이로 천지를 보았다는 회원이 있기도 했지만 훤하게 보지는 못했다고 한다. 6년 전 나는 백두산 서쪽 관문인 서파로 백두산에 왔었는데 그때도 비구름이 가로막아 보지 못했었다. 백두산 천지는 1년에 30일 정도 그 모습을 드러낸다고 한다. 열 번을 왔는데도 보지 못한 사람도 있다고 한다.

천지를 뒤로하고 장백폭포로 이동했다. 백두산 온천지대를 지나 협곡 사이로 장엄한 폭포수가 흘러내리는 모습이 장관이다. 마치 용이 승천하는 모습 같다고 하여 비룡폭포라고도 불린다. 연길로 이동하여 석식 후 호텔로 이동했는데 잠자기도 뭐하고 해서 같은 숙소에 배정받은 문 작가와 한잔하면서 늦도록 이국의 밤의 정취를 느꼈다.

셋째 날, 북간도 용정으로 향했다. 버스로 지나가면서 창밖의 일송정을 바라보았다. 해란강에 이르러선 잠시 모두 버스에 내려 강줄기를 내려다 보았다. 명동소학교로 이동하는 도중, 여성 회원 한 분이 〈선구자〉 노래를 부르기 시작한다. 옛 만주벌판에서 독립운동하던 우리 독립군들을 생각하면서 "일송정 푸른 솔은 늙어늙어 갔어도~ 한 줄기 해란강은 천년 두고 흐른다~" 모두 힘차게 합창했다.

곧 우리는 윤동주 기념관에 당도해 윤동주 시인의 어린 시절과 가족들의 사진들을 관람하고, 명동촌 윤동주 생가로 이동했다. 기와집이었는데, 넓은 앞마당에는 윤동주의 시가 새겨진 돌기둥이 군데군데서 있었다. 한쪽 옆 큰 바위에는 「서시(序詩)」가 쓰여 있다.

윤동주는 중학교부터 시를 쓰기 시작했다고 한다. 일부 회원은 기념사진을 찍느라 바쁘다. 윤동주 생가로 이어지는 길목에 있는 간이 서점에서 윤동주의 시집 『하늘과 바람과 별과 시』를 한 권 샀다.

다음 코스로 국경지대인 도문 두만강에 도착했다. 서파로 백두산을 갔을 때 본 압록강은 그 폭이 넓고 수심도 깊어 보였는데 두만강은 생각과는 다르게 폭이 좁고 시냇물같이 느껴진다. 강 건너는 북한 땅이다. 함경북도 남양시를 눈앞에서 바라보며, '저 건너에 사람들은 어떻게 살고 있을까, 하루빨리 통일되어 자유롭게 왕래하는 날을 기다릴 수밖에…'라는 생각에 한숨이 나온다.

장춘에서 석식 후 호텔로 이동했다. 오늘은 몸도 피곤해서 일찍 잠자리에 들었다. 여행 마지막 날, 아침 식사를 하는데 인솔자가 한 가지 공지 사항을 들려주었다.

원래 윤동주 묘소를 단체 관람하기로 했는데, 단체 관람은 안된다는 중국 정부의 지침으로 문학회를 대표해 몇 분만이 가이드와 동승해 승용차로 새벽 일찍 다녀왔다고 한 것이다. 묘소 참배단은 준비해 온 소주를 잔에 부어 '시인 윤동주지묘(詩人 尹東柱之墓)'라고 쓰인 묘비 앞묘지에 참배하고, 옆에 있는 송몽규 묘소에도 참배했다고 전했다.

윤동주 묘소를 참배하지 못한 나의 마음 한구석에는 중국 정부에 대한 원망이 생겼다. 북간도 용정 동산에 쓸쓸히 지내고 있는 두 분을 하루빨리 우리나라 국립묘지로 모셔 와야 한다고 생각했다.

이번 문학기행은 평소 잘 몰랐던 윤동주 시인의 과거와 흔적을 알게 되고 좋은 기회가 되었다. 일제강점기, 윤동주는 고향 용정에서 명동소학교를 졸업하고, 은진중학교에서 숭실중으로 전학하여 다니다가 학교가 폐교되자, 용정 광명학원에서 졸업 후 서울로 유학, 그 당시 조선어 수업을 중시했던 연희전문에 입학한다.

윤동주는 대학에 다니면서 계속 시를 썼으나 문예지에 발표하지는 않고 모아두었다가 친필로 쓴 시 19편을 묶어 만든 책을 세 권 만들어 한 권은 본인이 가지고, 한 권은 이양하 교수, 또 한 권은 연희전문 후배인 정병욱에게 맡기고 일본 유학을 떠난다.

윤동주는 1942년 4월 2일 일본 릿쿄대학(立敎大學)에 입학한 후 다음 학기에 다시 교토 도시샤(同志社)대학 영문과로 옮기면서 고종사촌 송몽규(교토제국대학 사학과)와 만나 가까이 지내게 된다. 그 당시 일제는 우리 민족 말살을 위한 정책으로 창씨개명을 강제하고, 일본인과 한국인의 내선일체(內鮮一體)를 주장했다.

이에 송몽규는 일제에 대해 행동으로 저항했다면, 윤동주는 우리 조선인의 삶의 슬픔을 시로 표현하며, 일본의 식민 통치에 문학적 방식으로 항거했다. 일본 경찰은 가만 있지 않았다. 1943년 7월 일본은 송몽규와 윤동주의 독립운동을 이유로 치안유지법 위반 혐의를 뒤집어 씌웠고 결국 두 청년은 2년의 실형을 받고 후쿠오카 교도소에 갇히게 된다.

그 후 독방에서 일 년도 되지 않아 윤동주는 병사가 아닌 의문사로 28세의 아까운 나이에 세상을 떠나고 말았다. 당시 감옥을 지키던 간수의 증언에 의하면 큰 소리를 외치며 이국땅 차디찬 교도소에서 1945년 해방을 6개월 남겨두고 운명했다.

송몽규도 뒤를 이어 세상을 떠났다. 의문의 죽음이 일제의 생체실험 때문 아니냐는 의혹도 있다. 731부대(일본 관동군 방역 급수부)의 '마루타'가 떠오른다.

윤동주는 늘 자신의 모습을 뒤돌아보며 부끄러워하고 높고 고결한 이상을 이루기 위해 시적 성찰을 거듭했다. 아울러 그러한 성찰의 언어 속에는 압제 받는 이들에 대한 연민과 민족에 대한 짙은 우려가 녹아들어 있다.

그의 시 「자화상(自畵像)」은 우물 속에 비춰는 자신을 부정하고 또 연민하고 끝내 화해 하면서 나라와 민족에게 더 쓸모 있는 존재가 되기를 소망하는 시라고 여겨진다. 창씨개명을 하기 닷새 전에 쓴 시 「참회록(懺悔錄)」에 나오는 구리거울도 부조리한 현실을 살아가는 자신에 대한 성찰을 상징하는데 이처럼 윤동주는 역사와 현실에 자신을 비추며 스스로를 부끄러워하고 반성하며 그 극한 내적 갈등을 시로 표현했다.

윤동주의 시편이 세상에 빛을 보게 된 것은 일제의 눈을 피해 윤동주의 시를 잘 숨겨 둔 후배 정병욱 덕분이다. 그는 윤동주의 시인이 옥사한 후 해방이 되자 숨겨 놓은 시와 윤동주의 학교 동기 강처중과 윤동주의 유가족이 보관해 둔 31편의 시편을 모아 1948년 시집 『하늘과 바람과 별과 시』를 세상에 내놓았다.

그 후 문학지 창작산맥의 발행인이며 평론가이신 김우종 교수님께서 『문학사상』과 『한국문학』 등을 통해 윤동주의 시를 널리 알리자, 다른 문학잡지에서도 큰 관심을 가지게 되어 이후 윤동주의 시는 세상에 더 많이 알려지게 되었다.

현존하는 윤동주의 작품은 모두 125편이나 된다고 한다. 모국어가 무참히 짓밟히던 시절, 한글로, 그것도 높고 고매한 정신을 아름다운 시어에 담아 시를 썼다는 것은 참으로 높이 평가할 일이다.

일본의 뜻있는 분들은 윤동주의 시를 예찬하며 도지사대학에 시비도 세우며 윤동주의 시와 그 시정 신을 기리는 한편, 윤동주 연구에 힘을 기울이고 있으며, 한일 문학 교류도 활발하게 펼치고 있다.

윤동주의 시는 일본의 고등학교 교과서에도 실리기도 했다. 일본인도 윤동주의 시를 읽고, 울며, 가슴 아파한다는 이야기를 들을 때 국적을 떠나, 사람의 마음은 마찬가지라는 것을 느끼게 한다.

살아생전에는 시인으로 인정받지 못했던 윤동주는 죽어서 영원히 사랑받는 민족의 시인으로 탄생했다.

『하늘과 바람과 별과 시』… 나는 눈을 지그시 감는다. 어슴푸레 저편에서 윤동주 시인이 환영(幻影)으로 나타나 "나를 생각하여 멀리 용정 집까지 찾아주고, 나의 슬픈 과거를 함께 해서 고맙다"라고 하는 듯하다. '영원한 청년 시인' 윤동주는 몸은 갔지만, 영혼은 영원히 우리들의 삶 속에 살아 숨 쉬고 있다.

이번 문학기행은 참으로 뜻깊고 보람 있었다.

〈2024년 2월 26일〉

제3 인생의 여로(旅路)

 신께서 "네가 하고 싶은 것을 들어줄 테니 한 가지만 말해 보라"고 한다면 무엇을 하고 싶은가? 나는 여행을 하고 싶다고 대답하겠다. 희망 사항을 묻는 여러 설문조사를 봐도 사람들은 대개 여행을 가장 하고 싶다고 꼽는다고 한다. 더 넓은 세상을 보고 싶은 건 인간의 가장 큰 바람이자 본능일 것이다.
 공자도 주유천하(周遊天下) 하면서 인생을 논하였고, 김삿갓도 산천을 누비며 시를 쓰고 노래했다. 우리 세대는 젊은 시절에 자유롭게 해외여행을 할 수 없는 상황이었지만, 요사이 젊은이들은 우리보다 훨씬 좋은 조건과 여유를 가진 만큼 해외여행을 통해 견문을 넓히는 게 바람직하다고 생각한다.
 "여행은 가슴이 떨릴 때 떠나라, 다리가 떨릴 때 떠나면 힘들다"라고 했다. 늙어선 하고 싶어도 못 한다.
 여행에서 얻은 중요한 교훈이 있다. 여행은 혼자서 하는 여행이 있고 둘 또는 여럿이 하는 여행이 있다. 혼자서 하는 여행은 크게 문제가 될 것이 없지만, 둘 이상일 때는 문제가 생길 수도 있음을 꼭 명심해야 한다.

서로 피곤하고 긴장된 상황에서 자칫 사소한 말과 일로 큰 갈등에 처할 수도 있는 것이다. 복잡한 일상생활에서 벗어나 즐겁게 여행을 다녀오려 했는데 예상치 못한 갈등으로 그렇지 못한 경우도 있다.

그래도 누군가와 함께 여행을 떠나는 것은 좋은 일이다. 친구의 진가를 알아보기 위해서는 세 차례의 술을 마셔 보아야 하고, 여행을 떠나 보라고 했다. 동행하면서 이런저런 이야기를 하고 하루 이틀 지내다 보면 상대방의 마음과 취미 등 속내를 알 수 있게 된다. 그러면서 상대를 통해 인생의 또 다른 면모를 배울 수 있다.

2007년 2월 말일로 나는 교직에서 정년퇴직하였다. 그동안 조직의 틀 속에서 지내다가 이제부터는 제3의 인생을 시작한다는 홀가분한 마음으로 그동안 미뤄 두었던 것을 해보기로 했다. 그리고 무엇보다 해외여행을 하고 싶었다. 퇴직하자마자 그해 나는 두 차례 해외여행을 떠났다. 그 기억을 더듬어 본다.

동남아 여행

2007년 4월 17일부터 4월 22일까지 동남아 여행(싱가포르, 말레이시아, 인도네시아)을 아내와 둘이 다녀왔는데, 특히 싱가포르가 기억에 남는다.

싱가포르는 서울시보다 조금 더 넓은 면적으로 여러 개의 작은 섬으로 구성된 동남아시아의 경제 강국이다. 2차 세계대전 이전까지는 영국의 식민지였다가 대전 중 일본의 지배를 받게 되었는데 대전 후에는 다시 영국의 지배를 받는 등 수난의 역사를 가진 나라다. 그러다

1965년 독립 이후 30년 동안 싱가포르를 이끌었던 리콴유(李光耀)의 강력한 지도력으로 경제 강국이 되었다.

 싱가포르는 다양한 인종과 종교가 만들어 내는 공존의 도시로 해상을 통한 국제 중계무역의 중심지이자 세계의 금융도시이기도 하다. 시내 한복판에는 사자상이 입에서 물을 뿜는 머 라이언 동상 등의 모습을 흔히 볼 수 있다. 싱가포르의 어원은 '사자의 도시'라고 하는데, 한 왕국의 왕자가 표류 끝에 싱가포르에 닿았다가 사자와 닮은 동물을 보고 그렇게 이름 지었다는 이야기에서 비롯된 말이다.

 시내 곳곳을 가보아도 싱가포르의 거리는 모두 깨끗하다. 강력한 규제로 인한 효과인데, 가는 곳마다 범칙금 공고가 붙어 있다. 가이드 말에 의하면, 담배꽁초를 버리다가 적발되거나, 휴지를 함부로 버려도, 심지어 껌을 뱉다 적발되어도 많은 범칙금을 낸다고 한다.

 기초 질서에 대한 규제뿐만 아니라 공무원이 법을 위반하면 3대에 걸쳐 공무원 자격을 주지 않는다고 하는 등 청렴한 사회를 위한 의지가 강력한 것을 알 수 있다.

 싱가포르 주변의 말레이시아와 인도네시아도 역사적으로 영국이나 일본으로부터 식민지 생활을 겪으며 많은 수난을 당해온 나라들로 관광지마다 그 흔적들이 남아 있다.

코타키나발루 여행

 2007년 6월 19일부터 23일까지 코타키나발루를 다녀왔다. 초임 교사 시절부터 친하게 지내던 이 선생 내외와 우리 부부 4명이 함께 여행길에 올랐다. 코타키나발루는 말레이시아 북쪽에 있는 도시로 많은 관광객이 찾는 휴양지다.

이 선생 내외와 함께 패키지여행 일정으로 떠났는데, 첫날 호텔에 도착하니 프런트에서 숙박료를 내라고 한다. 무슨 소리냐, 우리는 떠나올 때 여행사에 다 내고 왔다고 말하니, 호텔 측에선 냈다고 하더라도 확인이 안 되니 우선 내고 숙박하는 동안 확인이 되면 다시 돌려준다고 한다. 우리는 잠시 식당에 자리를 잡고 앉아 여행사에 연락하여 알아보고 있는데, 도중에 현지 담당 가이드가 도착하여 문제가 잘 수습되었다.

젊은 여자 가이드는 미안하게 되었다며 사과하고, 내일 일정을 말해주고 가려는 것을, 우리는 마침 가볍게 술 한잔 하려던 자리인데 같이 하자고 권했고 합석하게 되었다. 양주를 마시고 있었는데, 가이드도 양주를 좋아한다고 한다. 가이드와 이런저런 이야기를 나누다 우리가 서울에서 왔다고 하니, 가이드도 자기 집도 서울이라며 본인의 이야기를 풀어 놓았다. 대학 영문과를 졸업하고 가이드 생활을 하게 된 이야기며, 가이드 하면서 겪는 일들을 한참 동안 듣고 보니 한 병을 다 마시고 말았다.

이 선생이 인천공항 면세점에서 양주 두 병을 사서 한 병은 여행 중에 마시기로 하고 한 병은 집에 가져가려고 했었는데 첫날 다 비우고 말았다.

아침에 가이드가 일찍 도착하여 일정을 말해주고 지프차에 타라고 한다. 버스로 이동하는 것이 아니라 본인이 직접 운전하는 차로 이동하겠다는 것이다. 어떻게 된 건지 물으니 자기 차로 직접 일정을 진행하겠다며 부모님같이 잘 모시겠다는 것이다. 우리는 좋다고 했다. 하루 일정을 마치고, 저녁에 또 호텔에서 가이드와 이 선생이 산 양주 한 병을 마시며 즐거운 시간을 보냈다.

다음날 돌아온 가이드는 여행 일정대로 하는 것보다 더 좋은 곳들이 있으니, 자기한테 일정을 맡기라고 한다. 우리는 흔쾌히 동의했다. 패키지여행이 아니라 자유여행이 된 것이다.

가이드의 차를 타고 우리는 바닷가 외딴섬에 도착하여 같이 식사도 하며 즐겁게 시간을 보냈다. 나무에 걸친 넝쿨 침대에 누워 파란 하늘을 바라보고 있는데, 한 소년이 와서 흔들어 준다. 아내는 기분이 좋은지 단잠에 흠뻑 젖어 있는 것 같다. 여행 중에 제일 만족해하는 것 같다.

마지막 날에는 여독도 풀 겸 해서 전신 마사지를 받았는데 몸이 개운했다. 가이드가 공항 안까지 들어와 배웅해 줬다. 며칠 동안 정이 들었다. 가이드는 남편이 서울에서 박사학위 마칠 때까지는 자신이 고생 좀 해야 한다고 말한다.

그동안 고맙고 해서 현지의 지폐 남은 것 모두하고 이 선생과 상의해서 한국 돈을 조금 더 보태 사례를 하고 작별하였다. 늦은 밤 비행기를 타고 귀국길에 올랐다.

이 선생은 이번 여행은 또 다른 재미가 있었다며, 인천공항에 내리면 양주 한 병을 사서 집에 가겠다며 웃는다. 며칠 후 여행하면서 사진 촬영한 것을 편집해서 가이드의 서울 주소지로 CD를 보내주었다.

〈2024년 3월 10일〉

가깝지만
먼 나라

    해외여행은 한 나라의 역사와 문화, 현지 사람들의 삶의 모습 등을 두루 살펴볼 수 있어서 다른 취미생활보다 더욱 삶의 보람과 행복을 느끼게 한다.
    나는 일본을 세 번 여행하였다. 교원으로 근무하던 1995년 여름방학 때 동경을 중심으로 신주쿠, 도쿄 신궁, 긴자, 시부야, 요코하마, 후지산 등을 둘러봤다. 2010년에는 오사카를 중심으로, 나라, 교토, 규슈를 여행하였다. 2011년에는 1박 2일로 대마도를 다녀왔다.
    대마도 여행을 떠올리는 몇몇 기억이 떠오른다. 김포공항에서 12명이 탑승하는 경비행기로 갔는데, 비행기가 너무 작아 '혹시나' 하고 겁이 나 진땀을 흘렸었다.
    다행히 아무 일 없이 한 시간 만에 대마도 비행장에 도착하였다. 깨끗하고 아기자기한 섬이었다 아름다운 해수욕장과 바다의 신을 모시는 도이리 신사가 인상적이었다. 당시엔 별로 구경거리는 없지만 조용한 시골 어촌으로 기억된다.

대마도에는 우리의 역사도 얽혀 있다. 고종황제의 고명딸 덕혜옹주와 대마도 도주 소 타케유키 백작과의 결혼을 봉축하는 기념비가 대마도에 있다. 덕혜옹주는 14세 때 일본으로 강제 유학을 떠나야 했으며, 일제는 정략결혼까지 시켰다. 덕혜옹주는 정신분열증과 이혼으로 많은 고통을 받았고 해방 후 1962년에 고국에 돌아와 낙선재에서 여생을 보내다가 77세에 세상을 떠났다.

일본 여행을 곱씹어보면 좋은 기억들이 많다. 친절하고 상냥한 일본인들, 깨끗한 도시와 거리. 가장 가깝지만 먼 나라 일본은 그러나 우리나라와는 역사적으로 악연을 가지고 있다.

자연의 이치가 약육강식이듯 인간 세상도 강대국이 약소국을 가만두지 않고 침범한다. 1590년 전국시대를 평정한 도요토미 히데요시는 1592년 임진왜란을 일으켰으나 이순신 장군의 철통방어 전략에 실패했다. 도요토미 사후 정권이 무너지고, 이어 권력을 잡은 도쿠가와 이에야스가 일본을 통일한다.

이후 에도막부와 메이지유신을 거치며 근대화에 고삐를 쥔 일본은 청일전쟁에서 승리하고 1910년 한일합방 조약으로 조선을 식민지로 삼아 36년 동안이나 통치하였다.

일제강점기 일본은 조선을 힘으로 억누르는 데 급급했다. 창씨 개명과 일본식 교육, 한글 사용금지 등 조선 민족 말살 정책을 휘둘렀다. 통감 이토 히로부미는 대한제국의 마지막 황태자 영친왕(이은)을 11세 때 강제로 일본에 보내 일본인 마사코(李方子)와 정략결혼 시켰다. 이토는 친일파 양성, 독립운동가 탄압, 강제노역, 공출제, 여자정신근로령, 신사참배와 내선일체(內鮮一體) 등 온갖 만행을 저질렀다.

2차 세계대전을 겪으면서 미국이 일본 히로시마와 나가사키에 원자

탄을 투하하면서 일본은 연합군에 무조건 항복을 선언하고 우리나라는 해방을 맞이하게 되었다. 조선에 있던 일본인들은 도망가기 바빴다. 마지막 총독 아베 노부유키는 조선을 떠나면서 이렇게 말했다.

"일본이 패배했다고 조선이 승리한 것은 아니다. 장담하건데, 조선인이 제정신을 차리고 찬란했던 옛 조선의 영광을 되찾으려면 앞으로 100년이라는 세월이 훨씬 걸릴 것이다. 일본은 조선인에게 총칼보다 무서운 식민교육을 뿌리 깊이 심어 놓았다. 결국은 서로 이간질하며 노예적 삶을 살 것이다. 보라! 실로 조선은 위대했고 찬란했지만, 현재 조선은 결국 식민교육의 노예로 전락하고 말 것이다. 그리고 나, 아베 노부유키는 다시 돌아올 것이다."

억지 주장이요 잘못된 판단이었다. 세종대왕이 창제한 한글은 존속하였고 우리 민족의 얼과 혼은 살아 있다. 물론 우리도 시대 변화에 제대로 준비하지 못하고 국권을 상실하고 고통받았던 과거를 기억하고 반성하며 다시는 우리나라에 대한 그 어떤 나라의 도발도 허락지 말아야 할 것이다.

1, 2차 세계대전이 이념과 힘의 대전이었다면, 3차대전은 경제전쟁이다. 지금 세계 곳곳에선 경제전쟁이 일어나고 있다. 2차 대전의 패전국이었던 일본은 부활했고 1970년대에서 1980년대까지 경제 대국으로 군림했다.

그러나 1990년 이후 30년간 잃어버린 세월로 국력이 약화되어 가고 있으며, 코로나19 이후 엔화 약세에 지속되면서 저성장의 늪에서 빠져나오지 못하고 있다. 자민당이 이끄는 일본은 아직껏 회복하지 못하고 있는 상태다. 2022년에는 아베 노부유키의 손자인 아베 신조 총리가 괴한에 의해 피살되는 등 혼란을 겪고 있다.

우리나라가 지금의 일본과 같이 되지 않기 위해서는 힘에 의존한 일본의 역사를 반면교사로 삼아 일본과는 다른 길을 가야 한다. 눈을 부릅뜨지 않으면 참담한 비극이 되풀이된다.

아베 노부유키가 한 말을 기억해야 한다. 메이지유신 시기 조선 땅을 아름다운 여인이 누워 있는 모습으로 비유하며 정한론(征韓論)을 주장한 사이고 다카모리(西鄕隆盛)와 같이 여전히 힘의 야욕을 품고 있는 일본 극우 세력을 경계해야 한다.

그들은 아직도 독도를 자기 나라 땅이라고 주장하고 있으며 위안부 피해자 보상 문제와 강제 징용 등에 대해 진정한 사과의 태도를 보여주지 않고 있다.

그동안 많은 고통을 받은 우리 선인들을 생각하면 마음이 아프고, 격분하게 된다. 그러나 국제 정세의 흐름과 한반도 비핵화 등을 고려하지 않고 반일 관계를 지속 시키는 것은 맞지 않다고 본다.

작금의 한반도 위기 상황을 벗어나기 위해서는 일본과의 전략적 협력 관계도 필요한 부분이 있다. 물론 일본은 지난 역사에 대한 진정한 사과를 해야 하며, 그것이 양국 우호 관계 복원의 지름길임을 일본도 깨달아야 할 것이다.

코로나19 펜데믹이 서서히 물러가고 마스크도 벗게 되니 해외여행의 바람이 다시 일고 있다. 한국과 일본이 지난 아픔의 역사를 청산하고 진정한 우호적 관계로 거듭나 국제사회의 난제들을 함께 풀어가는 동반자가 되길 바란다. 그러한 화해의 국면에서 기분 좋게 일본을 다시금 여행하고 싶다.

〈2024년 1월 20일〉

다낭
여행기

'큰 강의 입구'라는 뜻을 가진 다낭은 베트남 중부 지역의 최대 상업 도시이자 휴양지이며 베트남에서 3번째로 큰 도시다. 1965년 베트남 전쟁 당시 주월 미군의 상륙지점이었으며 우리나라 청룡부대가 주둔한 지역이기도 하다. 2017년 7월 20일부터 3박 5일간 친형제 자매 간에 가족여행을 떠나게 되었다. 각자 바쁜 생활 가운데 모처럼 시간을 내었다. 부모님 슬하 7남매인데, 한 명만 이런저런 사정으로 빠지고 여섯 명이 가게 되었다. 모두 시간에 맞추어 늦지 않게 도착하여 저녁 비행기로 떠났다.

인천국제공항에서 다낭 국제공항까지는 약 5시간 30분 소요되며 시차는 2시간이다. 도착 후 정해진 호텔에서 첫날 밤을 보내고 아침 식사 후 버스를 타고 예정된 관광이 시작되었다.

시내에는 각종 차와 오토바이들이 질주하고 있다. 다낭은 유네스코 세계문화유산에 등재된 문화재와 다양한 역사의 산물이 있어 볼거리가 다양하다. 3박 5일 동안 부지런히 다니면서 보고 느낀 점을 나열해 본다.

　다낭의 도심을 유유히 흐르는, 우리나라의 한강 이름과도 같은 송한(Song Han)은 다낭의 젖줄이다. 마블마운틴(오행산)은 5개의 높지 않은 봉우리 전체가 대리석으로 이루어져 있는데 동굴 입구에 들어가면 내부에 천국과 지옥으로 표현되는 실내 공간을 볼 수 있다. 6개의 굴과 굴속에 사당, 불교사원, 탑 등이 있다. 영웅사(靈應寺)에는 높이 약 70m나 되는 해수관음상이 우뚝 서 있다. 더욱이나 바다를 끼고 있는 절이기에 웅장함과 더불어 운치까지 느낄 수 있다.

　다낭 대성당은 1923년 프랑스 식민지 시절 지어진 중세 건축양식의 가톨릭 성당이다. 성당 뒤뜰에는 성모 마리아 상이 있으며 연분홍빛 외관으로 일명 핑크 성당이라고도 불린다. 성당에 다니는 셋째 여동생이 신부님과 기념사진을 찍기도 했다. 바나산 국립공원 바나힐에서 세계에서 4번째로 길다는 케이블카를 타고 올라가는데 해발 1487m 바나산의 울창한 밀림과 자연경관이 무궁무진 펼쳐졌다. 케이블카의 길이는 무려 5킬로가 넘고 편도 운행만 20분이 걸렸다. 프랑스 식민지 시절 프랑스인들이 만든 케이블카이자 휴양시설이다.

　호이안 코코넛 마을, 이곳은 바구니 배를 타기 위해 관광객들이 모여든다. 팀별로 나누어 바구니 배를 타고 노를 저으며 강을 한 바퀴 도는 관광코스이다. 현란한 솜씨로 뱅글뱅글 돌기도 하고 배를 출렁이기도 하는 묘기를 보여준다. 막내 여동생이 바구니 배에서 같이 춤을 추고 좋아한다.

　다낭은 베트남에서도 야경이 아름답기로 유명한 도시이다. 밤바람을 맞으며 타는 유람선, 특히 송한을 따라 늘어선 건물과 다리들이 밤이 되면 형형색색의 불빛으로 반짝이며 환상적인 분위기를 자아낸다.

다낭의 밤은 낮보다 더 매력적이다.

여행 마지막 날에는 공연 아오자이 쇼를 관람하였다. 베트남의 전통의상인 아오자이를 주제로 한 공연으로 베트남의 문화 전통을 느낄 수 있었는데 화려한 아오자이를 입고 노래에 맞추어 춤추고 노래하는 모습들이 인상적이었다. 공연이 끝나고 관람객들과 출연자들이 함께 사진도 촬영하는 시간도 있었다. 동생들이 같이 촬영하기도 한다. 동남아는 여러 차례 여행했지만, 가는 곳마다 그 느낌이 조금씩 다르고 풍습이 다르다. 그들의 생활상을 보면서 역사와 문화의 차이점을 생각하게 되며 우리나라의 위상을 느끼고 애국심도 생긴다.

여행 일정이 끝나고 인천국제공항에 도착하니 저녁 시간이라 같이 식사하고, 찻집에 들러 한잔 하며, 여행 기간 모두 음식이나 잠자리에 아무 탈 없이 건강하고 즐겁게 보낸 것에 무엇보다 감사해했다.

비록 짧은 기간의 여행이지만 형제자매가 함께하면서 서로 위하는 마음을 엿볼 수 있었다. 특히 하루 관광 일정을 마치고 저녁식사 후 호텔 방에 모여 서로 술 한잔 주고받으면서 허심탄회하게 이야기한 것은 좋은 여행의 성과였다고 생각이 든다. 이제 각자의 생활에서 더욱 알차고 건강하고 행복하게 보내기를 바라며 다음 기회를 약속하고 마무리했다.

〈2017년 7월 30일〉

제4부

삶이
그대를
속일지라도

불통즉통(不通卽痛)

　교직에서 정년퇴임한 지 얼마 되지 않은 것 같은데 벌써 15년이라는 세월이 흘렀다. 나이가 들면 똑같은 시간과 세월이라도 더 빨리 지나가는 것처럼 느껴진다.

　그 이유는 이미 경험한 것은 새로울 것도, 흥분할 것도 없는 사안들이기에 우리의 뇌가 신경을 쓰지 않아 시간이 금방 지나가는 것처럼 느껴져 생기는 일종의 착시현상이라고 한 뇌 과학자*는 설명한다.

　흔히 인간의 일생을 4계절에 비유한다. 봄(아동기), 여름(청소년기), 가을(성인기), 겨울(노년기)로 구분한다. 노년기는 푸르고 무성했던 나뭇잎이 누렇게 물들어 낙엽 지고 앙상하게 된 나무처럼 신체적으로나 정신적으로 쇠퇴하는 시기로, 직장에서 퇴직 후 인생을 마무리하는 때라고 할 수 있다.

　세월이 유수처럼 흘러 눈 깜박할 사이 벌써 고희(古稀)가 넘었으니 나는 현재 인생의 한겨울에 살고 있다. 인간의 수명을 연구하는 학자들은 지금 세대 사람들은 100세 시대를 살아가고 있지만, 앞으로 태어나는 세대는 120세까지 살 것이라고 한다. 오래 사는 것은 축복인가, 재앙인가?

인간의 수명이 길어진 배경에는 식생활과 의학, 과학 기술의 발달 영향이 자리 잡고 있다. 이에 따라 젊은 인구는 줄고, 노령인구가 점점 늘어나고 있다. 노령화 사회로 접어들면서 가족 구성과 인구 패러다임도 급변하고 있다. 우리나라도 빠르게 초고령사회로 진입하면서 길어진 인생을 건강하고 활기차게 살기 위한 방편으로 '삶의 질'이나 '웰빙(Well-being)'에 대한 관심이 높아지고 있다.

일본의 뇌신경과 전문의 구도 치아키가 많은 환자를 진료하고 치료하면서 경험한 것을 모아 쓴 책 '신경 청소 혁명'(김은혜 번역)을 사서 읽어 보았다. 그는 사람의 노화된 신경이 각종 질병의 원인이라고 주장하는데, 뇌 혈액과 산소를 흐르게 하는 혈관이 중요하다고 하지만 그보다 더 중요한 것은 신경이라고 했다.

오래 사는 사람과 빨리 죽는 사람은 신경이 다르며, 신경의 노화가 혈관의 막힘을 유발하고, 자율신경의 이상이 근육과 관절의 퇴화 등을 유발한다고 한다.

만병의 근원이 신경에서 출발한다는 것인데, 혈관은 각 가정에 물을 공급하는 수도관이라면, 신경은 각 가정에 전기를 보내는 전선에 비유했다. 신경이란 목숨을 연결하는 생명선으로 신경의 노화를 개선하여 젊게 만들어야 각종 질병을 예방할 수 있다고 그는 강조한다. 통증과 질병의 원인도 신경이며 신경의 막힘, 누출, 과다 흐름을 잡으면 모든 병이 낫는다고 했다.

동의보감에 '통즉불통, 불통즉통(痛卽不通, 不通卽痛)'이라는 말이 있다. 사람과 사람도 소통(疏通)이 안 되면 몸도 마음도 멀어지듯이, 통

(通)하지 않고 막히면 고통(苦痛)이 온다. 꽉 막힌 마음의 병은 건강을 위협하고, 공황장애와 우울증, 치매 등의 원인으로 작용해 삶의 질을 떨어트리고 있다.

기(氣)와 혈(血)이 통(通)하여 순환이 잘 되고, 만병을 사전에 물리칠 수 있도록 하기 위해선 무엇보다 적당량의 물을 꼭 마셔야 한다. 아울러 식생활 개선과 적당한 운동으로 신경을 젊고 튼튼하게 만들어 면역력을 높여야 한다.

이 책을 읽으면서 몸이 아프면 병원에 가야 하고 의사의 처방으로 약을 먹는 것도 필요하지만, 평소 내 몸을 사랑하고 아끼는 마음이 더 소중하다는 것을 새삼 깨닫게 되었다.

한 손에 가시 쥐고 또 한 손에 막대 들고
늙는 길 가시로 막고 오는 백발 막대로 치려 했더니
백발이 제 먼저 알고 지름길로 오더라. (백발가)

고려 말 유학자이며 문장가인 우탁(禹倬) 선생은 무정한 세월의 흐름과 늙음에 대한 한탄을 「백발가」란 시조로 남겼다. 물론 역사 이래로 수많은 사람들이 삶과 세월 속에 얽힌 사연을, 특히 늙음과 관련한 글과 노래를 지어 왔다.

'노세 노세 젊어서 놀아, 늙어지면 못 노나니'
화무십일홍(花無十日紅)이요, 달도 차면 기우나니,
얼씨구 절씨구 차차차, 지화자 좋구나! 차차차,
화란춘성 만화방창(花爛春盛 萬化方暢), 아니 놀지는 못하리라 차차차,

야~이야~야~내 나이가 어때서~

시대를 노래하는 때론 시대를 앞서가는 유행가들이 삶에 지혜를 주고, 시름을 달래주며 우리의 삶을 더욱 풍요롭고 즐겁게 만들어 주고 있다. 앞으로 남은 인생길을 어떻게 살아갈 것인가?

과거 보릿고개를 넘기며 어렵게 살던 시절은 지나갔다. 이제 굶어 죽는 사람은 없지 않은가. 이렇게 편리하고 좋은 세상, 골골하며 오래 사는 것은 바람직하지 못하다. 부자가 아니라도, 의식주 생활에 어려움이 없고, 혼자 움직일 수 있고 사리 판단할 수 있는 정신력이라면 나이에 상관없이 축복이다.

세상은 신비의 존재로 가득 차 있는데, 하루를 살아도 맑은 정신으로 건강하고 행복하게, 착시현상이 아닌, 내 인생 여정 끝나는 날까지 항상 기쁜 마음으로 나의 길을 걷고 싶다.

* 시간의 착시현상을 주장한 뇌 과학자, 미국 택사스주 베일로 의과대학 데이비드 이글먼.

〈2022년 2월 2일〉

슬픈 인연

외로움 가슴 끌어안고
잠 못 드는 밤
꽃씨를 심으며 좋았던 젊은 날
아름다운 슬픈 인연

아픔도 고통도 살아 있음에
컴퓨터는 포맷하면 되지만
가슴속 기억 더욱 새로워지네

슬퍼마라 서러워 마라
너도 나도 세월 가면
잊히리라

먼 훗날

가슴에 박힌 아픔과 고통
봄꽃 피고 가을 낙엽 지니
인생은 나그네 길

이 세상 끝내는 날
한 줌의 재가 되어
아름답게 피어나는
꽃의 거름이 되리.

〈2021년 10월 23일〉

내 몸은
종합병원

경로회관에서 노인들이 서로 주고받는 이야기다.

노인 갑 "아이고 허리야."
노인 을 "허리가 아프다고? 나는 허리도 아프고, 다리도 쑤시고, 온몸이 다 아파."
노인 병 "내 몸은 종합병원이야."
노인 정 "몸이 종합병원이면 어떻게 아픈 거야?"
노인 병 "환갑이 지나고부터 몸에 병이 오기 시작해 치과와 안과는 물론이고 고혈압과 당뇨 등 오장육부가 하나둘 망가지기 시작해 수시로 병원에 다니다 보니 내 몸이 '종합병원'이 된 거지. 사실 옛날에는 벌써 죽었을 나이지. 지금은 좋은 약과 신약이 개발되고, 잘 갖추어진 의료시설과 병원 그리고 종합비타민, 보조 영양제 덕분에 수명이 길어졌지. 그렇지만 젊은 시절, 건강에 유의하지 않고 몸을 함부로 하다가는 나이가 들수록 병원과 가까이 지내게 된다는 거지 뭐!"

남의 이야기가 아니라 나를 두고 하는 말로 들린다. 노인들이 "몸이 천근이나 된다"고 말하면 그게 무슨 말인가 했는데 지금 내 몸이 천근이다. 밤잠을 설치고 아침에 일어나려고 하면 개운치가 않고 몸이 무겁다.

나는 청소년기와 장년기를 비교적 건강하게 보냈다. 환갑을 맞을 때까지 감기나 가벼운 병치레로 약 처방을 받은 적은 있지만, 큰 병을 앓거나 병원에 입원하여 치료 받은 적은 없이 그런대로 건강하게 살아왔다. 그런데 환갑을 지나고 나면서부터가 문제가 시작됐다. 먼저 이가 흔들리기 시작해 치과에 다니는 일이 많아졌다. 풍치가 오기 시작, 해가 지날 때마다 하나둘 이를 뽑기 시작, 내 이의 반 이상은 임플란트 치아다.

4년 전에는 대상포진이 와서 병원에 2주간 입원 치료를 받았었다. 작년에는 척추협착증으로 시술을 받았다. 시력도 좋지 않아 돋보기를 써야 하고, 칠순을 지내면서부터는 혈압약, 당뇨약 먹기 시작해 지금도 복용하고 있다. 세월이 갈수록 몸이 점점 망가지는 것을 느낀다. 아침에 일어나 세수할 때 거울에 비친 내 머리에는 흰서리가 내려져 있다. 내 얼굴 보기가 싫어진다.

아파트 옆 동에 사는 형님 되시는 분은 88세 나이로 매일 하루에 만보 걷기를 한다면서 건강을 과시한다. 아침에 일어날 때 몸이 가뿐하냐고 물었더니 "가뿐하기는 뭘 가뿐해, 죽지 못해 일어나지!" 한다. 그래서 매일 운동을 거르지 않는다는 것이다.

건강한 어린아이가 잠시를 가만 있지 않고 움직이듯이 노인들도 움직여야 건강을 유지할 수 있다면서 가만히 집에만 틀어박혀 있지 말고, 걷기운동을 하라고 권한다.

노년의 행복과 삶의 질은 무엇보다 건강이 좌우한다. 질병 없는 삶은 인간의 공통적인 열망이다. 빈곤, 질병, 고독에 시달리면서 오래 산다는 것은 축복이 될 수 없다. 형님 말씀대로 열심히 운동해야겠다.

우리나라는 1960년대만 하더라도 환갑까지 살면 오래 산다고 해서 큰 잔치를 했었다. 이제는 칠순잔치보다는 팔순잔치를 할 정도로 대개 장수하고 있다. 통계청 조사 보고에 의하면 2013년대 평균수명이 남자는 78세, 여자는 85세다. 2018년 이후부터는 65세 이상 노인 인구가 14세 이하보다 점점 많아졌으며 현재 한국은 고령화 사회가 되어 버렸다.

옛날에는 백 살을 '하늘이 내려준 나이'라는 의미의 상수(上壽)라 해서 특별하게 여겼지만, 지금은 주변에 백 세를 넘긴 장수 노인들이 점점 늘고 있다. 백세시대라는 말이 더는 낯설지 않다. TV에서 80대 노인들이 "내 나이가 어때서~ 사랑하기 딱 좋은 나인데~"라며 '백세 인생'을 주제로 한 유행가를 신나게 노래하고 춤을 춘다.

한국은 아이들의 울음소리가 줄고 노인들이 늘어나는 고령 사회로 접어든 지 오래다. 머지않아 초고령사회가 되면 경제 성장에 문제가 많다고 전문가들은 입을 모은다.

1인당 노인 부양 비중이 높아지고 복지 예산이 늘어나 젊은이들이 번 돈으로 먹여 살려야 할 노인이 많아지니 세금도 더 내야 하고, 생산적인 곳에 투자할 여력도 떨어진다는 것이다.

일본의 경우 초고령화 사회가 되면서 처음에는 경제 성장에 둔화가 있었으나, 젊은 사람이 하지 않거나 할 수 없는 일을 노인들에게 유도

해서 일자리를 늘려가면서 다시 경제 성장을 회복하고 있다고 한다. 우리나라도 늙은이를 뒷방 신세로 취급할 것이 아니라, 다른 나라의 좋은 점은 본받아야 할 것이다.

노령화가 점점 심화하는 상황에서 혼자 사는 노인의 수도 점차 느는 추세다. 독거노인의 삶에는 어려움이 많다. 그래서 실버타운에 관심도 높아지고 있다. 특히 독거노인으로 살게 되면 건강 악화와 경제적 어려움, 외로움, 우울증 등이 삶을 심각하게 위협한다.

이러한 문제를 해결할 방법으로 사회적, 환경적 가치를 중시하는 코하우징 커뮤니티(Co-housing communities)가 부상하고 있다. 또한 집을 나눠 쓰는 셰어 하우스(Shared housing)에도 관심이 모이고 있다. 개인적인 공간인 침실은 각자 사용하지만, 거실과 화장실, 욕실, 주방 등을 공유하며 함께 사는 주거 형태를 말한다. 노인 1인 가구의 증가 추세에 따라 시니어들이 함께 살아갈 수 있는 주거 형태로 관심받고 있다.

셰어 하우스는 금전적인 이유보다 외로움을 달래기 위해 함께 생활할 동거인을 필요로 하는 경우에 적합하다. 노인의 행복을 위해 우리 사회가 여러 방면에서 더 많이 고민하며 더 나은 대안을 모색해 나갔으면 좋겠다.

생로병사는 누구나 거쳐 가는 인생길이다. 이제 나 역시 노인 신세가 되고 보니, 돈도 명예도 부질없다. 얼마나 오래 사는 것보다 어떻게 사느냐가 중요하다고 본다. 사는 동안, 욕심 없이 보람되고 행복한 하루하루를 보내는 것이, 무엇보다 남은 인생의 소망이다.

〈2024년 3월 21일〉

왕진 가방을 든
흰 가운의 의사가
보고 싶다

몸이 아파 집 근처 동네병원에 가서 의사의 진찰을 받고 약을 처방받았다면 좋겠지만, 더 큰 병원으로 가서 진찰받아 보라고 하면 이때부터가 문제다. 큰 병원이 가까이 있으면 그나마 다행이겠지만, 거리가 멀면 그 또한 문제다.

예약에 많은 시간을 보내고, 차로 이동해야 하고, 병원에 가서도 담당 의사의 진찰을 받기까지 또 많은 시간을 기다려야 하는 불편이 따른다.

가족 중에 위급환자가 발생했을 시 119구급차로 해결할 수 있는 경우는 다행이지만, 시골의 경우 도시 큰 병원을 찾아가다가 사망하는 경우도 있고 요새는 서울과 같은 대도시에서도 응급실을 이용하기가 쉽지 않아 환자와 보호자의 애를 태우는 일이 종종 있다. 병원에 가도 문제다. 30분 넘게 기다렸다가 진료실에 들어가면 5분도 채 안 되는 진료 시간에 머릿속에 의문점만 더 많아진다.

환자와 보호자가 궁금해서 물어봐도 의사들은 대개 자상한 설명 대신 무뚝뚝하고 짧게 말하고 간호사에게 맡기려고 한다. 그리고 자기들끼리만 아는 전문용어를 써대며 처방을 내린다.

우리나라의 경우 수도권을 제외한 거의 모든 곳에서 제대로 된 의료 서비스를 받는 게 힘든 상황이다. 정부와 지방정부의 의료지원은 턱없이 부족하고, 병원 등 의료기관 접근성도 크게 떨어져 환자와 가족들이 발을 동동 구르는 경우가 많다. 그렇다면, 의료비를 줄이면서 의료 서비스 접근성을 높이는 방법은 정말 없을까?

과거 내가 어릴 때는 의사가 직접 집에 방문하여 환자를 진료했다. 왕진하는 의사들이 있었던 것이다. 지금은 특정 지역에 일부 의사들이 왕진한다는 이야기는 들었는데, 대도시에서 왕진하는 의사는 보지 못했다. 그 이유는 의료비 저수가(低數價) 때문에 방문 진료에 의사들이 참여하지 않는 경우가 많고, 주거환경의 상태 등 애로사항이 많다는 이유로 꺼리는 경우도 많다고 한다.

일본은 방문 간호사업이 이미 활성화되어 있다. 노인이 시설에 입소하지 않고 본인이 원하는 집에서 안심하고 전문적인 의료 서비스를 받을 수 있는 의료 체제도 잘되어 있다.

우리나라보다 일찍 초고령사회에 진입한 일본은 노인 의료제도가 잘 되어 있다. 특히 긴급, 심야, 휴일 왕진 진료 시간 등에 따라 가산 수가를 책정하여 재택의료를 독려하고 있어 지속 가능한 질 높은 의료 서비스를 제공하고 있다.

우리나라도 국민건강보험공단의 적극적인 정책으로 의사들이 직접 왕진하는 방문 진료가 활성화 되도록 유도하면 좋겠다. 거동 불편한 노인이나 장애인의 편익을 위해 시민들은 방문 진료를 요구하고 있지만 의사협회가 가로막는 실정이라고 한다.

정부에서는 다른 나라에 비해 의사 수가 가장 적은 숫자인 것을 감안해 의대 정원을 늘리려고 하는데 의사협회에서 증원을 반대하고, 전공의들은 사직서를 내고, 의대생들은 휴학계를 내더니 이젠 의사들이 사직서를 낸다고 성명을 발표하고, 야단이다.

이번 정부의 의대 정원에 반발한 전공의들은 "우리는 저임금 노동자가 아니다. 충분히 대접받을 권리가 있다"며 집단 휴직에 들어가고 있다. 저임금 노동자들은 먹고 살기 위해 열악한 환경에서 일하다가 임금조차 제대로 받지 못하고 목숨을 잃고 있는데, 의사가 과로로 쓰러져 사망하였다는 뉴스는 들어보지 못했다.

인간의 존엄성을 다루는 히포크라테스 선서는 잊어버린 채 자기 밥그릇 줄어드는 게 두려워 연대파업으로 강경하게 맞서는 모습은 참 민망하다.

국민의 생명을 볼모로 책무를 방기하는 의료계의 잘못된 처사는 어떤 경우도 용납되어서는 안 된다. 지금이라도 의사들은 의학의 아버지인 히포크라테스의 선서를 명심해야 할 것이다.

히포크라테스 선서를 중요 부분만 요약해 보면 이렇다.

이제 의업에 종사할 허락을 받으매
나의 생애를 인류 봉사에 바칠 것을 엄숙히 서약하노라.
나의 은사에 대하여 존경과 감사를 드리겠노라.
나의 양심과 위엄으로써 의술을 베풀겠노라.
나의 환자의 건강과 생명을 첫째로 생각하겠노라… (중략)

졸업식장에서 히포크라테스 선서를 하고 나온 의사들이 진정 무엇을 위해 의대 정원을 늘리는 데 반대한다며 사직하고, 데모하는지 나로선 이해가 되지 않는다.

의사 중에는 맡은바 직분을 충실히 하며 사회에 공헌하는 의사들이 대다수다. 그런데 다른 직업이라면 몰라도 돈을 많이 벌기 위해서 의사가 되겠다는 이들을 보면, 인정도 눈물도 없이 오직 돈독에 취해 날뛰는 수전노 같다.

의료 현장의 혼란이 심해지자 대통령이 직접 나서 그 대책을 발표했다. 대통령은 변호사 수가 30배 늘 동안 의대 정원은 2.2배 증가에 불과하다며 의사 수가 충분하다는 의료계의 주장을 정면 반박했다.

의사협회는 이런 저런 통계자료를 제시하며 2000명으로 의대생이 증원되면 의대 교육의 질이 낮아져, 결국 의료시스템 붕괴로 이어질 것이라고 주장하지만, 국민의 여론을 보면 대다수가 의사 증원에 찬성하고 있다.

우리나라는 인구 1,000명당 의사 수가 2.51명으로 평균이 3.6명인 OECD국 중 꼴찌이다. 의대생 정원 증원은 수요 공급 원리에도 맞지 않는다는 의사협회의 주장에 정부는 한 치의 흔들림 없이 계획대로 추진한다고 했다.

각 대학으로부터 내년도 의대 증원 신청을 받아본 결과, 정부가 제시한 숫자보다도 훨씬 웃도는 정원 숫자를 요구하고 있다. 정부는 국민은 양질의 법률서비스를 받고 있는데 의료 서비스는 오히려 후퇴하고 있다고 지적했다. 전문의 중심으로 대학병원의 구조를 바꾸고 숙련된 PA 간호사 진료 지원 등을 활용하겠다고도 했다.

아울러 이번 의대 정원 증원이 지역의료와 필수 의료 회복의 출발점이라는 점을 다수가 공감하고 있으며 이는 교육 현장에서도 확인되었다고 말했다.

 살면서 자주 듣는 소리로 "의사와 변호사는 허가낸 도둑"이라고 한다. 그들은 초중등학교에서는 공부를 열심히 잘하는 우등생으로 착한 모범생들이었다. 그러면 법대에 진학해서 법관이 되고, 의과대학에 가서 의사가 되었으면, 법관은 열심히 올바른 판결을 하고 약자를 위해 정의를 위해 노력하고, 의사는 국민의 건강을 위해 힘쓰며 환자를 위해 열심히 봉사하며 맡은 바 본분을 다해야 한다.

 그런데 자본주의 자유시장 경제 원리를 가장 재빠르게 체득하여 이용하기에 급급한 이 머리 좋은 자들은 환자의 생명을 볼모로 집단 이기주의를 창피함도 없이 드러내고 있다. 자유민주주의 사회에서는 절대로 용납할 수 없는 일이다.

 나의 제자 중에는 법관도 있고 의사도 있다. 내가 그들을 잘 가르쳤는지 자문하고 반성해 본다. 지나친 경쟁교육에 혹시 제자들이 황금만능주의에 젖어 권력과 금력이 판치는 현실에 부합하며 살고 있지는 않은지 걱정이다.

 나라의 발전과 후진 양성을 위해 평생을 중등학교에서 교육자로 살아오면서, 생명의 가치를 존중하는 제자들을 키워왔는지 반성을 해본다. 오늘따라 왠지 마음이 아프고 슬프다.

 작금의 의사들이 벌이는 일련의 사태는 국가에도 책임이 있다고 본다. 교육제도와 의료제도만큼은 국가가 책임지고 관리해야 한다. 시장원리에 맡겨서는 안 된다. 영국, 독일 등의 나라에서는 교육과 의료는 국가가 관리하고 있다. 그런데 우리나라는 공적 의료보험이 존재하는 등 조금은 다른 측면도 있지만, 자본주의의 본산인 미국의 교육제도와 의료제도를 점점 받아들이는 추세여서 걱정이다. 대한민국의 미래가 암담하다.

생로병사의 인생길은 누구도 막을 수가 없다. 그런데 의사는 인생길을 더 건강하게 늘려줄 수 있다. 그렇다면 누구보다 사람의 몸과 건강을 위해 환자 가까이서 노력하는 의사가 되어야 할 것이다.

사랑의 왕진 가방을 든 의사 그리고 한의사와 간호사가 노인, 장애인 등 거동이 불편한 환자들을 위해 직접 가정을 방문해 진료 서비스를 펼치는 살기 좋은 복지사회가 하루빨리 오기를 기대한다.

〈2024년 4월 15일〉

스타 교사가
돼라!

내가 중등학교 교사가 되고 처음 교단에 서서 학생들을 가르칠 때의 이야기다. 초임 교사였던 나는 수업하고 나면 늘 기분이 상쾌하지 않았다.

내 수업에 대한 학생들의 집중력이 낮아 보였고 흥미가 없어 보였다. '내가 실력이 없어서 그런 건가?', '가르치는 방법이 좋지 않아서 그런 건가?' 하는 생각이 들었다. 이대로는 안 되겠다 싶었고 방법을 찾아야 했다.

먼저 나의 수업에 대해 여러 가지로 반성을 해보았다. 그러자 교수 방법에 문제가 있다는 것을 깨닫게 되었다. 좋은 교수법이 없을까 고민하던 중 나의 중·고등학교 시절, 수업 시간이 기다려질 정도로 재미있었던 선생님의 수업과 그렇지 않았던 선생님의 수업을 떠올렸다.

나도 학생들이 기다릴 만큼 좋아할 만한 수업을 해야겠다고 생각했다. 그런 교수 방식으로 하는 선생님의 강의를 직접 보고 배우면 많은 도움이 될 것 같았다.

나는 곧바로 내가 가르치고 있는 과목과 같은 강의를 하는 선생님을 찾아보았다. 그러던 중 그 당시 서울 시내에서 가장 유명한 스타 강사 두 분을 알게 되었다.

광화문에 있는 입시학원의 K 강사와 근처 종로에 있는 학원 P 강사가 있었다. 두 강사의 강의를 듣기로 마음먹고 등록했다. 퇴근 후 곧장 학원으로 가서 대학입시 수험생들과 함께 열심히 강의를 들었다. K 강사와 P 강사의 강의를 이어서 번갈아 듣고 나면 자정이 다 되어 집에 돌아오곤 했었다.

겨울방학에는 오전부터 학원에 가서 강사들의 교수법을 열심히 듣고 배우고 익혔다. 강좌가 끝나면 다시 등록해 반복해서 들었다. 재수생들이 나보고 "아저씨는 군대 갔다 와서 입시 공부하느냐?"라고 묻기도 하고 "만학하시느라 고생이 많다"라고도 했다.

유명 스타 강사의 수업을 반복해 꾸준히 듣다 보니 좋은 수업 기법을 익힐 수 있었다. 수업 도입 단계에서 학생들이 집중할 수 있도록 하는 방법과, 수업 도중 지루하지 않게 중간중간 유머도 하는 스킬을 배우며 수업을 재미있게 이끌어 가는 방법도 알게 되었다.

칠판 글씨도 잘 써야 한다고 생각해 집에 간이 칠판을 걸어 놓고 글씨도 보기 좋고 예쁘게 잘 써질 때까지 분필로 많은 연습을 했다. 어느덧 강도 높은 훈련이 끝나고 새 학기가 되어 학생들을 가르쳤는데 수업 분위기가 아주 좋아졌다는 것을 느낄 수 있었다.

그 후 나의 수업 시간은 학생들이 기다리는 수업이 되었다. 한 번은 우리 학교에 서울시 교육청의 종합 장학 지도사가 방문하는 날이었다. 수업하고 있는데 뒤 교실 문이 열리면서 교감이 교육청 장학사를 대동하고 나의 수업을 한참 동안 참관하였다.

나중에 종합 평가에서 장학사가 나의 수업을 칭찬해 주었다고 교감이 말해주었다. 노력한 만큼 대가를 받는 것인지, 나의 충실한 수업이 학생들의 입에서 학부모에게 전달되고, 이어 학원 잡지사까지 알려져 나의 얼굴과 이름이 알려지기도 했었다.
　그 후 유명 학원과 출판사에서 문제 출제 등 청탁이 들어오기 시작했다. 스승의 날에는 학생들이 투표하는 인기 교사 뽑기에서 2등을 해 장가갈 때 가져가라고 7첩 반상기 세트를 선물 받기도 했었다.
　열심히 가르치는 것은 교사의 중요한 자세라고 생각한다. 앉아서 자습시키고 졸고 있는 교사, 적당히 가르치는 교사는 학생들에게 신뢰받지 못한다. 스타 교사가 되어야 한다.
　교사는 교단에서 일인 탤런트가 되어야 한다고 생각한다. 경쟁사회에서 남보다 앞서가려면 남다른 노력이 있어야 한다. 그냥 쉽게 되는 것이 없다. 사람들이 몰리는 이름난 음식점, 상품, 각 분야에서 성공한 사람들을 보면 모두가 하루아침에 이루어진 것이 아니다. 피나는 노력과 시련을 겪고서야 그 자리에 우뚝 설 수 있다.
　1970년대 초까지만 해도 교직에 대한 인식이 좋았다. 선생님을 존경하고 제도적으로 인정을 받았다. 그러나 1970년대 이후 경제개발로 산업화 사회로 변모하는 과정에서 사람들이 황금만능주의에 편승, 교직 선호도는 떨어지고 공대, 의대, 상대로 인기도가 옮겨가기 시작했다.
　경제개발계획이 성공하면서 나라는 가난에서 벗어나기 시작했다. 그러자 더 배워야 한다며 대학에 가는 사람이 많아지고 대학교 수도 늘어나게 되었다. 이어서 유학을 가거나, 석·박사 따서 대학교 교수가 되겠다는 분위기가 발 빠르게 일어나기 시작했다.
　초·중등 교사 생활을 하다 더 공부해서 대학교수가 되기도 했다.

대학 선배가 나에게 대학교수로 옮겨보라는 제안을 한 적도 있었다. 그러나 나는 중등에서 교사생활을 하는 것이 더욱 보람이 있는 일이라 생각하고 가지 않았다.

시대는 발전하고 교육환경도 많이 좋았다. 지금 학교 현장은 칠판에 판서하며 교사가 분필 가루를 마시며 가르치는 게 아니라, 컴퓨터나 화상교육으로 가르치는 수업이 점점 늘어가고 있다고 한다. 게다가 입시 과열로 인해 학교 교육은 뒤로 밀리고 과외, 학원 교육이 판을 치는 세상이 되었다. 학생들이 학교 선생님을 존경의 대상으로 여기지 않고 학원강사에 몰리고 있다. 교육 당국은 특별한 대책 없이 바라만 보고 있다.

우리나라가 지나치게 경쟁교육을 시키고 있는 것에 대해 중앙대 김누리 교수가 대학입시, 대학 서열, 등록금을 없애야 한다고 주장하는 것에 대해 공감한다.

학교 선생님이 학부모에게 폭행당하고 심지어 학생들이 선생님에게 반항하거나 폭행을 가하는 세상이 되고 말았다. 교육이 바로서고 교사가 존경받는 사회가 되어야 하는데, 교직을 피하는 현상이 나타나고 있으며, 심지어 교사가 학부모에게 심한 폭언과 인권유린을 당하고 자살하는 일도 발생하게 되었다. 점점 교직이 설 자리가 없어지고 있다.

나의 외손자가 교사가 되고 싶어 한다. 교직과목을 선택해 일선 학교에서 일차 실습을 하고 봉사활동도 했다고 한다. 외손자에게 한마디 당부하고 싶은 말이 있다. 자기가 맡는바 직분에 사명감을 가지고 충실해야 하며, 교직을 천직으로 생각하고 성스럽다는 마음가짐을 가지고 제자들에게 열심히 가르치는 자세와 봉사와 희생정신이 필요하며, 이왕이면 스타 교사가 되어라! 가르치는 것이 곧 배우는 것이라고 말이다.

  급박하고 예측할 수 없는 세상 속에서 과거를 되돌아본다. 어려운 환경과 혼란한 세태 속에서 나는 중등학교에서 정년퇴직했다. 힘든 외길을 걸어왔지만 후회하지 않는다. 나의 삶을 뒤돌아보면, 학생들과 함께한 교사 시절이 가장 보람이 있었다는 생각이 든다.

〈2024년 5월 20일〉

몸 따로
마음 따로

"마음은 굴뚝 같은데 몸이 말을 들어야지. 그뿐인가 총기 있다던 기억력도 이젠 돌아서면 잊어버리니…. 아, 옛날이여."

"형님 왜 그런 말씀을?"

"너도 내 나이 되어 보면 알게 될 거야."

늙어 감을 아쉬워하며 동생에게 한탄하는 소리다. 젊고 혈기 왕성하던 시절의 부드럽고 탱탱했던 피부가 점점 탄력을 잃어 가고 검은 머리카락이 어느 날부터 희끗희끗해졌다. 어느덧 돋보기안경을 써야 신문의 잔글씨를 읽을 수 있는 신세가 됐다.

어른님들의 인생 경험담을 들어보면, 그래도 환갑(還甲)을 지날 때까지는 그럭저럭 큰 어려움 없이 생활할 수 있었는데, 고희(古稀)를 넘기고부터는 육체적으로나 정신적으로 점점 생각대로 안 되는 느낌이 든다고 하는데, 이것이 몸 따로 마음 따로인가 보다. 무엇보다 문제는 젊을 때는 마음 가는 대로 몸이 따라 움직이고, 활동할 수 있었는데, 나이가 들수록 몸이 따라주지 못하니 용기와 자신감이 점점 떨어지게 된다는 것이다.

물론 이 정도는 '다행'일 수도 있다. 심한 건망증이나 치매, 중병으로 인해 몸이 극도로 허약해지게 되어 몸과 마음이 지칠 대로 지치게 되는 경우도 주위에서 많이 보게 된다. 나이가 들면 혼자서는 힘들어 부축해 주는 도움이 필요하게 되고, 다리에 힘이 빠지고 지팡이에 의존하는 신세가 된다. 푸른 나뭇잎이 낙엽 되어 떨어지듯이 삼라만상 우주 자연의 법칙대로 인간 역시 생로병사의 순리에서 벗어날 수 없다.

최근 65세 이상 고령 운전자의 교통사고가 사회적 문제로 대두되고 있다. 통계에 의하면 고령 운전자의 교통사고 발생 건수는 일반 운전자보다 두 배에 이르고 그로 인한 사망자 수도 늘고 있다고 한다. 문제는 수명이 늘어나면서 그야말로 '백세시대'가 된 현재, 노인 연령층 가운데 면허 소지자가 빠르게 증가하고 있다는 점이다.

도로 주행 중 돌발 상황이 일어나면 일반 운전자의 반응시간은 0.7초지만 고령 운전자는 1.4초가 넘는다. 고령 운전자는 인지와 반응속도가 늦어 돌발 상황에 취약하다. 노화로 인해 감각이 느려지고 순발력이 떨어져 몸 따로 마음 따로 된다. 이에 도로교통법을 통해 70세 이상 운전자에 대해 노인 마크를 차량에 의무적으로 부착하도록 하고, 노인 마크 차량 앞으로 끼어들기를 금지하고 있는 나라도 있다. 우리나라도 고령 운전자 차량에 대해 노인 마크 부착제 등 사고 예방을 위한 대책 마련이 시급하다고 본다.

나는 지난 2016년 말 애지중지 사용해 오던 자가용 승용차를 아쉽지만 처분했다. 30년 이상 운전해 오면서 '무사고 운전'을 한 것을 다행이라고 생각하면서 차를 없애고 나니 마음이 홀가분하고 편해졌다. 그리고 2023년 8월 30일, 관할 동 주민센터에 가서 자동차 면허증을 반납하였다. 그랬더니 '면허 반납 어르신 교통카드' 10만원권을 줬다. 시원섭섭한 마음이 들었다. 차를 버리고 대중교통을 이용하며 가까운 거리는 걸어 다니게 되니 건강에도 좋고 경제적으로도 도움이 되고 일거양득이다.

세월은 유수라 그 흐름을 되돌릴 수는 없다. 삶은 꿈처럼 화살같이 지나간다. 눈 깜짝할 사이에 세월 따라 청춘도 저만큼 사라져가고 말았다. 그렇다고 해서 과거에 연연해하고 미래를 고민하는 것은 현재를 힘들게 할 뿐이다. 정신분석학에서는 정신적으로 건강하지 못하고 노이로제 증상이 있는 사람들은 과거와 미래에 사는 것이고, 건강한 자는 현재에 사는 것이라고 진단한다. 과거를 가끔 돌아보는 것은 미래를 위한 시금석으로 삼기 위한 성찰이어야 하며 이는 필요하고 유익한 일이지만, 과거에 얽매이거나 집착해서는 안 되며, 닥쳐올 미래도 두려워할 필요가 없다는 것이다. 오늘 내가 있는 곳에서 무엇을 하든지 만족스럽다면, 가장 보람 있게 삶을 살아가는 것이라고 정신분석학은 말한다. 한 고개를 넘어온 시니어들에 주는 가르침으로 들린다.

주변 사람들이 하나둘 세상을 떠나는 것을 보면서 생로병사 인생의 허무함을 느낀다. 내 인생의 종착역은 어디까지인지, 마음보다는 몸이 더 빨리 달려가고 있는 것 같다. 오늘따라 아파트 베란다에 꾸민 화단에 활짝 핀 군자란이 나를 반기고 있다. 반복되는 계절 속에 잊지 않고 찾아오는 봄꽃 손님으로 십수년 넘도록 나와 같이 고난의 세월을 참고 견뎌내면서 이렇게 아름답게 피워주어서 너무 기쁘고 고맙다. 한가한 오후의 따스한 봄날을 함께 하면서, 그동안의 삶을 뒤돌아본다.

내 마음속 깊숙이 간직해 온 꽃봉오리가 피지도 못하고 추억만 남겨놓고 사라졌다. 사랑과 미움도 한때, 그리움과 분노 기쁨과 슬픔 괴로움과 즐거움, 세상살이의 모든 것들이 인생의 한순간이다. 남은 생을 어떻게 살아가야 할 것인가, 바람이 있다면 '두 발로 걸어 다닐 수 있고, 암보다 무서운 치매에 걸리지 말고, 쓰고 싶은 글을 쓰며, 다른 사람에게 작은 도움이라도 줄 수 있을 때까지 사는 것이 좋겠다'라고 혼자 생각해 본다.

〈2024년 4월 18일〉

금지된
유혹

    오랜만에 이종사촌동생을 만나 맛집에 가기로 했다. 집을 나서니 비가 부슬부슬 내리기 시작한다. 가뭄으로 기다렸던 비라 일부러 우산도 없이 비를 맞고 지하철역까지 걸어갔다.
    약속 시간 십 분 전에 도착해서 기다리고 있는데, 이종이 도착했다. 우리가 가기로 한 곳은 경동시장 지하상가에 있는 손칼국수 집이다. 젊었을 때 상경해 한번 들렀었는데, 옛날 시골에서 어머니가 손수 끓여주시던 칼국수 맛과 비슷해 객지의 설움을 달래주었었다. 고향 생각이 나면 가끔 찾는 곳이다.
    시장은 사람으로 붐비는 편이었다. 그동안 코로나19 펜데믹으로 사회적 거리 두기와 마스크 쓰기로 일상생활의 통제를 받아오다가 이제 확진자 수도 줄어들고 큰 위기는 넘겼다는 방역 당국의 판단에 방역 준칙도 다소 누그러져 사람들의 외출도 점점 늘어나 거리마다 활기를 되찾고 상권도 되살아 나는 느낌이다.
    손칼수집에 도착해 배추전과 수육을 주문해서 막걸리 한 사발을 하고 칼국수를 주문했다. 이종은 이곳이 처음이었는데 내가 맛이 어떠냐고 물었더니, 과연 소문대로라며 엄지손가락을 치켜든다. 점심식사 후 옛날식 다방에 들러 커피를 한잔하고 난 뒤, 이종이 경동시장을 한 바퀴 돌아보자고 해서 그러자고 했다.

경동시장은 약령시장으로도 잘 알려져 있다. 전국 각지에서 올라온 각종 약재와 농산물, 해산물 등이 골목마다, 상점마다 가득 진열되어 있다. 상인들의 호객 소리에 눈이 여기저기로 왔다 갔다 한다. 시장 안을 이곳저곳 돌아보며 땀 흘리며 열심히들 일하고 있는 시장 사람들의 모습에서 삶의 향기가 물씬 풍기며 애틋함을 느끼게 한다. 필요한 물건 몇 가지를 샀다.

이종은 대구에 살 때 장사하는 친구가 한 말이 생각난다며 장사하는 사람들은 세 가지만 하지 않으면, 먹고 사는 데는 지장이 없는데 바로 도박과 주색이라고 한다.

시장에서 부지런히 일하면 돈도 제법 벌 수 있는데 도박과 주색에 빠지면 대개 망하고, '이 짓만 안 하고 살았더라면' 하고 후회하는 상인을 이종은 많이 보았다고 한다. 돈을 모으기는 어려워도 쓰기는 쉽다.

인생삼락(人生三樂)은 주색잡기(酒色雜技)라는 속담이 있듯이, 알맞은 음주, 도덕적으로 어긋나지 않는 성생활, 도박성이 없는 잡기는 인생의 즐거움이라 하겠다. 그러나 이 중에서 어느 것이나 정도를 넘어 '금지된 유혹'에 빠지게 되면 패가망신하고 만다. 물론 주색잡기뿐만 아니라 세상만사 모두가 지나치면 그 폐해가 따르게 마련이다.

나는 친목 모임에서 먹기 내기 고스톱을 할 때는 있었으나 돈을 걸고 도박을 한 적은 없다. 그런데 고스톱과 카드로 밤새워 가면서 도박하다가 부부가 이혼하고, 심지어 가산을 탕진하고 직장을 그만두는 경우도 간혹 보았다.

　술은 솔직히 젊은 시절 친구가 좋고 술자리 분위기를 좋아해 과음을 하기도 했지만, 건강이 따라 주지를 않아 지금은 적당히 즐기는 편이다. 부모님의 밥상머리 교육으로 '도박과 주색을 멀리하며 살아야 한다'라는 말씀이 새삼스럽게 떠오른다.

　세상살이는 지나치거나 모자람이 없이 한쪽으로 치우치지 아니하는 중용(中庸)이 필요하다. 사람은 혼자 살아갈 수는 없다. 이 세상에 와서 저세상으로 갈 때까지 인생길이 평탄하지만은 않다.

　우리는 공동체 속에서 공존공영(共存共榮), 상사상애(相思相愛) 하면서 살아가야 한다. 그런데 과학이 발전하고 삶은 점점 편리해지고 있지만, 현재 세계는 우리들이 마음속에 꿈꾸는 행복과 평화와는 점점 멀어져만 가는 것 같다.

　예측할 수 없는 불확실성의 시대, AI 인공지능은 거듭 발전하고 있다. 경쟁력 없는 사람은 도태되고, 문명의 이기는 급진적으로 발전하지만 그만큼 치명적인 사고들은 늘어가고 있다. 솔직히 내일의 삶이 두렵다. 어려운 환경과 고난 속에서도 항상 삶에 감사하며 살고 있다.

　꿈을 향해 살다 보면 행복이 찾아온다고 믿는다. 그래서 난 마음은 미래에서 살고, 현재는 늘 '긴장된 희망' 속에서 살아가고 있다.

　스치는 바람은 다시 돌아오지만, 지나간 세월은 다시 돌아오지 않는다. 연인, 친구, 가족이 곁에 있을 때 잘하고 감사하게 생각해야지, 떠나가고 나면 후회하고 그리워하듯, 인생길은 물 흘러가듯 쉬지 않고 흘러간다.

　한번 왔다 가는 인생, 남에게 피해 주지 말고, 인생을 즐기며, 여유가 있으면 베풀고 사는 것이, 빈손으로 왔다가 빈손으로 가는 인생에서 마지막에 해야 할 일이 아닌가? 이 세상 삶의 생존 터에서 끝나는 날, 슬픔도 기쁨도 모두가 아름다웠다고 말하고 싶다.

〈2024년 6월 1일〉

오만한 인간들이 문제다!

TV에서 드라마를 시청하다 보면 가끔 상대방을 지나치게 무시하는 언동을 하고 자신을 과시하는 인물이 나온다. 그리고 그 무례한 사람 앞에서 쩔쩔매며 당하고 있는 사람의 모습을 볼 때가 있는데 아무리 드라마라도 보는 마음이 편치 않다.

그런 불편한 드라마의 인물처럼 우리의 일상에서도 타인을 존중하지 않는 사람을 실제로 만나는 경우가 있다. 이들은 대개 권력이나 금력을 이용해 자신을 과시하며 상대방을 얕잡아보고 오만한 행동을 한다.

요즘 우리 사회에 회자되고 있는 '갑질'이란 신조어는 권력의 우위에 있는 갑이 약자인 을에게 부당한 행위를 강요하는 것을 지적하며, 갑의 좋지 않은 행위를 비판할 때 쓰는 말이다.

'갑질'은 결국 돈 있는 자들의 횡포인데 돈만 좇는 요새 사람들의 세태를 풍자하는 말로 "조물주는 이 세상을 지배하고, 건물주는 세 든 사람을 지배하고, 의사는 가족에게 좋고, 판검사는 집안에 좋고, 대학교수나 전문직에 종사하는 사람들은 본인의 명예를 위해 좋다"라는 말이 회자되기도 한다.

　부모의 경제력과 물려받는 재산에 따라 인생의 출발점에서부터 각자 다른 사회경제 계층으로 분류될 수 있다는 생각에서 비롯된 계급 수저론도 현 세태를 여실히 보여주는 말이다. 금수저, 은수저, 흙수저 중 어떤 수저를 물고 태어났는가에 따라 인생의 성패가 좌우된다는 의미로 부조리한 현실을 꼬집는 풍자의 언어이다.

　열심히 준비해도 취업을 못해 비정규직이나 시간제 아르바이트로 떠도는 젊은이들과 공정하지 못한 우리 사회의 모습을 절망적으로 바라보는 국민의 시선은 자연스럽게 금력과 권력을 독점한 이들을 향해 있다.

　자유 민주주의 사회에서 모든 국민은 법 앞에 평등하다. 많은 국민은 자기 맡은바 직분에 충실하며 서로 돕고 살아가고 있다. 그러나 말 타면 종 부리고 싶다고 완장 찼다고 거들먹거리는 일부가 권력과 금력을 남용한다.

　돈 많다고 사치를 부리며 사람들과 자신을 구별 짓기하고 부를 과시하는 자들 때문에 공동체 사회는 평화롭지 못하고 혼란해지며 불만의 목소리를 유발하게 한다. 보통 사람들은 평생을 살아도 권력과 돈, 명예 중에 하나를 갖기도 쉽지 않은데 우리 사회의 상류층 중에는 이것을 다 가진 사람들이 많다. 나는 세 가지를 다 잡으려고 하는 자들은 법과 도덕적으로 문제가 많다고 본다.

　인간을 사회적 동물이라고 하듯 인간은 혼자서는 결코 이 세상을 살아갈 수 없다. 인간은 태어나서 죽을 때까지 어떤 조직이나 테두리 안의 구성원으로 살아가게 된다. 그런데 이러한 사실은 도외시하고 다른 구성원은 무시하고 그 위에 지배하듯 군림하려는 이들이 있다.

인간은 사회적 동물이란 그 상식조차 모르는 것이다. 우리가 유념해야 할 점은 지금까지는 성장을 위해 경제적 동물로서의 인간관으로 살아왔다면 이제는 상호 의존하면서 더불어 살아가는 사회적 동물로서의 인간관으로 살아야 한다는 것이다.

최근 현대경제연구원이 발표한 '우리나라의 사회 신뢰도와 공정성에 대한 시사점' 보고서에 따르면, 우리나라는 빈부의 격차 문제가 고질적으로 심각한 문제라고 한다. 일부 상류층의 삶이 중산층 이하 국민에게 위화감을 줄 뿐만 아니라 적대감까지 느끼게 한다고 한다. 이런 점에서 볼 때 사회공동체 속에서 함께 잘 살아가기 위해 우선 법과 질서를 잘 지키고 사회가 필요로 하는 도덕적 인격을 고루 갖춘 성숙한 인간이 돼야 한다고 생각한다.

자신의 이익과 욕심을 채우기 위해 이기적인 삶을 살고 출세를 위해 아첨 아부를 하는 사회의 암적인 나쁜 사람들이 있다. 사회가 혼란할수록 남들 앞에서 있는 체, 잘난 체, 아는 체를 하며 스스로를 과신하는 자들도 많다.

존경심은 쟁취하는 것이 아니다. 아랫사람이 윗사람에게 우러나는 마음에서 비롯된다. 존경받는 자가 되려면 윗사람이 아랫사람에게 먼저 베풀고 더불어 살아가는 넓은 아량을 보여줘야 한다.

지금 우리의 최대 관심사는 먹고 사는 문제와 민생을 안정시키는 것이다. 민생이 점점 어려워져 사람들은 더 강퍅해지고 혐오 범죄와 반인륜적 범죄가 만연하고 있다. 국가와 민족의 앞날을 위해 뽑아준 국회기 민생을 뒤로한 채 당리당략과 대권 싸움에만 골몰한 정치판을 보는 국민은 한심스럽다 못해 분노하고 있다.

도무지 앞날이 보이지 않는 어려운 현실 속에서 살고 있다. 경제성장이 행복을 가져올 것이라며 그동안 성장을 위한 대가로 불평등을 감수해 온 서민들은 이제 지쳐 있다. 불평등은 단순히 소득과 재산에 관한 것만 아니라, 내가 사는 지역의 교육과 의료혜택 등 삶의 질과 복지에 관한 모든 것의 격차를 말할 수 있다.

35년간 일제의 압박과 6·25전쟁으로 인한 동족상잔의 비극 속에서도 대한민국은 각고의 노력 끝에 이제 경제적으로는 선진국 반열에 들어섰다. 하지만 노인 빈곤율은 세계 1위이고 청소년 자살과 일하다가 죽는 근로자 그리고 저출산율도 세계 1위라는 오명을 쓴 한국의 미래는 불길하기만 하다.

이대로 간다면 한국은 OECD에서 가장 불평등한 국가가 될 것을 우려하는 목소리가 점점 높아지고 있다. 못한 우리나라가 처해있는 현실을 바라보고 있으면 미래가 너무나 걱정되고 암담하다.

권력과 금력을 이용해 으스대고 잘난 체하며 남이야 죽든 말든, 나만 잘살면 된다고 생각하며 갑질하는 이기적인 인간들이 잘 익은 벼 이삭처럼 많이 배울수록 고개를 숙이고, 재산이 많을수록 베풀고 나누었으면 좋겠다.

동창이나 친목 모임에 나가면 현 시국과 나라의 앞날을 걱정하는 목소리가 많다. 사람들은 이구동성으로 "정치가 제일 썩었다. 이것만 바로잡으면 되는데"라며 이런저런 말을 무성하게 나눈다.

순진한 국민은 보수와 진보가 서로 정쟁(政爭)하고 있다고 생각하지만, 그렇지 않다고 본다. 정치는 기만(欺瞞)의 언어다. 정치는 겉으로는 보수, 진보를 떠들지만 부패한 자신들의 권력과 금력은 철저히 숨기고 있다.

정론직필(正論 直筆)을 해야 할 언론은 가짜뉴스를 퍼뜨리고, 기생

기자들은 정치 선동 기사로 부와 권력을 독식하려는 이들의 본모습을 숨기며, 국민의 눈과 귀를 가리고 있는 것이야말로 큰 문제이다.

〈2024년 6월 16일〉

뭐지!
웃기네

선거 때가 되면 대통령을 비롯해
국회의원, 지방자치단체장. 시군구의원 입후보자들이
국가와 국민을 위해 열심히 일하는 종이 되고
큰 머슴이 되겠다고 코가 땅에 닿을 정도로 한 표를 구걸하네

당선되고 나면 말투가 달라지고 고자세가 되며
국회의원 비서관을 일곱 명이나 두고도 모자란다네
뭐지! 웃기네.

경제 사정이 안 좋다고,
올초 모든 공직자 공무원의 월급은 동결시켰는데
국회의원들의 세비는 인상했다네
뭐지! 웃기네

서민들은 민생고에 시달리고 있는데
국회, 지방의원들은 외유를 핑계 삼아
국민의 세금으로 호화판 여행을 하고 있네
뭐지! 웃기네.

이러다가 나라가 어떻게 될지 걱정이 되네.
〈2019년 12월 30일〉

점점
좋아지고
있습니다

　우리나라의 앞날을 걱정하고 현재 상황을 염려하는 목소리가 신문이나 방송 매체를 통해서 연일 보도되고 있지만, 그렇게 염려할 바는 아니라고 생각합니다. 우리나라는 점점 더 좋아지고 있습니다.
　대다수의 일반 국민은 묵묵히 열심히 살아가고 있으며, 애국심도 어떤 나라 못지않게 강합니다. 일제강점기 35년간의 긴 세월 속에서 탄압받으면서도, 나라 잃은 슬픔을 참고 견뎌냈으며, 구국을 위한 순국열사들의 희생과 헌신이 있었기에 마침내 광복을 맞아 나라를 되찾았습니다.
　그러나 일부 정치인들의 모략과 오판으로 남북으로 갈라져 6·25동족상잔의 비극을 가져오게 하였으며, 이산가족과 국민은 남북통일을 학수고대하며 모진 세월을 참으며 견디고 있습니다.
　힘들고 배고팠던 시절 허리띠를 졸라매고 열심히 경제개발 계획과 새마을 운동으로 가난을 극복해 냈으며, 가장 못사는 나라로 외국의 원조를 받던 나라에서 이제는 원조를 주는 나라로 바뀌었습니다.

이렇게 되기까지에는 1960~70년대 중동 해외 건설 현장 파견, 월남 파병, 파독 광부와 간호사, 그리고 허리띠를 졸라매고 밤잠을 참아가며 일터에서 일했던 우리 국민의 피땀 어린 노력이 있었기 때문입니다. 그때의 주역들이 이제 할아버지 할머니가 되었습니다.

옛날에는 대학 가는 것은 웬만한 가정에선 엄두도 못 냈는데, 지금 한국은 세계에서 가장 뜨거운 교육열과 최고의 대학 입학률을 자랑하는 나라가 되었습니다. 이 모두가 우리 국민의 끈질긴 근성 덕분이며, 자기가 맡은 일에 최선을 다하고 열심히 노력해 온 결과입니다.

헌법에 명시된 것처럼 국가의 주권은 국민에게 있다는 것을 우리는 잘 알고 있습니다. 국민의 의무와 권리도 잘 알고 있으며, 국방의 의무나 납세의 의무도 충실히 이행하고 있습니다.

그런데 우리 국민은 권리 행사에는 좀 적극적이지 못한 것 같습니다. 욕심 없이 착하게만 살다 보니 그런 것 같습니다. 대다수 국민은 나라에서 시키는 대로 말 잘 듣고 있습니다. 정부가 국민을 위한 정치를 하고 있다고 믿고 있기 때문입니다.

국민을 위해 봉사하고 노력해야 할 공복들 가운데 일부 몰지각한 위정자들이 부정축재를 하거나, 비리를 저질러 그 죄과가 신문이나 방송에 알려질 때가 있습니다. 국가의 녹을 먹고 사는 자가 어떻게 그런 나쁜 짓을 할 수 있을까, 국민은 분노합니다.

지난 2024년 4월 총선이 끝나자마자 각 정당에서는 벌써 대선을 준비하느라고 정신이 없습니다. 연일 전당대회 준비에 소란을 떨고, 당 대표는 누구를 뽑느니 하면서 바쁘게 지내고 있는 것을 국민은 한심스럽게 보고 있습니다.

국회의원은 지역구 심부름꾼으로 지역 민심을 잘 살피고 나라의 발전을 위해 열심히 일하라고 뽑아주었지, 권세를 잡고, 부리고 특권을 누리라고 뽑아준 것이 아닙니다. 머슴이 주인 행세하면 안됩니다.

여야 국회의원들이 국가 발전을 위한 정책대결을 하고 국민을 위한 일을 열심히 해야지, 정권을 잡기 위한 당리당략만을 위한 싸움만 해대니 국민은 국회를 좋지 않은 시각으로 보고 있습니다. 국민이 국회의원보다 오히려 나라 걱정을 많이 하고 있습니다.

우리나라 사람들은 다른 어느 나라 국민보다 우수한 국민성을 가지고 있습니다. 옛 조상들은 가정교육과 학교 교육 등을 통해 인간으로서 갖추어야 할 예의범절과 인성교육을 철저히 시켰습니다.

대중교통을 이용할 때 노약자에게 자리를 양보하는 문화가 그래도 여전히 살아 있는 것을 보아도, 우리 국민은 더불어 살아갈 줄 아는, 참된 마음씨가 있는 그야말로 진정한 저력이 있는 민족입니다.

우리 국민이 자기가 맡은 일에 열심히 노력해 온 결과, 한국은 지금 세계 10위권의 경제 대국이 되었습니다. 아울러 민주화를 위한 피나는 노력과 희생으로 오늘날의 자유로운 시대를 이뤄내었습니다.

그러나 한 가지 뿌리 뽑아야 할 문제가 있습니다. 바로 부정부패 척결입니다. 특히 일부 위정자들과 공직자들의 부정부패가 선진국으로 가는 걸림돌이 되고 있습니다.

과학 문명이 고도로 발달한 세계화 시대를 사는 우리 국민은 행복한 가정, 서로 돕고 살기 좋은 나라, 인생에서 삶의 보람을 느낄 수 있는 사회를 원하고 있습니다. 다음 시대를 이끌기 위해 열심히 공부하고 노력하는 젊은이도 많습니다. 앞으로 좀 더 나라와 국민을 위하는 정부와 국회가 될 것을 기대합니다. 인간은 사회적 동물입니다. 혼자서는 살 수 없습니다. 공동체 생활에서 다 같이 잘 살기 위해선 법과 질서를 잘 지키고, 나보다 남을 먼저 배려하는 마음과 행동을 실천하는 게 중요합니다.

문득 노블레스 오블리주(Noblesse oblige) 정신이 떠오릅니다. 명예만큼 의무를 다해야 함을 뜻하는 개념어입니다. 처음 이 말은 자신의 목숨을 버리면서 윤리적 의무를 지키는 인사들의 행동 양식을 가리키는 뜻에서 유래했지만, 오늘날에는 자신이 가진 부를 사회에 환원하는 사회 인사들의 모범적인 태도를 이르는 말로 흔히 쓰이고 있습니다. 신분의 높고 낮음이나 재산의 많고 적음을 떠나, 진정으로 남을 위해 헌신하고 배려하는 마음을 가리키는 것입니다.

로댕의 유명한 조각상 〈칼레의 시민〉은 프랑스 백년전쟁 당시 프랑스가 영국군에 항복할 때 칼레 주민들을 살리기 위해 목숨을 걸고 나선 시민 대표 6명의 희생정신을 묘사했습니다.

우리나라에도 이러한 사회 지도층의 희생정신이 깃든 일화들이 꽤 있습니다. 일제강점기 이회영 선생 형제는 오로지 조국을 위하여 전 재산을 바쳤는데 정작 본인들은 가난과 배고픔을 의연히 받아들였으며, 끝내 고문을 받으며 옥사했다.

"사방 백 리 안에 굶어 죽는 사람이 없게 하라"는 말로 유명한 경주 최부자의 배려심은 우리 후손들이 마음속 깊이 새겨야 할 노블레스 오블리주의 참 정신이라 하겠습니다.

한국민은 저력이 있습니다. 사회를 혼란스럽게 하는 일부 몰지각한 사람들, 특히 지역이기주의를 내세우며 권력을 유지하려는 정치권의 작태가 우리 사회의 걸림돌이 되고 있기는 하지만, 앞으로 좋아지게 될 것입니다.

아름다운 금수강산은 우리에게 큰 축복으로 이러한 아름다운 자연과 더불어 살며 희망을 품고 사는 국민이 있기 때문입니다. 그러나 우리는 여기에 만족해서는 안 됩니다.

빠르게 변해가는 21세기 국제화 시대에 잘 적응하고 대처하기 위해서는, 지난날의 어렵고 힘들었던 시절의 기억을 항상 되새겨 가면서, 나 혼자만이 아닌 모두가 함께 행복해야 한다는 마음으로 지극한 정성을 다하여 삶을 살아야 합니다.

〈2024년 6월 22일〉

교실 경쟁교육은
이제, 그만!

　물건을 사러 마트에 갔다. 사려고 하는 계란은 특란, 일등란, 일반란으로 구분되어 값의 차이가 있었다. 일반란을 고르고 옆을 보니 쌀과 과일 등 다른 상품들도 특, 일등, 일반으로 차등을 매겨 값의 차이를 두고 있었다.

　우리나라 사람들은 생활 속에서도 비교하기를 좋아하는 것 같다. 남보다는 나부터, 내 자식이 다른 자식보다 공부 잘 해서 학교에서 일등 하기를 원하고, 일류대학에 입학해 졸업 후 중소기업보다 대기업에 취직하기를 원한다. 운동 시합을 할 때도 즐기기보다는 이기려고, 이겨서 일 등을 하길 원한다.

　과연 우리는 어떤 길을 걸어왔는가? 일제 식민지 생활에서 압박과 설움을 겪으며 우리 민족은 나라 잃은 슬픔에 시달려야 했다. 또 해방의 기쁨을 느끼기도 전에 미국과 소련의 냉전체제 속 희생양이 되어 남북이 갈라지고 끝내 전쟁으로 인한 이산가족의 아픔과 배고픔의 힘든 삶을 살아야 했다.

1960년대 초까지만 해도 가장 최빈국이었던 우리나라는 잘살아 보겠다는 일념으로 새마을 운동과 월남파병, 중동 건설, 파독 광부, 간호 등 갖은 고생을 감내하였다. 그 노력으로 이제 우리나라는 매우 빠르게 경제가 좋아져 한강의 기적이라 불릴 만큼 세계 10위권에 드는 경제 성장을 이룩했다.

그러나 애써 이룩한 한강의 기적이 이제 그 빛이 바래지고 있다. 일부 몰지각한 지도층 탓이 크다. 국민을 위해 일해야 할 정치인들과 공직자들이 일신의 이익과 자기 진영과 당의 이익을 위한 행동에만 몰두하고 있다.

법치가 아닌 인치로 사회를 쥐락펴락하며 선량한 민중을 괴롭히고 실망에 빠트리고 있다. 지도층의 이러한 구태는 사회 전체를 병들게 하고 있다. 오로지 자신의 영달만을 위해 무슨 수를 써서라도 일등을 하려 하고, 남보다 더 많이 가지고, 더 높은 지위에 오르려고만 한다. 그리고 더 잘났다고 잘난 체까지 한다.

이처럼 병든 경쟁의식이 만연한 사회 분위기 속에서 극단적인 개인주의가 생겨나고 있다. 지식교육의 낙오자들은 열등의식에 빠져 자기계발이라는 미명 하에 이념적인 지배에 저항 없이 스스로 노예가 되는 자기착취 현상마저 나타나고 있다.

경제적으로 여유 있는 자와 권력자의 이기심과 욕심이 커질수록 개인주의는 팽배해지고 힘없는 약자들은 점점 나락으로 떨어질 것이다. 하늘과 땅이 있고, 양지가 있으면 음지가 있듯이, 삶을 위한 경쟁에도 긍정적인 면과 부정적인 면이 있다.

두 가지 측면 가운데 지금의 우리나라가 겪고 있는 안타까운 현실을 비춰볼 때 경쟁으로 인한 부정적인 면을 더 살펴봐야 할 것이다.

우리 시대의 시급한 문제는 첫 번째 청소년의 자살률이 1위라는 것이다.

경쟁교육으로 입시지옥에 시달리다 능력주의의 패자들은 결국 절망에 빠져 스스로 목숨을 끊게 되는 현실이 안타깝지만 바로 우리의 자화상이다. 한국 청소년의 행복 지수가 OECD 회원국 중 꼴찌라고 하는 사실이 참으로 안타깝다. 두 번째는 노동자 사고사율 1위다. 일하러 갔다 집에 돌아오지 못하고 죽는 사람들의 숫자가 세계에서 가장 많다는 뜻이다. 한국은 작업환경이 열악하고 노동시간이 가장 긴 나라이기도 하다.

세 번째는 저출산율 1위다. 결혼 적령기에 결혼하더라도 내 집 마련이 어렵고 자식을 낳고 키우기 힘든 '헬조선'에서 젊은이들은 허덕이고 '혼족'은 늘어가고 있다. 네 번째 문제는 노인 빈곤과 자살률 1위이다. 65세 이상 노인 중 기초생활보장 수급자들은 외롭고 열악한 환경에서 삶을 비관해 자살하는 경우가 많다고 한다. 이 밖에도 경쟁으로 인한 부정적인 면은 참으로 많다.

한국은 성형수술을 가장 많이 하는 나라이며, 어린이와 청소년 등을 위한 적절한 자율 규제 교육이 전무한 상황에서 스마트폰 개인 소지가 1위인 나라고 사립대학이 가장 많고 등록금도 제일 비싼 나라이다. 심지어 노래방에서도 한 곡 부르고 나면 화면에 점수가 뜨는 나라이기도 하다.

경쟁과 승부욕을 부추기는 교육환경에 노출된 청소년들은 등수와 관련된 스마트폰 게임을 좋아하고, 도박에도 쉽게 빠져든다. 허황한 꿈과 불로소득을 바라며 누구나 별 문제의식 없이 로또 1등을 천연덕스럽게 바라고 있다. 이제 한탕주의는 지극히 평범하고 정상적인 소원이 되었다.

　민주주의와 자유시장 경제체제의 장점은 누구도 부인할 수 없지만 빈부격차와 상대적 박탈감, 황금만능주의, 승자독식의 경쟁주의 등 그 어두운 면을 우리는 절대 간과해서는 안 된다. 그런데 우리나라는 그렇지 못했다.

　그 결과 경쟁 중심의 능력주의로 인해 우리 청년들은 "어느 대학을 나왔나?"라는 차별적 물음을 쉽게 접하며, 명문대 나온 이는 저도 모르게 우월감과 특권의식을 갖게 되고, 그렇지 못한 이들은 괜한 열패감에 빠지게 된다. 한국의 대다수 국민은 서열과 학력, 학벌, 계급 등에 짓눌려 있으며, 소수의 승자는 특권의식에 사로잡혀 있다고 해도 과언이 아니라고 나는 생각한다.

　황금만능주의 시대, 신과 같은 존재인 '돈'이 많은 우월한 자가 열등한 자를 지배해 사람과 사람의 관계가 아닌 갑과 을의 관계로 왜곡된 우리 사회는 과연 어떻게 해야 할까?

　2차 세계대전이 끝나고 독일을 비롯한 대다수의 유럽 국가는 68혁명을 겪으며 대학의 경쟁적 입시제도와 서열화, 등록금을 폐지하고 있는데, 유독 영국과 미국 등 몇 나라들은 폐지를 반대하고 있으며, 우리나라는 미국식 교육제도를 받아들이고 있다.

　이와 관련해 김누리 중앙대 교수는 우리나라도 하루빨리 대학 입시제도와 서열화 그리고 등록금도 없애고, 교권을 회복하고, 교실 경쟁 교육은 이제 그만해야 한다며 사회와 학교, 가정은 학생을 성숙한 민주주의 사회의 인간으로 길러야 하는 데에 초점을 맞춰야 한다고 주장한다. 적극 공감한다. 나 역시 학창 시절에 경쟁교육을 받았고 중등교사가 된 후 경쟁교육을 시킨 장본인으로 지난날을 반성하면서 적극적으로 환영한다.

　얼마 전 초등학교 교사가 자기 자식만 생각하는 학부모의 부당한 민원에 시달리다 자살했다. 현실교육이 만들어 낸 비극이다. 대낮에도 불특정 다수에게 칼부림하여 사람을 죽이는 사건·사고가 매일같이 일어나는 현실을 보면 언제까지 이를 두고만 보고 있을지 답답하다.

　극단적 이기주의와 개인주의, 특권의식에 찌들어 있는 사실상의 '신분사회'에서 숨을 쉬고 산다는 것이 원망스럽고 화가 난다. 특별한 희망의 해법이 없는가? 나는 무엇보다 국민 대다수는 정직하고 선량하게 살아가고 있는데 과욕을 부리는 기득권자들이 문제라고 생각한다. 이들을 우리는 선거를 통해 잘 가려내어 정치적으로 퇴출해야 할 것이다.

　우리는 앞으로 어떤 길을 걸어가야 하는가. 남북분단으로 긴장 상태에 놓여 있고, 예측 불가능한 시대에서 과연 우리는 21세기를 어떻게 지혜롭게 살아가야 할까. 갑과 을이, 금수저와 흙수저가 존재하는 것이 아니라 상생하는 길, 경쟁이 아닌 협력하고 연대하는 세상을 만들어야 한다. 제4차 산업혁명이 빠르게 전개되고 있다.

　인공지능 시대에 머리 좋은 젊은이들이 먹고 살 걱정에만 빠져 의사가 되려는 현실은 한국을 망국의 길로 이끌 것이다. 공동체와 나라의 미래를 걱정하는 인재들을 길러내어 첨단 산업 분야에 투입해 진정한 국제경쟁력을 갖추어야 미래가 있다.

　극단적 양극화로 인한 빈부의 격차를 줄이고 독점이 아닌 서로 협력하며 서로 도움이 되는 세상을 만들기 위해 제도와 시스템을 끊임없이 개선해야 할 것이다. 빈손으로 왔다가 빈손으로 가는 인생이다. 자본의 독재가 횡횡하는 사회에서 치열한 경쟁 끝에 승자만이 살아남는 사회는 더 이상 답이 아니다.

경쟁주의에서 파생하는 사회적 갈등은 사실 누구도 원하지 않는다. 함께 연대하는 행복한 삶을 누구나 원한다. 그런데 눈앞의 내 것만 보게 되면 모두가 경쟁의 쳇바퀴에 부지불식간에 오르고 말게 된다. 꿈 많은 청소년에게 서로 비교하지 않도록 해야 한다.

경쟁을 통한 교육으로 이기적인 삶을 살게 하지 말아야 한다. 인간의 존엄성이 누구도 부인할 수 없는 사회적 가치로 존중되고 더불어 내 이웃과 함께 사는 것이 진정한 행복이라고 여기도록 아이들을 길러야 한다. 교육개혁이야말로 우리가 진정 꿈꾸는 유토피아로 이어질 것이다.

초등학교에 다니는 나의 손자, 손녀들은 대학입시를 위해 어릴 때부터 학교와 학원에 얽매여 하루를 지옥처럼 보내지 않길 바란다. 친구들과 뛰놀고, 하고 싶은 것을 맘껏 하며 하루하루를 재미있게 지내는 청소년기를 보내면 얼마나 좋을까, 생각해 본다. 이제 정부와 정책당국은 눈감고 가만히 있을 것이 아니라 특별한 대책을 강구해야 한다. 희망을 기대해 본다.

〈2024년 6월 22일〉

역사(歷史) 앞에서

공정과 정의를 말하며
거짓을 진실처럼
사리사욕에 눈먼 위정자
눈과 귀를 혼란에 빠트리고

혼란과 절망 속에
누가 애국자이고 누가 반역잔가
세월이 흘러간 뒤
왜곡된 사실이 진실로 남는다

불확실의 시대
오늘과 내일의 시대정신
부정과 부패, 비방과 가짜뉴스
끝나지 않은 정쟁

복지를 향한 민심의 허탈

법보다 양심
역사는 눈물이요 땀이다
사실대로 철저하게 기록되어야 한다.

역사는 위대하고
역사는 무섭고, 죽음까지 불사
역사 앞에서 숙연해지자.

〈2021년 10월 17일〉

비로산장(毘盧山莊)과 백세청풍(百世淸風)

　예전에는 일기 예보가 때때로 틀리기도 했는데 요사이는 과학이 발전하여 비교적 정확하게 맞추는 것 같다.
　2024년 11월 27일 수요일 아침 창밖에 함박눈이 펑펑 내리고 있었다. 전날 화요 문학모임이 있었는데 모임이 끝나고 집에 돌아오는 길에 바람이 세차게 불고 차가운 공기에 우박이 떨어졌다. 버스를 타고 서둘러 집에 돌아왔었다. 저녁에 TV를 보니 일기 예보에서 밤사이에 전국적으로 눈이 내린다고 하였는데 정말 내리는 것이다. 올겨울 들어 내린 첫눈이다.
　연이틀 내린 폭설로 전국에 대설주의보가 발효됐다고 뉴스는 보도하면서 11월에 내린 역대 최고 강설량의 첫눈이라고 한다. 특히 이번 눈은 습설(濕雪)이어서 물기를 많이 머금고 있고, 강한 바람까지 불어 곳곳에서 그 피해가 발생하고 있다고 전했다.
　후속 보도를 보니 폭설로 교통이 끊어진 곳이 있고 눈의 무게를 이기지 못해 가옥이 무너지는 피해도 이어지고 있다. 교통사고로 인한 인명 피해도 많다고 한다. 곧 이어진 뉴스특보에선 중국 동북부 지방에도 강풍과 폭설로 인명 피해와 재산 피해가 속출하고 있다고 한다.

창밖에는 함박눈이 계속 내리고 있었다. 창밖을 내다보고 있자니, 세상은 폭설로 아우성인데도 나의 마음은 그에 아랑곳하지 않고 밖으로 뛰어나가 눈을 흠뻑 맞으며 뛰놀고 싶은 충동이 든다.

어릴 때 눈 내리는 하늘을 바라보면서 입을 벌리고, 눈꽃 잎을 받아먹던 기억이 떠오른다. 친구들과 들판에서 눈싸움하고, 눈사람도 만들며 마음껏 뛰어놀던 아름다운 추억들이 뭉게뭉게 피어나는 것이다.

베란다 창문을 열고 내리는 눈을 손바닥에 받아 입에 넣어 보았다. 추억의 맛이 달콤하다. 나는 창밖으로 내리는 눈을 한참 바라보다가 오늘은 꼼짝하지 말고 방콕 신세가 되어야겠다고 생각했다. 실내 온도를 높이고 침상용 소파에 누워 천장을 바라보고 있는데, 거실 중앙 벽에 '백세청풍'이란 글귀가 쓰인 액자에 시선이 간다. 희미해진 기억과 그리움이 슬며시 파고든다.

2000년 겨울방학 신년 초에 서로 가까이 지내고 있는 김 교수의 제의로 선생님 몇 분과 속리산 금강골 비로산장에 들렀다. 속리산 국립공원 안에 자리한 독특한 숙박시설로 법주사에서 출발, 세조 길을 따라 1시간 정도 걸어가다 보면 속세의 마음을 씻는다는 세심정에서 계단 지옥이라는 경업대를 지나 문장대까지 이어진 계곡 중간에 아담하게 자리를 잡고 있다.

주인의 안내로 식당에서 점심을 먹고 있는데 갑자기 산장 주인이 우리 일행에게 생년월일과 이름을 써달라고 했다. 영문을 몰라 하고 있는데 김 교수가 산장 주인은 마음 내키는 날이면 사람들에게 자기가 직접 쓴 붓글씨를 준다고 말해주었다.

주인과 김 교수는 앞면이 있는 듯했다. 시키는 대로 생년월일과 이름을 적어주었다. 주인은 우리가 식사를 마치고 커피를 마시는 동안 써놓은 글들을 우리에게 나눠주었다. 그때 내가 받은 글이 지금 우리 집 거실 벽에 걸린 액자 속 백세청풍이라는 글이다.

百世淸風(백세청풍)은 '百代(백대)에 부는 맑은 바람'이라는 뜻이다. 여기서 백세는 오랜 세월(1세 30년, 100세 3천 년) 또는 영원을 뜻한다. 청풍은 매섭도록 맑고 높은 군자의 절개나 덕을 비유한다.

따라서 백세청풍은 영원토록 변치 않는 맑고 높은 선비의 절개를 의미한다. 백세청풍은 고대 중국왕조인 은나라가 망하자 '의롭지 못한 주나라 곡식을 먹을 수 없다'라며 수양산에 들어가 고사리만 캐어 먹다 굶어 죽은 백이(伯夷)와 숙제(叔齊)를 가리키는 글귀로 조선시대의 선비들이 가장 선호하는 글귀였다고 한다.

실제 조선의 충신들은 이 글귀를 집의 현판으로 걸거나 거주지 바위나 비석에 새겨 늘상 그 뜻을 기리었다고 한다. 한반도 곳곳을 여행하다 보면 오래된 정자나 큰 바위 위에 '백세청풍'이란 네 글자가 새겨져 있는 것을 흔히 볼 수 있다.

경남 함안의 채미정과 서산서원의 현판, 경북 예천군 풍양면 삼강리에 있는 삼강강당에 걸린 현판에도 이 글귀를 볼 수 있으며, 충남 금산군 부리면 불이리와 서울 종로구 청운동에 있는 청풍계의 바위에도 새겨져 있다. 이뿐만이 아니다. 병자호란 때 강화도가 함락되자 장렬히 순절한 김상용의 옛 집터 자리에도 있고, 성리학의 창시자 주희가 쓴 백세청풍 글자를 조선으로 가져와 탁본해 새기 각자가 여러 암벽에 남아 있다고 한다.

조선 후기의 화가 겸재 정선은 청풍 계도를 많이 그렸는데 인왕산,

한양과 금강산을 주제로 한 청풍계(淸風溪)의 풍경과 청풍지각(淸風池閣)을 표현한 진경산수화를 남겼다.

백세청풍이 곳곳에 남겨진 것은 백이, 숙제가 겪은 고통만큼이나 어렵고 힘겨웠던 세월이 우리 역사에 있다는 뜻이며, 그 고통스러운 시대에 맞서 온몸으로 저항한 절개 높은 선비가 많았다는 뜻이다.

맹자는 "백이의 청풍을 들으면 완악한 사람은 청렴해지고 나약한 사람은 뜻을 세운다"라고 했다. 맹자의 이 말을 안중근 의사도 인용해 자신의 글에 썼다. 백세청풍은 나의 생년월일과 운명, 올곧은 나의 성품에 들어맞는 글귀라고 생각하여 지금껏 액자로 만들어 걸어 놓고 있다.

나에게 글귀를 써준 분은 속리산 금강골 비로산장(毘盧山莊)에 계신 김태환(金太煥) 서예가 모정 선생(茅亭 先生)이다. 김태환 서예가는 원래 공무원이었는데 어느 날 친구와 함께 속리산에 왔다가 산의 아름다움에 반하여 그길로 직장을 그만두고 시골 땅을 팔아 속리산에 들어갔다고 한다.

생계를 위해 기념품 판매를 시작으로 사업을 하였는데 장사 경험이 없었던 그의 사업이 순탄할 리 없었다. 결국 고향으로 돌아갈 수 없는 신세가 되어 움막 생활을 하면서 지냈는데 우여곡절 고생 끝에 그 움막이 지금의 산장이 되었다고 한다.

1965년에 문을 연 비로산장은 여행객에게 따뜻한 밥과 잠자리를 내어주었고, 안주인 이상금 여사는 지나가는 여행객 중 목마른 사람들에게 손수 물을 떠다 주며, 항상 따뜻한 마음으로 대했다고 한다.

김영삼 대통령이 생전에 비로산장에 여러 번 방문했는데 그의 휘호, 좌우명으로 유명한 '대도무문(大道無門)'이 바로 이곳에서 탄생하였다고 한다. '큰길에는 문이 없다'라는 뜻으로 더 자세히 풀이하면 큰 깨달음이나 진리에 이르는 데는 정해진 길이나 방식이 없다는 것을 의미한다.

1998년 김영삼은 대선 패배 직후 속리산 비로산장에 방문해 주인인 김태환 선생에게 '대도무문'을 써주었는데 그 화답으로 김태환 선생이 써준 글이 '백인만화(百忍萬和)'이다. '백 번 참으면 만 가지가 화목해진다'라는 뜻이다.

새해가 되면 정·재계 인사들과 학자들이 붓글씨를 받으려고 김태환 선생을 찾아가 사훈, 가훈이며 원하는 글씨를 부탁해 글을 받으려 하는데 글 값을 주려고 하면 "나는 글씨 장사를 하는 사람이 아니다"라며 그냥 보냈다고 한다. 소문이 외국까지 알려져 독일의 헬무트 콜 총리도 다녀갔다고 한다.

속세를 떠나 50년 넘게 평생을 지극한 불심으로 부처님을 받들며 산장을 지킨 부부는 2010년 안주인이 88세로, 2012년 김태환 선생은 93세로 세상을 떠났다고 한다.

부모님이 세상을 떠나고 막내딸이 산장을 이어받아 운영하고 있다고 한다. 비로산장 처마 끝에는 현판과 붓글씨가 가득하다. 모두 김태환 선생의 작품이다. 지금도 비로산장에 가면 누구나 따뜻한 커피를 무료로 마실 수 있다고 한다.

그때 동행했던 김 교수님도 세상을 떠나고, 박 선생과 오 선생도 떠났다. 뒤돌아보니 허망한 연극 같은 인생이다. 나의 건강이 허락하는 동안 더 힘이 빠지기 전에 시간을 내어 김태환 선생을 뵈러 비로산장에 가 봐야겠다.

〈2024년 11월 30일〉

숙제를 만들지 말자!

젊은 시절
삶의 전선에서
광풍과 비바람
고갯길 굽이굽이
많은 숙제를 안고
생활 속에서의 가감승제

세월 따라 걸어온 길
뒤돌아보니
발자국마다 사연도 많았고
힘들기도 했지만
보람도 있었다오

이제 인생의 종착역을 향하는

내일의 여정

난세를 헤쳐가는 나만의 좌우명

'숙제를 만들지 말자'

안분지족(安分知足)하며

자연과 더불어 순리대로

살아가리라.

* 安分知足: 편안한 마음으로 분수를 알고, 넘치는 욕심을 내지 않으며, 자신이 처한 처지를 파악하여 만족하며 살아간다.(명심보감에 안분 편)

⟨2024년 4월 30일⟩

추억의
손편지

　내가 청소년이던 시절에는 좋아하는 이성에게 자신의 속마음을 직접 쓴 손편지로 전하는 것이야말로 어떤 말과 행동보다도 사랑을 고백하는 데 가장 효과적인 방법이었다.
　펜팔(pen-pal)이 유행하던 그 시절, 첫 편지를 쓸 때 상대방의 마음을 사로잡기 위해 썼다 지우기를 반복했다. 용기 내어 힘차고 씩씩한 글씨체로 써보기도 하고, 유명 작가들의 작품 속 명문장을 인용해 가면서 시인처럼 소설가처럼 편지를 써 내려갔다. 어린 시절의 아름다운 추억이다.
　중·고교 학창 시절 얼굴도 모르는 이성 친구로부터 받은 편지 한 통은 가슴 벅차고 짜릿한 설렘으로 다가왔다. 나는 등잔불 밑에서 밤늦도록 씨름하며 답장을 썼었다.
　일선 최전방에서 보낸 군 시절에는 여학생들에게 받은 위문편지에 답장하는 일이 무엇보다 큰 즐거움이었다. 스마트폰을 이용해 대부분의 의사소통하는 요즘 젊은이들은 과거 시절의 펜팔 이야기가 생소하게 다가올 것 같다.

하지만 우리 젊을 때는 일면식도 없는 사람과 펜팔을 주고받다가 친구가 되기도 하고 때로는 사랑을 나누는 편지로 발전하기도 해 더 깊은 인연을 맺어 결혼까지 하는 일도 있었다. 그 시절 편지는 사람과 사람을 이어주는 따뜻한 희망의 다리였다.

오늘날과 같이 통신이 발달하지 못한 과거 시대의 편지는 문자가 발명된 이후 인류가 발명한 최초의 원거리 통신방식이었다. 고대에서 근대까지는 종이에 직접 쓴 글을 직접 사람이 전달했다.

우리 옛 선인들의 삶이 담긴 간찰(簡札)의 전달 방식도 마찬가지였다. 애국지사들이 비밀리에 방방곡곡 배포하다 발각되어 처형당하면서도 독립의 열망을 포기하지 않고 남긴 독립선언문과 투옥되어 남긴 옥중 편지들은 역사적 사료이자 자유를 향한 인간의 처절한 기록으로 당시 처절하고 초연했던 독립운동가의 개인사와 가족사, 정치 등 선인들의 삶을 느낄 수 있다.

어디 편지의 힘이 그뿐인가? 일상의 여유와 향기로운 서정을 상대에게 말하듯, 고백하듯 털어놓는 편지는 화자와 청자를 물리적 거리에 상관없이 굳세게 이어주는 묘약의 글이다.

근대에 들어오면서 그 이전 인편으로 직접 전달하던 편지는 우체국을 통해 전달하는 방식으로 바뀌었다. 편지를 쓰고 우체통에 넣을 때 그 설렘의 감정은 지금도 생생하다.

우편 서비스가 도입된 초창기에는 수신처에 전달되려면 거주하는 지역에 따라 다르지만 일주일은 걸렸고, 외국은 한 달 정도 걸렸다. 급변하는 세상 속에 통신수단도 변화를 거듭해 왔다.

이젠 스마트폰 하나만 손에 쥐면 바다 건너 해외의 사람들과 영상

통화까지 할 수 있는 시대가 되었다. 이제 종이 위에 손수 쓰는 편지 문화는 사라지고 있다. 우편함에 편지는 없고, 공과금 고지서나 광고 선전물들이 대부분이다. 편지라 봤자 거의 사무용 우편이다. 우체부 아저씨를 손꼽아 기다리던 손편지 시대는 먼 옛날 이야기가 되어 가고 있다.

내가 평소 즐겨보는 〈가요무대〉라는 TV 프로그램도 예전에는 엽서 등을 통해 시청자들로부터 신청곡과 신청 사연 및 소감을 받았는데 이제는 시청자들이 자신의 사연을 영상으로 직접 만들어 보내는 세상이 됐다.

얼마 전 책장 서랍 정리를 하다가 몇 통의 편지와 크리스마스카드를 발견했다. 미국에서 사는 친구가 보낸 20년이 지난 편지였다. 하나하나 다시 천천히 읽어 봤다. 편지에는 삶의 전선에서 고생했던 이야기와 뇌경색으로 쓰러졌지만, 다행히 위기를 넘겨 몸은 좀 불편해도 잘 지내고 있고 건강이 제일이니 운동 열심히 하라고 신신당부하며 오히려 나를 많이 걱정하는 내용이 담겨 있었다. 편지를 읽고 나니 가슴이 먹먹하고 눈물이 났다. 그리움이 밀려왔다.

이민 가기 전에 가장 가까이 지내던 친구였다. 의리 있고 인정 많은 친구, 그 이름 한번 불러본다.

"안달홍, 지금 무엇 하고 있어!"

손편지 추억을 더듬다 보니 오늘따라 나의 지난날이 가슴속으로 스며들며 부모님이 보고 싶어진다. 집 떠나면 고생이라고 했는데 그 말이 딱 맞았다.

부모 곁을 떠나 객지 생활을 하면서부터 정말 고생스러웠고, 시골에 계신 부모님은 연락이 닿을 때마다 자식 걱정에 여념이 없으셨다. 나는 안부 소식 편지를 부모님께 자주 써 올렸는데 항상 첫머리에 '부모님 전상서'라고 쓰고 시작했다.

아버지는 금융조합(지금의 농협)에 근무하셨는데, 내가 초등학교 때 두 번, 중·고등학교에 다닐 때는 세 번을 전근(轉勤)하셨다. 그로 인해 어릴 때부터 부모님과 떨어져서 생활할 때가 종종 있었다.

내가 대학교 다니면서부터는 서울에서 공부를 해 더 오랜 기간 부모님과 떨어져 있어야 했다. 취업할 때까지 아버지는 한 달에 한 번씩 나에게 송금하시면서 편지를 보내셨는데 끝에는 늘 '용돈 부족하면 꼭 편지하라'고 써주신 글귀가 있었다.

지금도 그 말씀이 뇌리를 스친다. 집안 형편을 생각하면 돈을 더 보내달라고는 차마 하지 못했다. 아버지는 일곱 남매가 되는 자식들을 모두 상급학교에 보낼 만큼 헌신적이고 교육열이 높으신 분이셨다. 어머니도 자식들 뒷바라지하시느라 고생을 많이 하셨다.

나는 중등학교 교사로 취업해 결혼한 후 남매를 낳아 키우면서 알뜰히 저축하고 집도 마련했다. 이제 좀 사는 데 여유가 생겨 부모님에게 효도하려고 하는데, 어머니는 기다리시지 않고 천국으로 가셨다.

그 후 일 년이 안 되어 건강하시던 아버지도 어머니를 따라가시고 말았다. 가끔 부모님이 생각나고 그리울 땐 아버지, 어머니께 드리고 싶은 말씀을 엮어 상상의 편지를 쓰곤 한다.

종이 위에 쓴 편지를 보내는 설렘과 답장을 기다리는 마음, 답장을 받는 행복…. 그 오래된 감정을 찬찬히 떠올려 보니, 손편지를 주고받던 시절의 나와 그 이들의 모습이 머릿속을 스쳐 지나가며, 다시 까마득한 기억 저편으로 사라져 그리움으로 남아 내 마음을 흔든다.

손편지가 점점 사라지는 세태가 아쉽다. 손글씨로 한 자 한 자 꾹꾹

눌러쓰며 진심을 담고자 애쓰던 그때 그 시절, 애창했던 노래를 한번 불러본다.

말없이 건네주고 달아난 차가운 손~
가슴속 울려주는 눈물 젖은 편지~
하이얀 종이 위에 곱게 써 내려간~
너의 진실 알아내곤 난 그만 울어 버렸네~.

가수 어니언스의 노래 〈편지〉는 1970~80년대 젊은이들의 심금을 울렸다. 문득 들려온 스마트폰 알림 소리에 카톡을 열어보니, 문자 메시지와 영상통화가 기다리고 있네요!

〈2024년 『강서문학』 36호 게재〉

가을 편지

1절
무덥던 날들 물러가고
날씨가 쌀쌀해지면
푸르던 나뭇잎들도
고운 옷 갈아입는다

강은 소리 없이 흐르고
흘러가는 강물 따라
추억이 쌓인다.

헤어지는 마지막 순간까지
차마 하지 못한 한마디
잠 못 이루는 외로운 밤

혼자 있을 때 슬픈 노래가 좋은
왠지 모르게 고여오는 눈물은
그리움이 남기고 간 사랑의 흔적

세월이 흐를수록
멀리 있는 친구가 보고 싶어
희미한 기억 더듬어 편지를 띄운다.

이 가을에
내 인생에 낙엽 쌓이고
고독이 밀려오면
한잔 술로 마음을 달랜다.

2절
싸늘한 바람 불어오고
촉촉이 비가 내리면
내 마음 쓸쓸해지고
어딘가 떠나고 싶네

뭉게구름 내 마음 싣고
두둥실 떠다니며
외로움 달랜다

헤어지는 마지막 순간까지

차마 하지 못한 한마디
잠 못 이루는 외로운 밤

혼자 있을 때 슬픈 노래가 좋은
왠지 모르게 고여 오는 눈물은
그리움이 남기고 간 사랑의 흔적

세월이 흐를수록
멀리 있는 친구가 보고 싶어
희미한 기억 더듬어 편지를 띄운다.

이 가을에
내 인생에 낙엽 쌓이고
그 옛날 생각하며
찻잔 속에 추억을 마신다.

〈2021년 11월 8일〉

퇴임사

'떠날 때는 말 없이'라는 말이 있듯이 소리 없이 조용히 떠나고자 했습니다만 오늘 이렇게 자리를 마련하여 석별의 정을 나눌 기회를 주신 최수혁 교장선생님과 선생님들, 학부모 대표 그리고 내빈 여러분께 심심한 감사의 말씀 드립니다.

영도중학교, 강서고등학교 교직원 여러분 그리고 우리 학교의 앞날을 밝혀줄 장래가 촉망되는 학생 여러분, 오늘 이 자리는 저에게 있어 지난 35년 동안 몸담아 오던 교직을 떠나 새로운 삶으로 첫발을 내딛는 자리입니다.

지난 일들을 돌이켜보면 즐거웠던 일들, 슬프고 괴로웠던 일들이 주마등처럼 회상됩니다. 이 모든 것을 뒤로한 채 떠나려 하니 시원함과 서운함 등의 만감이 교차합니다.

교사로 사회생활의 첫발을 시작해 정년이라는 곳까지 걸어오며 대과 없이 마무리하게 된 것은 하나님의 큰 보살핌이 있었기 때문이라 생각합니다.

또한 여기 계신 여러 선생님과 교직원 여러분 그리고 믿음으로 맡겨주신 학부모님과 선생님을 잘 따라준 우리 학생들의 도움이 있었기에 이렇게 명예롭게 교직 생활을 마감할 수 있게 되었습니다.

모든 분께 감사드립니다. 특히 오늘이 있기까지 부족한 저를 음으로 양으로 도우며 고락을 같이 한 저의 아내에게도 이 자리를 빌려 고마운 마음을 전합니다.

이제 교단을 떠나며 한 가지만 여러분과 나누고 싶은 이야기가 있습니다. 불가(佛家)의 화두(話頭) 중에 줄탁동시(啐啄同時)라는 말이 있습니다.

어미 닭이 알을 품고 있다가 때가 되면 병아리가 안에서 껍질을 쪼개게 되는데 이것을 '줄'이라고 합니다. 어미 닭이 그 소리에 반응하여 바깥에서 껍질을 쪼는 것을 '탁'이라고 합니다. 그런데 이 '줄, 탁'은 어느 한쪽의 힘이 아니라 동시에 일어나야만 병아리가 세상 밖으로 나올 수 있다는 것이 바로 줄탁동시라는 말입니다.

즉 서로의 힘과 노력이 동시에 떨어져야 생명을 낳고 열매를 맺을 수 있다는 것입니다. 줄탁동시는 우리 학교 교육 현장에 꼭 필요한 말이라고 생각합니다.

선생님과 학생 관계에 있어 어느 한쪽의 노력만이 아닌 선생님은 학생을 사랑과 열의로 가르치고 학생은 선생님의 말씀을 받아 노력을 기울일 때 좋은 성과를 맺을 수 있습니다.

또한 교장선생님을 비롯한 학교 임원 선생님들과 교직원들과의 관계에서도 마찬가지로 서로 뜻을 모으고 더불어 노력할 때 우리 학교의 성장이 더욱 클 수 있는 것입니다.

우리 영도의숙이 줄탁동시란 말처럼 모든 구성원이 함께 노력해 앞으로 더욱 큰 배움터가 되길 진심으로 기원하며 또한 그렇게 될 것이라 믿습니다. 교육 현장에서 아직 해결되지 못한 많은 현안이 있지만 이제 정들었던 영도의숙을 떠납니다. 비록 몸은 떠나지만, 어느 곳에 있든 마음만은 항상 같이하겠습니다.

  선생님들과 함께하는 동안 저의 부족함과 어리석음으로 인해 서운함이 있으시더라도 너그러이 용서해 주시고 좋은 면을 기억해 주시면 고맙겠습니다.

  애경사가 있으시면 꼭 연락 주시고 좋은 인연을 이어가길 바랍니다. 마지막으로 선생님들의 건강과 학교 발전을 위한 건투를 빌며 저는 이만 물러갑니다. 안녕히 계십시오. 감사합니다.

〈2007년 2월 7일〉

주례사

　추운 날씨에도 불구하고 신랑 김 군과 신부 박 양의 결혼식을 축하해 주시기 위해 공사다망하신 가운데에서도 이 자리에 참석해 주신 하객 여러분 감사합니다.
　먼저, 많은 인생의 경험이 있으시고 연로하신 양가 부모님과 친척분들 그리고 하객 여러분 앞에 여러 가지로 부족하고 변변치 못한 이 사람이 외람되게도 감히 주례를 서게 된 점 과분하고 영광스럽게 생각합니다.
　본인은 신랑 김 군의 고등학교 시절 스승으로서, 김 군의 장래를 축복하고 행복한 가정을 이루는 데, 저의 작은 힘이나마 일조한다는 뜻에서 몇 말씀 드리고자 이 자리에 서게 되었습니다.
　신랑 김 군은 학창 시절부터 급우 간에 늘 우애 있게 지내면서도 지도력이 강하고 근면 성실한 모습을 보인 재원이었습니다. 김 군은 명문대학을 졸업하고 ROTC 장교로 제대 후 현재 중등교사로 근무하는 장래가 매우 촉망되는 젊은이입니다. 신부 박 양 역시 명문 가정에서 태어나 명문대학을 졸업하고 현재 YMCA 사회체육 지도자로 자기 일에 최선을 다하는 재능과 미모를 갖춘 알뜰 규수로 알고 있습니다.

오늘 이제 아름다운 원앙의 이 한 쌍이 양가 부모님과 여러 일가친척을 모신 자리에서 그리고 친지들 앞에서 결혼식을 올리며, 혼인이 원만하게 성립된 것을 진심으로 축하드립니다. 오늘부터 이 두 사람은 한 몸 한마음으로 결합이 된 것입니다.

앞으로 이 두 사람은 서로 힘을 합해서 인생의 교향곡을 연주하게 될 것입니다. 행복하고 보람이 있는 가정을 꾸미는 것은 이 두 사람의 노력 여하에 달려 있다고 생각합니다. 서로 사랑과 이해로서 성실을 다짐하고, 노력하는 인생을 이제 시작하게 될 것입니다.

현대의 삶이란 과거와는 많이 달라지고 있습니다. 정치적으로나 경제, 사회적으로 또 문화적으로 급변하는 시대적 상황에서 우리는 살고 있습니다. 이런 가운데 신랑과 신부에게는 이제 복잡다단한 이십대의 흐름 속에서 한 가정의 남편과 아내의 역할이 있을 것입니다. 그 역할을 둘이 함께 해 나갈 때 꼭 기억해야 할 것들이 있습니다.

첫째, 인생의 길은 탄탄대로가 아니라 역경을 헤쳐 나가는 험한 길이라는 사실입니다. 참되고 행복한 삶은 어려움을 이겨내면서 사는 평범한 시간 가운데 있습니다. 결코 화려하고 멀리 있는 것이 아니라 가장 가까운 곳에 있는 것입니다. 서로 이해하고 조화를 이루는 가운데 행복은 깃들 것입니다.

둘째, 부모님에게 공경하고 형제간에 화목과 우애를 다져 주시기를 바랍니다. 이 또한 가정의 화평과 번영을 이루는 중요한 일이기 때문입니다.

셋째, 행복은 풍부한 물질에만 있는 것이 아니기 때문에 지나친 과욕은 삼가야 할 것입니다. 특히 오늘날의 산업화, 정보화시대에서 황금만능주의적인 사고방식을 가지는 것은 금물입니다.

진실하고 알뜰한 삶을 위해서 자기 일에 충실한 것이 중요합니다. 경제적 생활에 너무 치우치는 생각, 남보다 더 가지고 싶어 하는 생각보다는 알뜰하게 모아서 보람되게 사는 것이 중요합니다. 그리고 그 다음으로 이웃을 생각하고 국가와 사회에 공헌하고 봉사하는 일이 중요합니다. 남이야 어떻게 살든 말든 나만 잘살려고 하는 삶은 가치 없는 삶입니다.

오늘 이 두 사람의 앞날을 위해 해주고 싶은 말은 많으나 부디 백년해로하여 금실이 좋은 행복한 부부로서 이 사회에 촛불과 같은 건강한 가정을 이어 나가기를 기원하는 것으로 대신하고자 합니다. 이제 힘찬 출발을 하는 두 사람이 열심히 노력하는 참된 인생을 시작해 주시기를 바라면서 주례사를 마치고자 합니다. 감사합니다.

〈1997년 12월 7일 오후 1시 건국 웨딩타운 크리스털 홀〉

이영호론

지성과 사랑으로
말하는 인생론

김우종 문학평론가

| 이영호론 |

지성과 사랑으로
말하는 인생론

김우종 문학평론가

　평론가로서 어느 한 작가의 작품집에 대한 평설을 쓴다는 것은 여간 조심스러운 일이 아니다. 작품 하나하나가 모이면 그것은 그가 그동안 살아오며 쌓아 올린 인격의 탑에 대한 총체적 평가가 되기 때문이다. 수필이 다른 장르와 달리 개인적 삶을 가장 진솔하게 담아내는 문학인 이상 그것은 개인적인 비밀의 문을 열고 들어가서 내면까지 탐색하는 작업이 된다.
　수필도 문학적 상상력을 통해서 추적해야 할 그 작가만의 창의적인 세계가 있는 이상 이에 대한 평가 역시 상상적 추리 판단으로 얼마든지 자의적(恣意的) 오만의 실수를 저지를 가능성이 있다.
　그러면서도 좋은 작가를 만나게 되면, 같은 길을 혼자 걷다가 좋은 동반자를 만난 듯 반갑기도 하다. 더구나 상대가 이미 팔순에 들어서서 함께 노을빛 하늘을 바라보게 되는 경우라면, 공자님 말씀처럼 학이시습지면 불역열호아(學而時習之면 不亦說乎아)라 즐거운 만남이 된다.

1. 인생 3단계와 열매

이영호 수필가는 인생을 3단계로 나누고 있다. 태어나서부터 고려대학교 대학원을 마치기까지가 첫 단계, 다음 35년간의 교직 생활이 제2 단계, 그리고 앞으로 이 세상과 작별할 때까지를 제3 단계로 나누고, 이번에 『제3 인생의 여로』를 냈다. 2년 전에 『시니어의 옷차림』을 냈으니까 『제3 인생의 여로』는 두 번째다. 2년 만에 두 번째가 나오고 있으니 참 빠른 속도지만 작품을 통해서 보면 빠른 속도는 짧은 시간과는 의미가 다르다.

문인은 첫 번째 인생열차를 탈 때부터 그 길에 들어서는 셈이다. 특히 수필 장르는 그렇다. 수필은 특히 작자의 인생 체험이 풍부한 속살이 되고 단단한 껍질을 쓰고 나온 열매이기 때문이다. 늦가을에 고슴도치 같은 가시옷을 쩍 벌리고 햇빛에 반짝이는 알밤 같은 것. 그것이 봄부터 꽃이 피고 무르익은 열매라면 특히 수필은 세상에 태어나던 첫 단계부터 준비된 열매니까 이번 『제3 인생의 여로』는 아마도 80년을 걸린 작품일 것이다. 그만큼 긴 세월 동안 준비해 온 인생의 열매들이다.

2. 작가의 발자국

이영호 작가의 인생 궤적은 거의 일직선이다. 일직선으로 달리는 동안 두 번 환승했다.

살아가면서 순간순간 겪게 되는 희로애락의 얽히고설킨 절실한 감정과 생로병사의 인생길에서 보고 느낀 생각들을 글로 표현해 누군가와 서로 교감하고 싶기 때문….

―작가의 말

이 작가는 수필 창작의 동기를 이렇듯 겸허하게 밝히고 있는데 수필문학이 작가가 살아가는 동안 겪게 되는 희로애락의 얽히고설킨 이야기를 누군가와 서로 교감하고 싶어서 쓰는 문학이라면 그것은 사건이 전개되는 흥미로운 읽을거리의 소설과는 너무 다르다. 한반도는 험한 역사의 땅이니 희로애락의 얽히고설킨 이야기는 누구나 많겠지만, 그 소재가 감동적인 의미로 주제화되려면 더 많은 사색과 상상적 기법으로 예술성을 창출해야 하는 어려움이 있다. 소설은 허구라는 거짓말 형태니까 얼마든지 소재를 만들고 사건을 굴절시키며 긴장감을 유지할 수 있지만 이영호 수필가의 인생 발자국에는 나만큼 신기하고 놀라운 변화는 없었을 것 같다. 수필이 자기 체험과 인격의 열매라면 이 작가는 80년 인생에서 한 번도 모범적인 정상 궤도를 일탈한 사건이 없는 것으로 보인다. 그래서 언어예술로서의 기법과 작자의 심오한 사상성과 성숙한 인격적 매력이 뒷받침되지 않으면 수필은 소설만큼 흥미를 끌기 어렵다. 수필가들 중에는 이런 조건 때문에 수필감을 찾으러 밖으로 나다니는 경우들이 있지만 수필감은 땅바닥에서 주울 수 있는 게 아니라 자기 가슴과 머릿속의 상상력과 사고력에서 창출되는 것이며 이영호 수필이 바로 그렇다.

이 작가는 유년기 이후 고려대대학원을 마칠 때까지 오직 학업에만 매달렸으며, 다음 제2 인생은 교직 35년간이고 다음 제3 인생길은 수필가로서 살았다. 군필은 만 3년이니 그 당시에 남보다 반년간 더 길었지만, 나의 경우 4년이 넘고 국군 중공군 인민군을 다 겪고 마지막은 미군 부대에서 좀 편해지다가 특수 병원 생활로 마감했으니 사건 중심의 소재만으로 글을 쓴다면 나만큼 수필감이 많지 않다.

이 작가의 3단계 인생길은 굴곡이 거의 없이 일직선이지만 문학적 상상력과 사고력의 결과는 깊고 넓다. 이 작가는 한국수필이 흔히 비판받고 있는 좁은 울타리의 함정에서 벗어나고 있다. 수필은 '붓 가는 대로 자신의 체험을 진솔하게 표현하는 문학'이라는 '자신의 체험'이 한계가 되어 그 속에 빠져 있는 수필이 많다. '붓 가는 대로'라면 문학적 기법도 연구 개발해 나가지 않는 안이한 문학이 되며, '작자의 체험'이라는 문구를 바르게 해석하지 않으면 자기 집 울타리 안에 갇히게 된다. 이 울타리를 깨고 나의 이야기가 우리의 이야기가 되어야 한다. 이영호 작가의 수필은 주로 교직 생활이라는 하나의 체험 세계가 중심 소재로 되어 있더라도 눈과 귀는 멀리 온 세상을 향해 광역화되어 있다. 나의 이야기가 아니라 우리의 이야기로서 개인적 체험의 한계라는 울타리를 벗어나 넓은 공간, 긴 시간으로 수필의 영역을 확대하고 있다. 그렇게 보편적 진실 탐구의 가치를 찾아나간다.

그의 문학은 우리 대한민국의 교육 현장이 큰 비중을 차지하지만, 이희승 교수가 그려 나간 남산골 '딸깍발이 선비'나 박지원의 「허생원」에서 잠깐 그려진 선비처럼 좁은 생활영역의 샌님 세계가 아니다. 허생이 집을 박차고 나와서 경제계를 휘저으며 이상적인 세계를 찾아나가듯 이영호의 수필 영역은 시야가 넓고 지성인으로서의 심오한 사상성과 철학성을 지닌다.

피천득은 수필이 '심오한 지성을 필요로 하지 않는다'라고 썼지만,

이 작가는 심오한 지성에다 특히 교육 문제에서는 때때로 사납기도 하다.

3. 교육철학의 사상성과 근육질 문체

심오한 사상성과 철학성을 지닌 수필의 문체는 서정성보다는 논리성이 강하게 된다. 논리적 사고는 감정에 흔들리지 않아야 하기 때문이다. 그래서 부드러운 여성의 살결보다는 강한 근육질이 된다. 그런 의미에서 여성보다는 남성 호르몬이 더 많이 분비된 문체다.

> 위선적이고 기득권이 판치는 세태에서 탈피하여 성숙한 민주주의로 발전하기 위해서는 정치, 사회, 경제, 문화적으로 많은 개혁과 노력이 필요하다.
> 우선 교육개혁부터 해야 한다. 대학입시를 없애고 서열이 아닌 평준화로 전환, 학벌 계급사회를 과감히 철폐해야 한다는 독문학자 김누리 교수의 주장에 공감한다.
> 나의 손자들은 출세와 성공보다 사람됨이 우선인 사회, 경쟁이 아닌 다 함께 협력하며, 정의롭고, 인간답게 살아가는 세상에서 자라나길 바라며 그날이 하루빨리 오기를 기대한다.
> ―「큰절과 교육개혁」(2024년 『창작산맥』 봄호)

매우 강력한 근육질의 문체다. 옛날에 우물가나 빨래터에서 벌어지던 여인들 수다는 전연 없다. 들어도 안 들어도 그만인 한담이 아니라 꼭 경청하고 실행하지 않으면 회초리 맞을 스승의 말씀이다.

평론가 김환태가 1934년에 「예술의 순수성」(조선중앙일보)을 논하면서 사상은 자기 주장을 강요하기 때문에 예술성을 망치니 사상성을 빼버려야 순수예술이 된다고 궤변을 토했는데 이영호의 수필 문체는 사상성이 강한 논리적 문체다.

이것은 부드럽고 말랑말랑한 어법이 아니지만 애초부터 수필은 선비들이 시작한 문학이기 때문에 '사고하는 문학'으로서의 이영호 수필의 특성이고 장점이 된다. 사상은 남에게 자기 주장을 강요하기 때문에 우리는 사상성도 목적성도 사회성도 없는 문학을 해야 순수해진다고 한 김환태의 주장은 사회주의만이 아니라 민족주의 독립사상도 예술을 망치니 없애자고 한 것이 되니 해괴한 평론이었다. 일제 천황 폐하와 총독 각하에게 아부하고 노예처럼 굴복하겠다는 '항복 문서'인데 살아남기 위해 그랬었나 보다.

선생님을 우리는 샌님이라고도 불렀다. 선생님이 샌님이 되고 생원님이 샌님으로 불리며 비하한 용어다. 그렇지만 이 작가는 좁은 교실만 일평생 드나들었더라도 누구보다도 넓게 바깥세상을 내다보고 인류 생명의 존재 가치와 그 이유를 물어가며 이렇게 강력하게 외치는 작가가 되어 있다. 백번 천번 만번도 옳은 말로서 깨우쳐 주려면 그 말에 힘이 실려서 강압감도 따르게 된다. 그 힘은 명확한 논리다. 명확한 진실이면 싫어도 따라야 한다. 그것이 압력으로 느껴지더라도 정당하면 말하는 것이 문학이다. 이것이 이영호 수필의 문체가 자주 나타내는 장점이다.

물론 작자는 방학 때가 되면 사랑하는 가족과 여행도 하고 병약했던 이내도 많이 사랑하며 이것이 수필이 된 비중도 적지 않으니 항상 그렇게 딱딱한 근육질 문체만 구사한 것이 아니다. 예전 같으면 화롯가에 둘러앉아 노변정담도 많이 하며 입담으로 남성들의 수다도 많이 즐겼을 것 같다. 정담은 정을 나누는 대화이니 누구에게 제 고집을 강요하는 대화법은 아니다. 정을 나누며 더 많이 정이 도타워지는 화법이다. 그렇지만 교육 문제에 관한 한 그는 혁명가에 가까울 정도로 정열적이며 양보가 없는 것 같다.

"대학입시를 없애고 서열이 아닌 평준화로 전환, 학벌 계급사회를 과감히 철폐해야 한다"라는 대목에서 수필가 이영호는 혁명가가 된다. 원래 혁명은 혼자 하는 것이 아니다. 나라를 뒤집어엎으려면 집단으로 한다. 교육을 뒤집어엎으려 해도 그래야 한다.

대학입시를 없앤다는 것은 혁명이다. 소위 일류 대학 3류대학의 서열을 없애자는 것도 혁명이다. 학벌과 계급사회를 없애기 위해 꼴찌 낙제생도 같이 밥 먹고, 울지 않고 공생하는 세상을 만드는 것은 우선 대한민국을 새로 짓는 것부터 시작해야 가능하기 때문에 혁명이다. 일류대도 사라져야 한다면 그것도 혁명이다. 일류 식당도 일류 명품 백화점도 사라지고 금, 은, 동메달 아니면 그 경기장에 다녀온 선수인지도 모르는, 그 이름도 사라지는 세상은 사라져야 한다는 것이 혁명이다.

그래서 이것은 혁명이 되지만 이 속에는 그냥 물러설 수 없는 근원적인 문제가 깔려 있기 때문에 열정적인 강력한 이론이 전개된다. 그 과제는 인간의 근원적인 존재 이유를 따지는 것이며, 그것은 사랑이다.

꼴찌도 함께 밥 먹고 행복할 권리가 있다는 것은 사랑이고 정의다. 육상 경기장에서 넘어지고 탈락하는 선수가 있으면 일등으로 달리다가도 그를 일으켜 세우고 함께 뛰자는 것이 이영호의 사랑의 철학이다. 다른 어느 곳보다 치열한 경쟁이 점수로 드러나고 그 경쟁을 부추겨야만 되는 교사 생활에서 작자는 많은 고민을 해 왔을 것 같다.

4. 교육의 인간철학

그의 교육철학에는 우리 사회의 온갖 모순에 대한 분노와 도전 의식이 농밀하게 깔려 있으며 그 문제의식은 인간이 어떤 존재로 지구상에 남아 있어야 하는지를 묻는 인간철학이다.

> 극단적 이기주의와 개인주의, 특권의식에 찌들어 있는 사실상의 '신분사회에서 숨을 쉬고 산다는 것이 원망스럽고 화가 난다. 특별한 희망의 해법이 없는가? 나는 무엇보다 국민 대다수는 정직하고 선량하게 살아가고 있는데 과욕을 부리는 기득권자들이 문제라고 생각한다. 이들을 우리는 선거를 통해 잘 가려내어 정치적으로 퇴출해야 할 것이다.(중략)
> 등록금도 없애고, 교권을 회복하고, 교실 경쟁교육은 이제 그만해야 하며 (중략) 사회와 학교, 가정은 학생을 성숙한 민주주의 사회의 인간으로 길러야….
> —「교실 경쟁교육은 이제 그만」

여기까지는 사회과목 전공 교사로서 우리 사회를 분석해 들어가는 명쾌한 논리다. 등록금도 없애고 교권을 회복하고 민주사회의 인간을 길러내야 한다는 것은 지극히 정당한 주장이다.

이는 선사시대부터 지금까지 발달해서 오늘에 이른 인류문명이 과연 당위성을 지니느냐 하는 근원적인 질문을 이끌어내는 것이다. 그리고 호모사피엔스 이후 시고하는 동물이 되고 두 손으로 도구를 만지며 놀라운 문명을 성취해 왔다지만 우리는 지금 식도염으로 역류 현상을 일으키듯 오늘의 찬란한 문명을 토해버려야 한다는 근원적인 문제를 지적하고 있다.

  사실로 OECD 국가 중 한국 젊은 세대들의 자살률 최고를 날카롭게 지적하며 우리 자신을 되돌아보게 하는 이 수필들은 우리는 무엇인가, 어디서 와서 어디로 가는가를 물어야 한다는 인간철학론이 되고 있다.

5. 열정과 최선

  이영호의 교육철학이 인간의 근원적인 존재 양식 문제로까지 발전해 나간 것은 작품에서 다음과 같이 나타난다.

  그의 수필은 최선을 다하는 삶의 가치를 보여준다. 자기가 선택한 직업을 위해 주어진 시간과 정열을 모두 쏟아붓고 늦은 시간까지 달리는 열차처럼 쉬는 시간이 없어 보인다. 아내를 생과부로 만들지는 않았겠지만, 그는 낮도 밤도 없이 일류 교사가 되기 위해 최선을 다하는 삶을 보여준다. 대학원을 마칠 때까지도 그랬겠지만 인생 3단계 중 가장 주요한 단계인 제2 인생 35년간을 그렇게 정열적으로 살아갔다.

  중등교사가 된 후 다시 학생으로 돌아가는 모습이 나타난다. 입시 준비생들처럼 다시 학원에 등록하고 아저씨 학생이 된다. 낮에는 여학교 교사지만 퇴근 후에는 학원가의 유명 강사를 찾아다니며 열심히 배운다. 학습이고 복습이기도 하겠지만 교수법을 익히기 위한 공부다. 입시생들과 한 반이니 아저씨 학생이다. 방학 때가 되면 아침부터 학원에 다녔다. 스타 교사가 되기 위해서였다고 한다. 나도 대학 졸업 후 여고 선생부터 교수 정년 때까지 선생이었으니 나도 이영호 교사와 비슷하지만, 그렇게 교수법까지 배우러 다니는 교사는 만나본 일이 없다. 그리고 칠판 글씨까지 공부하다니.

칠판 글씨도 잘 써야 한다고 생각해 집에 간이 칠판을 걸어놓고 글씨도 보기 좋고 예쁘게 잘 써질 때까지 분필로 많은 연습을 했다. 어느덧 강도 높은 훈련이 끝나고 새 학기가 되어 학생들을 가르쳤는데 수업 분위기가 아주 좋아졌다는 것을 느낄 수 있었다. 그 후 나의 수업 시간은 학생들이 기다리는 수업이 되었다.

―「스타 교사가 돼라」

이러다가 그는 당시 유명한 『학원』지에 글을 쓰며 이름이 알려졌고, 나와 함께 한 책에 글이 실리는 '동시 필자'가 되기도 했으니 이 작가는 나의 반가운 동반자다.

또 그의 수필은 한번 주어진 인생길을 변함없이 사랑하는 삶의 가치를 가르친다. 중등교사로서 자기 전공에 그만큼 노력하고 일류 교사가 되고 나면 흔히 대학교수를 바라보는데 남들이 권해도 마다한 것은 가치관이 전연 다르기 때문이다. 그만큼 한 번 주어진 길만을 사랑하며 최선을 다하는 것은 한 번 만난 여인만을 마지막 날까지 최선을 다해서 사랑하는 모습이니, 일편단심 열녀문이라도 세워야 할 만큼 지조가 강하다. 안분지족(安分知足)의 겸허한 인생철학일 것이다.

6. 안분지족

세월 따라 걸어온 길
뒤돌아보니
발자국마다 사연도 많았고

힘들기도 했지만
보람도 있었다오

이제 인생의 종착역을 향하는
내일의 여정
난세를 헤쳐가는 나만의 좌우명
'숙제를 만들지 말자'

안분지족(安分知足) 하며
자연과 더불어 순리대로
살아가리라.

─「숙제를 만들지 말자!」

 수필집의 산문들 사이에 가끔 끼워 놓은 시의 일부다. 달리던 증기 기관차가 잠시 쉬며 휘발유 대신 물을 먹는 것처럼, 질주하던 이영호가 커피 한잔을 마시는 듯한 편집형태인데 맛이 좋다.
 안분지족은 '편안한 마음으로 분수를 알고, 넘치는 욕심을 내지 않으며, 자신이 처한 처지를 파악하여 만족하며 살아간다'는 뜻으로 명심보감(안분 편)의 말이라고 했다.
 중등교사는 대학과 달리 기초적인 학문만이 아니라 일생의 나침판을 학생들에게 쥐여 주고 인격을 심어주는 사람이다. 중고등학생 나이에는 교사의 한마디가 그 사람을 만들어 주기도 한다. 신이 인간을 만든다고 한다면, 가장 순수하고 발랄하고 감수성이 예민한 나이의 그들을 가르친다는 것은 신의 역할을 대신하는 것이라 해도 틀린 말이 아니다. 이영호 교사가 중등교사 외 교수직이나 다른 어떤 길도 바라보지 않고 오직 그 길에서 35년간을 살고, 이제 석양을 바라보는 나이가 된 것은 교사의 명예를 확실히 알고 있었을 뿐만 아니라 참으로 겸허하게 주어진 인생을 사랑하며 세속적 욕망에 매이지 않고, 그만큼 여유와 자신감이 있었음을 의미한다.

7. 수필의 기법

교직생활 35년이면 그 앞 단계는 책임을 다하며 존경받는 스승이 되기 위한 준비기간이었고, 정년 후는 이젠 좀 쉬라는 시간일 테지만, 수필 속 그의 발자국은 넓고 다양하다. 사회학 전공자이기 때문이기도 하겠지만 사회 전반에 걸쳐 우리들의 삶을 점검한다. 결혼이란 무엇인가, 행복이란 무엇인가, 그리고 저 이웃과 지구의 뒷동네 사람들은 어찌 사는지를 탐색하고, 그런 차원의 일환으로 여행도 많이 한다. 이러한 지적 여정이 정확하고 간결한 문체와 기법으로 표현되며, 우수한 수필의 경지를 보여주고 있다.

그의 수필들은 도입부에서부터 흥미를 끄는 기법이 자주 나타난다.

> 한의사가 싫어하는 말은 '밥이 보약이다' 이고, 치과의사의 경우 '이가 없으면 잇몸으로 먹고살지.' 가 가장 듣기 싫어하는 말이라고 한다는…
> ―「행복을 뒤로 미루지 말라」

이것은 우스갯소리다. 첫 문장부터 쉽고 재미있으니 독자를 빠르게 유혹한다. 그런데 '행복을 뒤로 미루지 말라'라는 제목은 명령체의 교시적인 문장이다. 교시적 문체는 명령문이 되기 때문에 "니가 나를 가르쳐?" 하는 거부감이 따르기 쉽다. 그래서 당의정처럼 쓴 약에는 설탕가루를 입힌다. 설탕가루가 없으면 강제로 삼켜야 한다. 그리고 실제로 사람들은 누구나 설탕가루를 준비하고 있는 것은 아니니까 풍부한 지식으로 유머도 구사하는 것이 좋다.

> 그제야 소크라테스는 책에서 눈을 떼며 심술궂은 아내와 맞싸우지 않고 털 털 웃음으로 상황을 넘겼다. (중략) "결혼은 꼭 해야지. 좋은 아내를 얻으면 행복할 것이고, 나쁜 아내를 얻으면 철학자가 될 터이니까."
> ―「저울과 계산기」

이것은 소크라테스가 아내로부터 물폭탄을 맞은 사건 얘기다.
출산율 저조로 인구가 줄고 결혼을 망설이며 혼자 사는 혼밥 세대가 많아지는 세상에 대한 문제의식은 논리적 서술 문제가 따르기 쉽다. 그것은 근육질 문제로서 독자들의 접근성이 떨어지기 쉽기 때문에 흥미로운 소재로 유혹해야 한다. 근엄한 소크라테스 철학자가 아내로부터 물벼락을 맞는다는 이야기는 결혼문제를 논하는 자리에서 매우 적절한 소재가 된다. 악처를 만나면 어쩌나 하는 두려움 때문에 혼밥 세대도 많다면 이들을 위한 교시적인 서술은 도입부에서 이런 소재가 필요하다. 이만큼 적절한 소재를 도입부에 배치한 비법도 좋지만 그만큼 풍부한 소재를 저장한 수필가라는 것을 보여주기도 한다.
이런 소크라테스 소재는 유머도 되지만, 유머는 정신적 여유에서 나오는 것이며, 이는 이영호 작가의 작품 속에 풍부하게 넘치고 있는 특성이기도 하다.

그때 좋은 방법이 있는데 '인생삼락은 주색잡기다'라는 속담이 있듯 알맞은 음주와 도덕적으로 어긋나지 않는 성생활, 도박성 없는 놀음이 바로 그것이다.

―「무엇이든 지나치면 안 된다」

작자는 교육 문제에서 때로는 사나운 논리를 전개하며 무서운 선생님이 되지만 의외로 넉넉한 여유가 있다. 이 글은 자칫 필화사건이 될 수 있다. 쉽게 발끈하는 과민증 증세가 있거나 남의 흠 잡기 좋아하는 사람이면 이영호 작가가 주색잡기를 선동한다고 고발장을 쓸 것이다. 그럼에도 지나치지 않다면 마다할 이유가 없고 그것도 고독이나 우울증 치유에 도움이 되니 탓할 필요가 없다고 독자들에게 권할 수 있는 것은 그만큼 넉넉한 정신적 여유가 있기 때문이다. 이영호 수필 전반에 이런 여유가 깔려 있다.

「밥그릇 싸움」에서 토머스 홉스의 말을 빌려 전쟁으로 점철된 인류 역사의 모순을 지적하며 혼자만 먹고 살려는 약육강식을 질타하는 것도 여유로움 속에서 조화를 찾고 평화를 찾으려는 작가의 의식을 나타낸다.

「오만한 인간들이 문제다」에서도 이렇게 말한다. "존경심은 쟁취하는 것이 아니다. 아랫사람이 윗사람에게 우러나는 마음에서 비롯된다"라고.

사회는 서로 이질적인 다양한 요소들이 만나는 자리다. 이질은 동질이 되지 않으면 물과 기름처럼 배타적으로 충돌할 수밖에 없다. 그렇다고 물이 기름이 될 수 없고 그 반대도 그렇고 또 그래서도 안 된다. 서로 상대를 존중해야 공존이 가능하므로 서로 양보하는 것이 사회생활의 철칙이다. 작가는 이런 의미에서 여유로운 삶의 지혜를 가르친다.

짧은 시 「한치와 오징어」에서 누가 더 길고 더 짧은지 다퉈봤자 모두 사람 입으로 들어갈 안줏감인데 왜 싸우나 하는 것도 여유의 철학이다. 이 시는 그런 해산물만이 아니라 죽음으로 향해 가는 모든 인간의 서글픈 운명을 말하며, 모두 함께 잘살아 보자는 평화 사상으로 이어지는데, 결국 그 종착은 사랑일 수밖에 없다.

8. 사랑의 미학

이영호 수필은 결국 사랑의 이야기다. 교육 현장의 뜨거운 열정도 학생들에 대한 사랑 때문이다. 오징어와 한치에게 싸우지 말라고 타이르는 것도 모든 생명체에 대한 사랑 때문이다. 어린애들과 함께 가족들 모두 비행기 타고 설레는 마음으로 제주도 여행을 떠나는 것도 사랑 때문이고 방학 때마다 아내와 또는 직장 동료와 세계 여행을 떠나는 것도 그동안에 못다 한 사랑 때문이고, 하늘이 준 온 세상을 사랑하기 때문이다.

이런 작가의 사랑에는 우리말에 대한 사랑도 있다. 조사 하나 틀리지 않는 정확한 통사론적 언어 구사와 명확하고 적절하고 풍부한 어휘 구사도 그렇고 간결하고 함축적인 문체가 지니는 긴장감도 그렇다.

대학원을 마치고 당당한 교사 자격을 지니고 강단에 서게 되었는데 다시 입시 준비생처럼 밤에는 학원에 나가서 겸허하게 또 배우던 것도 인생을 사랑하기 때문이다. 날카로운 비판으로 회초리를 드는 것도 그렇다.

작가는 「나의 결혼 이야기」에서 6·25전쟁 때 갓난애였던 아내의 이야기를 꺼낸다. 가슴이 메는 슬픈 이야기다. 갓난아기인데 한겨울에 멀리 가족들이 피난 길을 떠나면서 눈 위에 버려졌던 계집애. 그러다가 엄마 품에 다시 안겨졌다고 하는데, 인생의 희로애락 중 이렇게 슬픈 얘기도 드물다. 그 후 아내는 10년간 아프다가 먼저 세상을 떠났다는데 불행한 역사의 증언과 함께 병약했던 아내에 대한 사랑이 가슴을 울린다. '힘들어도 믿고 사랑하고 노력하면 행복해진다'라고 말하는 결혼관은 아내만이 아니라 슬프고 고독하게 태어난 모든 인간에 대한 사랑의 이야기다.

이영호 수필가는 이제 팔순이다.
사랑과 함께 풍부한 지식과 명석한 논리로 인간 존재의 밑바닥을 규명하며 행복한 삶의 지혜를 전하는 이영호 작가의 수필은 먼 훗날까지 한국문학사의 귀한 유산으로 남게 될 것이다. 이제 팔순이어서 노을빛이라 말했지만, 아직 갈 길이 멀다. 더 많이 들판을 가득 채우고 제3 인생길을 빛낼 것이다.

이영호 수필집_ 제3 인생의 여로(旅路)

초판 인쇄 | 2025년 6월 1일
초판 발행 | 2025년 6월 5일

지 은 이 | 이영호
발 행 인 | 김호운
주   간 | 김민정

펴낸곳 | (사)한국문인협회 月刊文學 출판부
주소 | 서울시 양천구 목동서로 225 대한민국예술인센터 1017호
전화 | 02-744-8046~7
팩스 | 02-743-5174
이메일 | klwa95@hanmail.net
등록 | 2011년 3월 11일 제2011-000081호
ISBN 978-89-6138-553-4 03810

값 15,000원

저자와의 협의에 따라 인지를 생략합니다.
잘못 만들어진 책은 바꾸어 드립니다.